COMECE SUA STARTUP ENXUTA

APRENDA A APLICAR A **METODOLOGIA LEAN**
EM SEU (NOVO) NEGÓCIO

www.saraivaeducacao.com.br
Visite nossa página

Ash Maurya

Prefácio de Eric Ries

COMECE SUA
[STARTUP
ENXUTA]

APRENDA A APLICAR A **METODOLOGIA LEAN**
EM SEU (NOVO) NEGÓCIO

Edição revista
e atualizada

O'REILLY®   Benvirá

© Saraiva Educação, 2024
© Ash Maurya, 2022
Authorized Portuguese translation of the English edition of Running Lean, 3rd Edition
ISBN 9781098108779.

Título original: *Running Lean*
This translation is published and sold by permission of O'Reilly Media, Inc., which owns or controls all rights to publish and sell the same.

Direção executiva Flávia Alves Bravin
Direção editorial Ana Paula Santos Matos
Gerência editorial e de produção Fernando Penteado
Gerenciamento de catálogo Isabela Ferreira De Sá Borrelli
Edição Julia Braga Tourinho
Design e produção Jeferson Costa da Silva (coord.)
      Camilla Felix Cianelli Chaves

Tradução Cristina Yamagami
Revisão Queni Winters
Diagramação Mônica Landi
Capa Lais Soriano
Impressão e acabamento Gráfica Paym

Dados Internacionais de Catalogação na Publicação (CIP) Elaborado por Odilio Hilario Moreira Junior – CRB-8/9949	

M459c	Maurya, Ash
	     Comece sua startup enxuta: Aprenda a aplicar a metodologia Lean em seu (novo) negócio / Ash Maurya. – 2. ed. – São Paulo : Benvirá, 2024.
	
	     504 p.
	
	     Tradução de: *Running Lean*
	
	     ISBN: 978-65-5810-142-0
	
	     1. Negócios. 2. Empreendedorismo. 3. Metodologia Lean. 4. Inovação contínua. I. Título.

2023-1643	CDD 658.4012 CDU 65.011.4
Índices para catálogo sistemático: Administração : negócios 658.4012 Administração : negócios 65.011.4	

2ª edição, janeiro de 2024

Nenhuma parte desta publicação poderá ser reproduzida por qualquer meio ou forma sem a prévia autorização da Saraiva Educação. A violação dos direitos autorais é crime estabelecido na Lei n. 9.610/98 e punido pelo art. 184 do Código Penal.

Todos os direitos reservados à Benvirá, um selo da Saraiva Educação.
Av. Paulista, 901, Edifício CYK, 4º andar
Bela Vista - São Paulo - SP - CEP: 01311-100

SAC: sac.sets@saraivaeducacao.com.br

| CÓD. OBRA | 17241 | CL | 671081 | CAE | 820405 |

*Para Natalia e Ian, que me ensinaram a valorizar
nosso recurso mais escasso: o tempo.*

Para eventuais atualizações e outros materiais, visite a página do livro no Saraiva Conecta: https://somos.in/CSSE2

SUMÁRIO

Prefácio.. IX

Prólogo... XIII

Introdução.. XVII

Parte I: Design

Capítulo 1
    Desconstrua sua ideia em um Quadro Lean............... 9

Capítulo 2
    Teste a desejabilidade de sua ideia........................... 49

Capítulo 3
    Teste a viabilidade de sua ideia................................ 71

Capítulo 4
    Teste a praticabilidade de sua ideia.......................... 111

Capítulo 5
    Comunique sua ideia com clareza e concisão............. 141

Parte II: Validação

Capítulo 6
Valide sua ideia usando ciclos de 90 dias.................... 167

Capítulo 7
Inicie seu primeiro ciclo de 90 dias 199

Capítulo 8
Conheça seus clientes melhor do que eles mesmos 227

Capítulo 9
Crie sua solução pensando em causar uma troca 271

Capítulo 10
Entregue uma Oferta da Máfia que seus clientes não têm como recusar 295

Capítulo 11
Faça uma avaliação do ciclo de 90 dias 331

Parte III: Crescimento

Capítulo 12
Prepare-se para lançar 353

Capítulo 13
Produza clientes satisfeitos 369

Capítulo 14
Encontre seu foguete de crescimento 393

Capítulo 15
Epílogo 413

Referências e leituras adicionais 421

Índice remissivo 423

PREFÁCIO

"A prática supera a teoria." Quando li essas palavras no blog de Ash Maurya, mais de dez anos atrás, soube que ele teria muito a contribuir para promover o movimento da Startup Enxuta, que, então, estava apenas começando. Na época, precisávamos muito de pessoas capazes não só de transformar em práticas os princípios da Startup Enxuta, mas também de compartilhar essas práticas. Ash foi importantíssimo nessa missão e, desde então, transmitiu seu conhecimento para equipes, coaches e stakeholders de todos os tipos ao redor do mundo. Graças, em grande parte, a pessoas como ele, o movimento da Startup Enxuta cresceu e evoluiu de maneiras que eu jamais poderia imaginar. Como o primeiro livro da série Lean, *Comece sua startup enxuta* tem sido uma parte importantíssima desse crescimento. E o livro evoluiu com o movimento.

Esta nova edição revista e ampliada reflete o quanto as ideias de Ash sobre as possibilidades e realidades da Startup Enxuta podem ser profundas e inclusivas. Demonstra também o eterno compromisso do autor em ajudar os empreendedores a encontrar o caminho para transformar sua paixão em um negócio sustentável. Em vez de limitar-se a algumas mudanças aqui e ali, ele testou as informações que apresentou nas edições anteriores, melhorou-as e acrescentou dados novos em resposta ao feedback que recebeu. Ele chama essa nova abordagem de Modelo de Inovação Contínua, que reflete a situação atual do movimento da Startup Enxuta, não sua situação há uma década. O nome que escolheu para sua abordagem indica que, para sobreviver e prosperar em um mundo cada vez mais – e incessantemente – incerto, a inovação não é algo que os empreendedores fazem apenas uma vez para encontrar o sucesso. É um estado de ser. Além disso, o que antes era visto como um método para criar software passou a ser visto como a melhor maneira de criar, nas palavras de Ash, "qualquer coisa que agregue valor aos clientes".

Mas tudo ainda começa com a ideia básica que li no blog de Ash anos atrás: a prática. E, depois de uma década, ele tem muito mais a dizer para ajudar os leitores a ajustar o produto ao mercado com maior rapidez. A terceira edição de *Comece sua startup enxuta* é um importante manual para todos os tipos de empreendedores, atualizado para acompanhar a evolução na maneira como o método tem sido praticado desde sua popularização. Ainda vivemos na era do empreendedorismo. Muitas das empresas que hoje moldam nosso dia a dia já foram pequenas startups, e seu sucesso se deve à capacidade de manter suas raízes empreendedoras mesmo depois de crescerem. Outras se revelaram capazes de ajustar práticas que lhes serviram bem no século passado para atender às novas necessidades. Precisamos de muito mais desses dois tipos de empresa para garantir nossa prosperidade no futuro. Sua existência depende de garantir que elas tenham o conhecimento e as ferramentas necessárias para prosperar.

Do mesmo modo como os novos produtos, as empresas de sucesso requerem experimentação constante e disciplinada – no sentido científico – para encontrar novas fontes de crescimento lucrativo. Isso se aplica tanto à menor startup quanto à corporação mais estabelecida.

Comece sua startup enxuta apresenta um plano para fazer isso percorrendo as três fases que definem a criação e o escalonamento de uma empresa: design, validação e crescimento. Seus modelos simples e práticos fornecem ferramentas que startups em todos os estágios de desenvolvimento podem usar para construir produtos e organizações inovadores e disruptivos.

Já se passaram quase quinze anos desde que escrevi pela primeira vez a expressão "startup enxuta" em um post de blog que apenas algumas dezenas de pessoas leram. A partir daí, essas ideias se transformaram em todo um movimento, adotado por milhares de empreendedores ao redor do mundo, dedicados a garantir o sucesso de novos produtos e novas startups. Ao ler este livro, espero que você coloque essas ideias em prática e se una à nossa comunidade. Obrigado por fazer parte do nosso grande experimento contínuo.

– *Eric Ries*
20 de fevereiro de 2022

PRÓLOGO

O tempo voa. Já se passaram dez anos desde a última edição de *Comece sua startup enxuta*. Desde então, passei milhares de horas treinando e orientando centenas de equipes de produtos, coaches e stakeholders ao redor do mundo. Meu objetivo foi testar e refinar ainda mais o processo sistemático passo a passo que descrevi no livro, a fim de incluir uma diversidade de produtos e setores.

Ao longo do caminho, desenvolvi outras ferramentas para criar modelos de negócio (o modelo da fábrica de clientes, o Quadro de Forças do Cliente e o roteiro de tração), bem como estratégias melhores de validação e técnicas mais práticas sintetizando conceitos de uma ampla gama de metodologias e modelos, incluindo startup enxuta, design thinking, design de modelos de negócio, tarefas a serem realizadas, pensamento sistêmico, design comportamental e muito mais.

Descobri que, para alcançar inovações revolucionárias em condições de extrema incerteza, o ideal é não se limitar a nenhum desses modelos, e sim usar todos eles. Embora todos se sobreponham, cada um tem um superpoder específico que o destaca dos outros. Organizei esses superpoderes em um novo e mais amplo modelo (o Modelo de Inovação Contínua), apresentado neste livro.

Nesta edição comemorativa de dez anos de *Comece sua startup enxuta*, você encontrará:

- técnicas mais eficazes de testes de estresse para moldar seu modelo de negócio inicial;
- um roteiro de entrevista de descoberta de problemas, completamente revisto, para identificar problemas reais do cliente que vale a pena resolver;
- um processo testado em campo para criar produtos que você sabe que os clientes querem e não apenas espera que eles queiram.

Este livro é fruto de dez anos de testes rigorosos, centenas de estudos de caso de produtos e milhares de iterações. É um enorme prazer compartilhar este conteúdo com você.

A vida é curta demais para criar algo que ninguém quer.

– Ash
21 de dezembro de 2021

O'REILLY ONLINE LEARNING

TOME NOTA

Há mais de quarenta anos, a O'Reilly Media fornece treinamento em tecnologia e negócios, informações e insights para ajudar as empresas a atingir e manter o sucesso.

Nossa exclusiva rede de especialistas e inovadores compartilha conhecimentos e experiências em livros, artigos e em nossa plataforma de aprendizado on-line. A plataforma on-line oferece acesso sob demanda a cursos ao vivo, conteúdos aprofundados, ambientes interativos de codificação e uma vasta coletânea de textos e vídeos da O'Reilly Media e de mais de duzentas outras editoras de conteúdo. Para saber mais, visite o site *http://oreilly.com*.

Como entrar em contato conosco

Envie seus comentários e perguntas sobre este livro à editora:
O'Reilly Media, Inc.
1005 Gravestein Highway North
Sebastopol, CA 95472
Estados Unidos
800-998-9938 (Estados Unidos ou Canadá)
707-829-0515 (internacional ou local)
707-829-0104 (fax)

Criamos uma página para este livro na internet, onde você encontrará erratas, exemplos e informações adicionais. A página está disponível em *https://oreil.ly/running-lean-3e*.

Mande um e-mail para *bookquestions@oreilly.com* para comentar ou fazer perguntas técnicas sobre este livro.

Para obter notícias e informações sobre nossos livros e cursos, visite o site *https://oreilly.com*.

Facebook: *https://facebook.com/oreilly*

Twitter: *https://twitter.com/oreillymedia*

YouTube: *https://youtube.com/oreillymedia*

AGRADECIMENTOS

Lançar um livro não é diferente de lançar qualquer outro produto. Escrevi *Comece sua startup enxuta* usando o mesmo processo de Inovação Contínua descrito no livro.

Este livro não teria sido possível sem os profissionais e coaches que confiaram em mim o suficiente para compartilhar abertamente os desafios que enfrentaram em suas startups/produtos. Seu compromisso inabalável com o teste de estresse das primeiras iterações do Modelo de Inovação Contínua foi imprescindível para codificar as lições aprendidas em um processo sistemático.

Vocês todos criaram este livro comigo.

INTRODUÇÃO

A história de dois empreendedores

Vou começar contando uma história sobre dois empreendedores. Vamos chamá-los de Steve e Larry. Os dois estudaram na mesma universidade, tiraram boas notas e, depois de se formarem, trabalharam em uma startup de alta tecnologia onde rapidamente alçaram a cargos importantes.

Depois de alguns anos, os dois tiveram ideias para uma startup; decidiram, então, largar o emprego e se aventurar por conta própria. Embora eu tenha dado nomes aos dois para você poder se identificar com eles e ser mais fácil acompanhar a história, acho importante enfatizar que o que eles têm em comum não é a idade, o gênero ou a geografia, mas o fato de que ambos tiveram uma "grande ideia" e decidiram fazer alguma coisa a respeito.

E o que mais os diferencia é a situação deles um ano depois (Figura I.1).

Um ano depois...

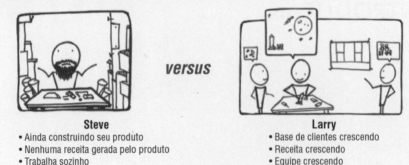

Figura I.1. *Steve e Larry estão em situações bem diferentes um ano depois*

Um ano depois, Steve ainda está construindo seu produto, que ainda *não gera receita*, e ele faz bicos de meio período para financiar o desenvolvimento de seu produto. Ele *trabalha sozinho*. Larry, por outro lado, tem *uma base de clientes crescente, receita crescente e uma equipe crescente*. Como eles foram parar em lugares tão distintos?

Para responder a essa pergunta, vamos voltar um pouco no tempo.

Um ano atrás...

Steve está no trabalho, perdido em pensamentos. Naquele mesmo dia, seu chefe lhe disse que a empresa (por ter sido adquirida recentemente) fecharia suas filiais em alguns meses. Steve poderia escolher entre ir trabalhar na sede ou pedir demissão e receber uma indenização.

Ele vê isso como um sinal.

Sempre pensou em abrir o próprio negócio no momento certo. Depois de se formar, decidiu ir trabalhar em uma startup promissora para ganhar experiência antes de se aventurar por conta própria. A startup teve alguns tropeços com alguns produtos ruins, mas acabou conseguindo ser adquirida. Steve se orgulha muito de ter participado da equipe central da startup.

Por que não agora?, pensa ele com seus botões. Decide tirar a noite para pensar melhor.

Steve estima que, se mantiver as despesas sob controle, a indenização e as economias lhe darão um ano para fazer seu negócio decolar. Ele tem uma ideia para criar um produto de realidade aumentada/virtual (AR/VR) que vem martelando em sua cabeça há alguns meses...

No dia seguinte, decide arriscar e aceita o pacote de indenização.

Agora é para valer

Steve não perde tempo para mergulhar no trabalho. Ele acredita que, se mantiver o foco e trabalhar o tempo todo sem distrações, poderá lançar a primeira versão de seu produto em três meses (Figura I.2).

Figura I.2. *Steve na garagem metafórica*

Ele quer fazer as coisas do "jeito certo" e, tal qual um artesão, começa a criar o design e construir seu produto meticulosamente.

Contudo, pequenas coisas começam a levar mais tempo que o esperado, e os atrasos se acumulam – semanas se transformam rapidamente em meses.

Seis meses depois

Steve está começando a ficar nervoso. O produto está abaixo de seus padrões e, revendo suas estimativas, ele constata que o lançamento deve levar pelo menos mais três meses, talvez até seis.

As economias não durarão tanto tempo. Ele conclui que precisa de ajuda.

Steve conversa com alguns amigos e tenta recrutá-los, oferecendo em troca uma boa participação no negócio. No entanto, eles não enxergam a mesma oportunidade que Steve e não veem justificativa em deixar seus empregos seguros e bem remunerados (Figura I.3).

Figura I.3. *Ninguém vê a oportunidade que Steve vê*

Steve atribui as rejeições à "falta de visão" de seus amigos e fica ainda mais decidido a dar um jeito de terminar seu produto.

Decide entrar no circuito de investimentos e *levantar fundos*.

Começa entrando em contato com a fundadora da startup onde trabalhou, Susan, que prontamente concorda em se encontrar com ele para uma conversa. Susan gosta da ideia e se oferece para apresentar Steve a vários investidores.

Ela lhe dá o seguinte conselho: "Certifique-se de montar um plano de negócios à prova de balas primeiro".

Steve nunca escreveu um plano de negócios antes. Ele faz uma busca na internet, baixa alguns modelos e escolhe um que lhe agrada. Ao começar a escrever, descobre que não sabe as respostas para muitas das perguntas levantadas no modelo, mas faz o que pode para escrever o plano.

Ele fica especialmente animado com a planilha de projeção financeira. Quanto mais brinca com os números, mais se convence de que sua ideia é realmente espetacular. Mesmo assim, decide arredondar alguns números para baixo, para subestimar o modelo de negócio fantástico que criou – é tão incrível que as pessoas podem não acreditar nele!

Como ele sabe que tem muito em jogo, passa vários dias desenvolvendo seu pitch de elevador, delineando o plano do produto e lapidando sua apresentação de PowerPoint de dez slides.

Steve volta a entrar em contato com Susan algumas semanas depois, e ela o ajuda a marcar umas cinco reuniões com investidores. Ele fica muito nervoso nas primeiras reuniões, mas acha que foi bem. À medida que ganha mais experiência, começa a ficar à vontade e acredita que suas apresentações foram um sucesso.

Nenhum investidor topa bancar seu projeto na hora, mas pelo menos nenhum deles o descarta de cara. Empolgado, procura Susan para contar o que aconteceu, e ela, meio relutante, joga-lhe um balde de água fria: "Sinto dizer, Steve, mas 'Você é visionário demais para nós' e 'Vamos voltar a conversar daqui a seis meses' são códigos para 'Não estamos interessados, mas somos educados demais para dizer *não* na sua cara!'" (Figura I.4).

Figura I.4. *Os investidores dominaram a arte de dizer "não" sem ofender*

O impasse

Steve está em um impasse sem solução. Ele não tem como convencer as pessoas de sua visão enquanto não completar seu produto, mas os investidores se recusam a lhe dar os recursos para concluí-lo (Figura I.5).

O que fazer?

Steve ainda acredita em seu produto e está decidido a construí-lo.

Ele se retira para sua garagem metafórica e decide autofinanciar a ideia fazendo bicos em meio período.

Figura I.5. *Steve está em um impasse*

O progresso é lento, mas pelo menos Steve continua trabalhando em seu produto à noite e nos fins de semana, levando a ideia adiante.

Agora, vamos nos voltar para Larry. Ele também teve uma ideia incrível um ano atrás, mas, ao contrário de Steve, não começa tentando construir ou encontrar um investidor. Ele sabe que *construir primeiro ou encontrar um investidor primeiro não é a melhor abordagem.*

NOS DIAS DE HOJE, A MELHOR ABORDAGEM É A TRAÇÃO PRIMEIRO

Larry sabe que a abordagem de construir primeiro ou encontrar um investidor primeiro costumava ser eficaz no passado, quando era muito difícil e caro construir um produto, porém o mundo mudou.

Os investidores costumavam valorizar a propriedade intelectual e financiar equipes que demonstravam ter capacidade de construir coisas. Esse não é mais o caso.

Além disso, como construir produtos implicava custos proibitivos, as equipes que conseguiam levantar fundos saíam com uma vantagem injusta sobre as outras, porque tinham condições de chegar ao mercado antes e aprender mais rápido que os concorrentes. Mesmo se errassem tudo da primeira vez, ainda conseguiam corrigir o curso e voltar aos trilhos porque havia pouquíssimos concorrentes vindo logo atrás.

O mundo, hoje, está bem diferente... (Figura I.6)

Estamos vivendo um renascimento global do empreendedorismo. Nunca foi tão barato e fácil construir um produto, o que significa que há muito mais pessoas abrindo startups no mundo inteiro. Embora essa explosão da atividade de startups represente uma oportunidade incrível para todos nós, ela vem acompanhada de uma nuvem tempestuosa: mais produtos se traduzem em mais opções para investidores e clientes, de modo que é mais difícil se destacar na multidão.

Mundo antigo
• Difícil construir um produto
• Sem muitos concorrentes
• Poucas opções para os clientes

Mundo novo
• Mais fácil construir um produto
• Muito mais concorrentes
• Muitas opções para os clientes

Figura I.6. *Estamos vivendo em um mundo novo*

Os investidores de hoje não valorizam a propriedade intelectual, mas a *tração*. Tração não envolve ser o primeiro a entrar no mercado, mas sim o primeiro a ser *adotado* pelo mercado.

Se uma ideia tem tração, quer dizer que ela tem apelo a outras pessoas além de você, sua equipe e sua mãe – e essas outras pessoas seriam os clientes. Ainda mais importante, a tração demonstra um modelo de negócio funcional.

DICA

Os investidores de hoje não bancam soluções que funcionam; eles bancam modelos de negócio que funcionam.

Como demonstrar tração sem ter um produto funcional? Não estamos de volta a um impasse? Na verdade não, porque Larry sabe que os clientes de hoje estão até o pescoço em uma infinidade de opções de produtos. Quando eles encontram um produto mal-acabado, não se transformam em testadores beta, dando-se ao trabalho de dar feedback; *eles simplesmente dão as costas.*

Sem o feedback do cliente, é muito fácil cair na "armadilha da construção", quando um avanço revolucionário sempre parece estar a um recurso sensacional de distância, mas nunca é alcançado. Você acaba gastando tempo, dinheiro e esforço desnecessários *construindo algo que ninguém quer, até ficar sem recursos.*

Larry viu essa armadilha da construção muitas vezes nos produtos anteriores da startup onde trabalhou e decidiu fazer melhor e começar com uma base mais sólida para seu produto. Uma importante mudança para fazer isso é *começar com os problemas antes das soluções.*

TOME NOTA

Os clientes não se importam com sua solução; eles se importam com os próprios problemas.

Ele constata que, caso seu produto não resolva um problema grande o suficiente para seus clientes, nem toda tecnologia, patentes ou brindes do mundo poderão salvar seu modelo de negócio.

Isso leva Larry a algumas importantes epifanias:

ABORDAGEM Nº 1
O modelo de negócio é o produto.

ABORDAGEM Nº 2
Ame o problema, não a solução.

ABORDAGEM Nº 3
A tração é o objetivo.

Larry passa algumas horas esboçando um design de modelo de negócio para sua ideia usando um modelo de uma página (Quadro Lean) que um de seus mentores de confiança lhe recomendou.

Feito isso, ele testa a viabilidade de seu modelo de negócio fazendo um cálculo rápido e, a partir daí, cria um roteiro de tração destacando os marcos mais importantes. Isso o ajuda a mapear uma estratégia de validação de entrada ascendente no mercado (Figura I.7).

Figura I.7. *Larry faz uma rápida modelagem de negócio para sua ideia*

Uma importante diferença entre a estratégia de validação de Larry e a de Steve é que Larry prioriza testar o mais arriscado, e não o mais fácil em seu modelo de negócio.

Larry reconhece corretamente que, no mundo novo, o que é mais arriscado para a maioria dos produtos mudou, e os riscos do cliente e do mercado superam os riscos técnicos.

Hoje em dia, a principal questão não é "Temos como construir isso?", mas "Devemos construir isso?".

É por isso que ele decide adotar uma abordagem de obter tração primeiro em vez de uma abordagem de construir primeiro ou encontrar um investidor primeiro.

ABORDAGEM N° 4
Ação certa na hora certa.

O mais paradoxal é que você *não precisa de um produto funcional* para identificar problemas que vale a pena resolver, nem para conseguir seu primeiro lote de clientes pagantes.

Ao contrário de Steve, que ainda está aperfeiçoando e refinando seu produto um ano depois, Larry consegue definir seu produto mínimo viável (MVP, da sigla em inglês) em menos de oito semanas, com um pipeline crescente de clientes.

TOME NOTA

Um produto mínimo viável (MVP) é a menor solução que cria, entrega e captura valor para o cliente.

Seguindo essa abordagem, Larry evita gastar tempo, dinheiro e esforço desnecessários construindo um produto que ele *espera* que os clientes comprem e, em vez disso, constrói um produto que ele *sabe* que os clientes comprarão.

> **TOME NOTA**
>
> Steve segue a abordagem Construir-Demonstrar-Vender, enquanto Larry segue a abordagem Demonstrar-Vender--Construir.

Isso coloca a ideia de Larry sobre uma base sólida, e ele passa as quatro semanas seguintes criando uma primeira versão de sua solução que não é voltada para todos, mas para seus adotantes iniciais (*early adopters*) ideais. Assim que seu produto mínimo viável fica pronto, ele não faz um estrondoso lançamento de marketing, mas lança seu produto a apenas dez adotantes iniciais e começa cobrando desde o primeiro dia.

Seu raciocínio para começar pequeno, fazendo uma promessa ousada, é mostrar que ele acredita em seu produto. Ele pensa consigo mesmo: *Se eu não conseguir entregar valor aos meus dez primeiros clientes escolhidos a dedo, como poderei fazer isso a milhares de clientes que estarão experimentando o produto por iniciativa própria?*

ABORDAGEM Nº 5
Enfrente suas premissas mais arriscadas em etapas.

Uma boa consequência de começar pequeno é que, com isso, Larry pode se dar ao luxo de fornecer uma experiência personalizada ao cliente. Isso lhe permite contornar algumas deficiências de seu produto mínimo viável e ainda entregar mais valor que o esperado, ao mesmo tempo que maximiza a aprendizagem de seus clientes.

O primeiro lote de clientes fica impressionado com a atenção de Larry aos detalhes e com a prontidão da resposta às suas necessidades. Ele consegue converter todos em verdadeiros fãs, enquanto refina continuamente seu produto mínimo viável.

ABORDAGEM Nº 6
As restrições são uma oportunidade.

Apesar de Larry ter feito tudo por conta própria até este ponto, ele sabe que não pode escalar seu negócio sozinho. Assim, investe um terço do tempo apresentando sua visão a potenciais cofundadores. Não procura pessoas como ele, mas busca aquelas que tenham habilidades complementares às suas. Ele sabe que:

- boas ideias são raras e difíceis de encontrar;
- boas ideias podem vir de qualquer lugar;
- encontrar boas ideias requer muitas ideias.

O fato de Larry já ter clientes pagantes satisfeitos (tração inicial) e um pipeline crescente de clientes lhe permite atrair e recrutar sua equipe dos sonhos.

Muitas equipes adotam uma abordagem do tipo "dividir para conquistar" para testar seu modelo de negócio, dividindo seu foco com base nos pontos fortes de cada integrante da equipe. Por exemplo, os "hackers" geralmente se concentram em produtos enquanto os "vendedores" (*hustlers*) costumam focar os clientes. Isso dilui o foco da equipe entre várias prioridades diferentes e cria uma situação muito abaixo do ideal.

Em vez disso, Larry alavanca todo o potencial de sua equipe, levando-a a se concentrar coletivamente no que é mais arriscado, e não no que é mais fácil no modelo de negócio. Como os riscos de um modelo de negócio vivem mudando, ele define um ciclo regular de 90 dias para manter o senso de urgência e manter a equipe prestando contas.

ABORDAGEM Nº 7
Nunca deixe de prestar contas externamente.

Cada ciclo de 90 dias é dividido em três atividades principais:

Modelagem

A equipe de Larry inicia cada ciclo de 90 dias atualizando e revendo os modelos de negócio (usando um Quadro Lean e um roteiro de tração). Isso ajuda a equipe a se realinhar constantemente em torno de um conjunto compartilhado de metas, suposições e restrições.

Priorização

Em seguida, a equipe prioriza coletivamente as suposições mais arriscadas e propõe várias estratégias de validação possíveis (campanhas) para superar esses riscos.

Testes

Como é difícil saber de antemão quais campanhas vão funcionar, em vez de fazer poucas apostas grandes, a equipe faz muitas apostas pequenas nas campanhas mais promissoras, usando experimentos iterativos rápidos. O aprendizado resultante dessas experiências ajuda a equipe de Larry a identificar e apostar nas melhores campanhas (Figura I.8).

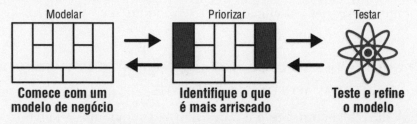

Figura I.8. *O ciclo Modelar-Priorizar-Testar*

> **ABORDAGEM Nº 8**
> Faça muitas pequenas apostas.

> **ABORDAGEM Nº 9**
> Tome decisões baseadas em evidências.

Cada ciclo de 90 dias termina com uma reunião de revisão do ciclo na qual a equipe analisa o que fez e o que aprendeu e planeja os próximos passos.

O volante de inércia (*flywheel*) da abordagem Modelar-Priorizar-Testar permite à equipe procurar sistematicamente um modelo de negócio repetível e escalável. A jornada não é um caminho direto para o sucesso. Você vai se deparar com reviravoltas, becos sem saída e retrocessos. No entanto, como a equipe de Larry avança com rapidez e se mantém sempre aprendendo, consegue evitar problemas fatais fazendo várias pequenas correções ao longo do percurso.

> **ABORDAGEM Nº 10**
> Um avanço revolucionário requer resultados inesperados.

Ao final de um ano, tanto a base de clientes de Larry quanto sua receita e sua equipe estão crescendo. Seu modelo de negócio está no caminho certo para alcançar o encaixe produto/mercado.

O QUE DECIDE O SUCESSO NÃO SÃO CONJUNTOS DE HABILIDADES DIFERENTES, MAS ABORDAGENS DIFERENTES

A diferença entre Steve e Larry não são conjuntos de habilidades diferentes, mas abordagens diferentes.

Steve age como um Artista e é motivado principalmente por seu amor pelo produto (solução).

Você pode substituir "Artista" por Desenvolvedor de Software, Designer, Criador, Escritor, Autor, Hacker, Inventor...

Ele adota a abordagem de construir primeiro, uma abordagem que, no mundo de hoje, é extremamente arriscada. Larry, por outro lado, atua como um Inovador.

> **TOME NOTA**
> Os inovadores transformam invenções em modelos de negócio funcionais.

Ele sabe que estamos vivendo em um mundo novo e que as regras mudaram. Hoje em dia, não basta se limitar a construir o que os clientes dizem que querem porque, quando você finalmente construir isso, verá que o que eles de fato queriam era algo bem diferente.

> **DICA**
> Neste mundo novo, a única maneira de construir o que os clientes querem é engajá-los continuamente no processo.

Os riscos agora são muito mais altos

A maneira antiga de construir produtos só funcionava em um mundo no qual havia enormes barreiras à entrada e poucos concorrentes. Mesmo se você construísse um produto todo errado, teria tempo de corrigir o curso e voltar aos trilhos.

Só que, nos dias de hoje, nunca foi tão barato nem tão rápido lançar produtos, o que significa que nunca houve tanta concorrência – tanto de empresas estabelecidas quanto de startups surgindo ao redor do mundo.

No mundo antigo, deixar de entregar o que os clientes queriam levava, no máximo, a projetos fracassados. No mundo novo, o fracasso contínuo em entregar o que os clientes querem leva ao colapso total do modelo de negócio.

Isso acontece porque os clientes de hoje têm muito mais opções do que antes. Se não conseguirem o que querem do seu produto, simplesmente darão as costas e partirão para o próximo.

No outro extremo do espectro, as melhores empresas de hoje sabem que boas ideias são raras e difíceis de encontrar e que a melhor maneira de obter a próxima grande ideia é testando rapidamente muitas delas.

Os primeiros a adotar essa nova maneira de trabalhar foram startups de alta tecnologia como o Airbnb e o Dropbox, mas, com o tempo, a Inovação Contínua tem sido cada vez mais aplicada em muitos campos diferentes, sendo eficaz inclusive em escala massiva. Algumas das empresas mais valiosas dos Estados Unidos, como Google, Netflix, Amazon e Facebook, têm uma cultura de Inovação Contínua.

A velocidade da aprendizagem é a nova vantagem injusta

As empresas que aprendem rápido e adestram-se mais que a concorrência conseguem construir o que os clientes realmente querem.

Essa é a essência da *Inovação Contínua*, e foi a abordagem adotada por Larry. Quando você avança rápido em condições de extrema incerteza, não pode se dar ao luxo de passar longos ciclos analisando, planejando e executando sua ideia. Você precisa de uma abordagem mais iterativa que envolva modelagem, priorização e testes contínuos.

Ter sucesso no mundo novo requer novas abordagens

Muitas pessoas e empresas fracassam na Inovação Contínua porque começam errado, escolhendo táticas a dedo sem internalizar primeiro a abordagem que as fundamenta.

TOME NOTA

As abordagens definem como percebemos o mundo ao nosso redor.

Se você se convenceu de que estamos vivendo em um mundo novo, não tem como deixar de ver que um novo mundo requer novas abordagens. Veja a seguir as dez abordagens que impulsionam cada uma das três atividades do Modelo de Inovação Contínua:

1. Modelagem

- Abordagem nº 1: Seu modelo de negócio é o produto.
- Abordagem nº 2: Ame o problema, não a solução.
- Abordagem nº 3: A tração é o objetivo.

2. Priorização

- Abordagem nº 4: Ação certa na hora certa.
- Abordagem nº 5: Enfrente suas suposições mais arriscadas em etapas.
- Abordagem nº 6: As restrições são uma oportunidade.
- Abordagem nº 7: Nunca deixe de prestar contas externamente.

3. Testes

- Abordagem nº 8: Faça muitas pequenas apostas.
- Abordagem nº 9: Tome decisões baseadas em evidências.

- Abordagem nº 10: Um avanço revolucionário requer resultados inesperados.

Veremos cada uma dessas abordagens em detalhes ao longo do livro.

Você não pode se dar ao luxo de esperar por uma ideia para a qual o mundo já está pronto

Faz pouco mais de 18 meses desde que Steve largou o emprego e se aventurou por conta própria. Suas economias acabaram há seis meses, mas ele atingiu uma cadência confortável fazendo bicos como consultor para manter o desenvolvimento de seu produto.

Ele se conformou com o fato de que vai demorar para concretizar sua visão e não está com pressa. Afinal, Roma não foi construída em um dia.

É terça-feira de manhã, e Steve está na fila esperando para pedir seu café antes de ir a uma reunião com um cliente. Ele recebe uma mensagem de texto de um velho amigo: "Você viu o que o Virtuoso X acabou de lançar? É a sua ideia, Steve!!!".

Steve clica no link, passa os olhos pela página e empalidece.

O produto do Virtuoso X é muito parecido com o que ele passou um ano e meio desenvolvendo. A equipe apareceu em um artigo da TechCrunch e anunciou uma grande rodada de arrecadação de fundos.

Steve começa a passar mal e sai para a rua. Ele entra em seu carro, remarca a reunião com o cliente e volta para o escritório em casa.

Lá, ele passa o resto do dia vasculhando o site do Virtuoso X, experimentando o aplicativo deles e lendo tudo o que consegue encontrar sobre eles na internet. Depois de várias horas, conclui que, embora a ideia seja bem parecida, o Virtuoso X optou por implementar o produto de uma maneira bem diferente.

Steve sente uma pequena onda de alívio, porque acredita que ainda tem a solução mais elegante. Seu alívio, porém, dura pouco, pois uma nova ansiedade o domina: "De que adianta ter uma solução melhor se eu demorar demais para lançar ou, pior, nunca conseguir lançar?".

Ele precisa correr para tirar o atraso.

Será que agora não conseguiria o apoio de seus amigos desenvolvedores que não entenderam sua visão antes? Ou será que agora não seria mais fácil levantar fundos com investidores?

Um milhão de ideias começam a passar pela sua cabeça. Por onde começar? Ele decide pedir a opinião de Mary.

Ela foi chefe de Steve na startup anterior. Como ele, também entrou no programa de demissão voluntária depois que a startup foi adquirida e fechada. Ele a encontrou por acaso em um evento, alguns meses atrás, e soube que ela também havia aberto um negócio com alguns ex-colegas. Tudo indicava que eles estavam indo muito bem. Já tinham mais de trinta funcionários, clientes pagantes e financiamento de capital de risco.

Ele manda um e-mail para ela, descrevendo brevemente a situação, e a convida para um almoço.

Recebe uma resposta quase instantânea: "Vamos comer uns tacos amanhã ao meio-dia. No lugar de sempre".

Steve aprende sobre produtos mínimos viáveis

Steve chega ao restaurante alguns minutos antes do meio-dia e pega uma mesa tranquila nos fundos. Ao sentar-se, recebe uma mensagem de texto de Mary: "Foi mal, vou atrasar uns dez minutos. Dia de implantação. Peça o meu de sempre e a próxima fica por minha conta".

Ele usa o tempo para organizar as ideias e rabisca um plano em sua agenda:

1. Garantir capital semente.
2. Contratar três desenvolvedores.
3. Concluir e lançar a plataforma em três meses!

Nesse momento, Mary entra no restaurante.

"Desculpe o atraso, Steve. Vamos fazer um grande lançamento esta semana e passamos a manhã inteira resolvendo uma batelada de problemas de produção. Eu teria remarcado, mas seu e-mail parecia urgente. E aí?"

Steve pega o celular, faz ele pairar sobre a mesa por alguns segundos e pede para Mary dar uma olhada. Uma expressão perplexa passa pelo rosto de Mary e ela estende a mão como se fosse pegar algo na mesa, mas seus dedos só pegam o ar. Ela cai na risada.

"Este é o aplicativo de realidade aumentada mais realista que eu já vi. Dá vontade de pegar esta lata de Coca-Cola e o copo com gelo ao lado. Até me deu sede."

"Que bom que você acha isso. Bolei um jeito de renderizar qualquer objeto do mundo real como um modelo 3D dentro de um aplicativo de realidade aumentada ou realidade virtual, sem precisar escrever nenhum código nem usar um software de modelagem complexo. Basta tirar algumas fotos do objeto com o celular, e o mecanismo de renderização cria o modelo 3D em alguns minutos. Gerei esses modelos enquanto esperava você chegar."

"Muito legal! Qual é o nome do seu projeto?"

"Altverse, porque minha visão final é criar um universo virtual alternativo tão detalhado quanto o universo real."

Mary pede mais detalhes.

Steve passa os cinco minutos seguintes resumindo o que fez no ano anterior, descrevendo o lançamento do Virtuoso X e seu plano para o que fazer em seguida.

Mary ouve pacientemente e faz uma pergunta simples: "Você prefere passar os próximos seis meses convencendo investidores ou convencendo clientes?".

Vendo o olhar perplexo de Steve, ela explica que, mesmo na melhor das hipóteses, arrecadar fundos sem tração costuma levar pelo menos seis meses e é um trabalho de tempo integral. "E, durante esse tempo, você não vai ter como avançar muito com seu produto. Considerando suas estimativas, você ainda vai levar uns nove meses para lançar."

"Não posso esperar nove meses!", exclama Steve. "O Virtuoso X chegou primeiro e está em vantagem. Em nove meses, eles terão monopolizado o mercado inteiro!"

Mary diz: "Sei que vai parecer clichê, mas é bom ter concorrentes. A concorrência ajuda a validar um mercado, e a maioria dos pioneiros na verdade começa em desvantagem, não em vantagem. O Facebook, a Apple, a Microsoft, a Toyota – a lista não tem fim – não foram os pioneiros. Todos eles foram rápidos seguidores".

Steve não se convence, mas acena com a cabeça mesmo assim.

"Tudo bem... ainda assim, preciso lançar alguma coisa em menos de nove meses."

"Eu concordo. Você tem razão."

"Mas, para isso, preciso de mais desenvolvedores. E não posso contratar mais desenvolvedores sem dinheiro..."

Mary o interrompe: "Você precisa chegar a um MVP que os clientes queiram".

"Um MVP?"

"Um produto mínimo viável."

"Tipo um beta?"

"Mais ou menos… mas não exatamente. Um produto mínimo viável é a menor solução que você pode construir que oferece um valor monetizável a seus clientes. Sei que você tem em mente uma visão grandiosa de construir toda uma plataforma, mas os clientes não querem uma plataforma. Pelo menos, não no começo. Eles querem soluções que resolvam seus problemas imediatos. Você precisa encontrar a menor solução que resolva um problema grande o suficiente do cliente e entregar essa solução. Para isso, você começa restringindo seus adotantes iniciais ideais, tomando o cuidado de não ampliar demais esse grupo de clientes. Se tentar vender para todo mundo, não vai conseguir vender para ninguém."

Nesse momento, o celular de Mary vibra e ela olha para a tela. "Desculpe, Steve, preciso voltar ao escritório. Meu conselho para você por enquanto é ler tudo o que puder encontrar sobre produtos mínimos viáveis. Hoje em dia, os investidores não financiam ideias nem desenvolvimento de produto. Eles financiam a tração. E você precisa de clientes para demonstrar tração."

Steve interrompe: "De quanta tração eu preciso?".

"Se você conseguir demonstrar qualquer tração, já vai se destacar na multidão. Foi o que fizemos antes de falar com qualquer investidor. Conseguimos uma vantagem com apenas cinco clientes pagantes, e a dinâmica de arrecadação de fundos mudou totalmente para nós. Hoje temos dez vezes esse número de clientes, mas, sem os primeiros cinco, nosso pitch não passaria de um monte de promessas. Vamos marcar outra conversa assim que você definir seu produto mínimo viável."

Steve agradece a Mary enquanto ela dá a última mordida em seu taco e sai apressada do restaurante.

Não comece com um produto mínimo viável

Já se passaram três semanas desde a conversa de Steve com Mary. Ele marcou outro encontro com ela para atualizá-la.

"Fiz o que você sugeriu. Li sobre produtos mínimos viáveis e, como já tinha avançado bastante no desenvolvimento do produto, consegui lançar meu produto mínimo viável em uma semana... mas parece que não está dando certo."

Ele faz uma pausa e continua: "Tenho muitos usuários se cadastrando todos os dias, o que é ótimo, mas ninguém comprou o upgrade ainda, e a retenção é bem baixa – a maioria dos usuários nunca volta depois do primeiro dia. Estou fazendo todo tipo de testes A/B e até pivotei algumas vezes. Concluí que meu produto mínimo viável não é bom o suficiente. O produto ainda precisa de vários recursos importantes. Acho que eu finalmente descobri o recurso que vai fazer toda a diferença e estou planejando construí-lo a seguir...".

Mary o interrompe: "Vamos voltar um pouco. Quem são esses usuários? De onde eles vêm?"

"Anunciei o lançamento do meu produto em algumas comunidades na internet, como o Product Hunt e o Hacker News. O anúncio gerou algum buzz. Parte do tráfego ainda está vindo de lá. O resto vem de anúncios na internet. Defini um pequeno orçamento de US$ 25 por dia."

"Certo. Quem são esses usuários? Você falou com eles?"

Steve parece um pouco surpreso. "Como assim, falar com eles? Não. Mas estou medindo tudo o que eles fazem com o analytics. É assim que eu sei que a retenção está no chão."

"Entendi. Cometemos um erro parecido depois do lançamento do nosso produto mínimo viável. Paramos de falar com nossos clientes e usamos apenas as métricas para nos orientar. O problema das métricas é que elas só podem dizer o que está errado, não o porquê. Ficamos tentando adivinhar o problema, mas nada do que fizemos funcionou. Foi só quando voltamos a conversar com nossos clientes que conseguimos entender por que as coisas não estavam dando certo e dar uma mudada. Você precisa continuar falando com seus usuários, Steve."

Steve limpa a garganta. "Continuar falando com meus usuários? Eu nunca falei com eles."

Agora é a vez de Mary parecer confusa. "Como assim? Então, como você definiu o seu produto mínimo viável?"

"Bom, eu já tinha trabalhado tanto na plataforma que consegui lançar rapidamente um pequeno aplicativo de referência para demonstrar seu poder. Você disse que eu precisava entregar alguma coisa. Eu entendi errado? A premissa do produto mínimo viável não é entregar logo uma primeira versão para dar início ao ciclo de aprendizagem… e depois usar experimentos rápidos para iterar e refinar o produto?"

Mary suspira. "Desculpe, Steve, eu devia ter avisado que *produto mínimo viável* é um termo que tem muitas definições e abordagens diferentes por aí. Muita gente concorda com a definição que você me passou. E, justiça seja feita, ainda é melhor do que passar um ano construindo um produto mais completo só para descobrir que você construiu recursos demais – ou, pior, construiu algo que ninguém quer."

Mary percebe que o rosto de Steve fica um pouco corado com seu último comentário. Ela decide ignorar e continua: "Mas tentar adivinhar uma solução, não importa quão pequena, e chamá-la de produto mínimo viável não garante resultados melhores".

"Mas o ciclo Construir-Medir-Aprender da Startup Enxuta não ajuda a iterar e refinar o produto mínimo viável?", questiona Steve.

"Teoricamente sim, mas muitas equipes acabam atoladas nessa etapa. Pense no ciclo Construir-Medir-Aprender como um validador rápido de ideias. Se você tiver uma ideia razoavelmente boa *e* conseguir atrair adotantes iniciais, até pode iterar e refinar seu produto mínimo viável como você disse. Mas, se começar com uma ideia ruim, tudo o que aprenderá é que sua ideia é uma droga. E você fica atolado."

"Por que isso acontece?", Steve pergunta.

"Porque, hoje em dia, os clientes têm muitas opções. Se eles não se identificarem com o seu produto mínimo viável, eles não se transformarão em testadores, nem terão paciência de lhe dar feedback sobre como melhorar seu produto. Eles simplesmente darão as costas – de um jeito bem parecido com os seus usuários de baixa retenção. Você fica tentando adivinhar por que as coisas não estão dando certo, o que dá início à busca pelo mítico e elusivo recurso que promete mudar tudo – aquele que sempre parece estar logo adiante. Você até pode ter um ou outro golpe de sorte, mas na maioria das vezes acaba andando em círculos, experimentando uma ideia após a outra, sem nunca conseguir avançar. É questão de tempo para cair na armadilha da construção."

Steve arregala os olhos diante do resumo sucinto e preciso de sua situação.

Ele faz a pergunta óbvia: "Se o sucesso depende da qualidade da ideia inicial, como eu posso começar com uma ideia razoavelmente boa?".

"Essa é a pergunta, Steve. Você faz isso focando os problemas antes das soluções. Hoje em dia, o desafio não é construir mais recursos, mas descobrir *o que* construir."

Um olhar perplexo surge no rosto de Steve, e Mary acrescenta: "Pense assim... começar com uma solução é como construir uma chave sem porta. Você pode construir uma chave linda rapidamente, mas vai acabar perdendo muito tempo procurando a porta certa para abrir. Você pode dar sorte ou usar a força bruta para entrar, mas normalmente acaba não chegando aonde esperava".

Ela espera um aceno de cabeça de Steve e continua: "Se você inverter esse processo e começar com as portas, ou problemas que vale a pena resolver, fica muito mais fácil construir as chaves. Você começa a construir chaves para abrir portas que realmente levam aos lugares certos".

"E existe algum processo para fazer isso?", pergunta Steve.

"Sim. Era o que eu esperava que você encontrasse em sua pesquisa sobre os produtos mínimos viáveis. Na nossa startup, não começamos construindo um produto mínimo viável, mas uma oferta. Primeiro esboçamos muitas variantes da nossa ideia em um Quadro Lean, que é uma ferramenta rápida de modelagem de ideias. Isso nos ajudou a identificar e focar várias possibilidades promissoras de soluções de problemas do cliente. Depois, fizemos entre 20 e 30 entrevistas com clientes para validar nossas suposições sobre os clientes e os problemas. Com isso foi fácil definir a solução. Mas, mesmo assim, não corremos para criar um produto mínimo viável. Em vez disso, construímos uma demonstração e montamos uma oferta que mostramos a clientes potenciais em muitas outras entrevistas. Só depois que conseguimos um número suficiente de clientes dispostos a comprar nossa oferta é que começamos a construir o produto mínimo viável. O que acabamos construindo foi bem diferente do que achávamos que construiríamos."

Mary pega seu celular e procura uma ilustração do conceito de encaixe problema/solução, que ela mostra a Steve (Figura I.9).

Figura I.9. *O processo de encaixe problema/solução*

"Ah, então foi isso que você quis dizer da outra vez com 'definir' um produto mínimo viável?"

"Isso mesmo. Você aumenta muito as chances de sucesso ao investir o tempo necessário primeiro definindo o produto mínimo viável e depois validando esse produto mínimo viável com uma oferta, antes de construir a coisa. Pense em termos de Demonstrar-Vender-Construir em oposição à abordagem mais tradicional de Construir-Demonstrar-Vender."

"E quanto tempo vocês levaram para fazer tudo isso? Parece que são muitas etapas."

"Levamos uns 90 dias para ir de um esboço bem básico até o encaixe problema/solução, quando garantimos nossos cinco primeiros clientes pagantes. É bem verdade que o número de etapas é muito maior que simplesmente correr para construir um produto mínimo viável, mas, se você seguir o processo com disciplina, vai acabar com uma Oferta da Máfia."

"Uma Oferta da Máfia?"

XLIII

"Sim, uma oferta que seus clientes não podem recusar. Sabe, do filme *O poderoso chefão*. Ao contrário do filme, você não força seus clientes, mas lhes mostra algo tão interessante que eles simplesmente não têm como recusar. Ao fim das oito semanas, acabamos com cinco clientes pagantes, o que nos pressionou a entregar logo o produto mínimo viável, em vez de seguir o processo inverso."

"Hum... é uma abordagem bem diferente para o desenvolvimento de produtos do que estou acostumado, mas estou começando a entender a lógica da coisa. Mas já lancei meu produto e tenho usuários. Será que ainda posso aplicar esse processo ao meu produto ou tenho que recomeçar do zero?"

"Nada o impede de aplicar esse processo a um produto existente, desde que esteja disposto e aberto a tentar um outro jeito. Como você acabou de dizer, essa abordagem é diferente e pode causar muita estranheza. O maior obstáculo para nós foi desaprender velhos hábitos de desenvolvimento de produto e convencer a equipe toda a adotar novas abordagens. A vantagem é que a aprendizagem e os resultados são rápidos, então você não precisa confiar só na fé."

"Ainda tenho umas cem perguntas sobre como realmente colocar isso em prática. Como vocês convenceram os usuários a falar com vocês? Com quantas pessoas vocês conversam? O que vocês dizem aos clientes? Sou muito grato por toda a ajuda até agora, mas será que você pode me orientar um pouco mais?"

"Claro que sim, Steve. Esse processo, como qualquer outro, tem seus campos minados e armadilhas. A maior armadilha é o nosso próprio viés ou nosso amor pela nossa solução – nosso Viés do Inovador. Escolhemos de modo seletivo, e até inconsciente, só prestar atenção ao que justifica a construção da solução que já vislumbramos. Passar para uma abordagem do problema primeiro parece simples, mas não é fácil."

"Você tem alguma ferramenta ou material de consulta para me indicar?"

Mary sorri. "Tenho, sim. Vou mandar uma lista de materiais de referência, ferramentas e roteiros reais das entrevistas com clientes que usamos e continuamos a usar para treinar nossa equipe. Descobrir problemas que vale a pena resolver não se limita à fase do produto mínimo viável... também é a base para tudo o que vem a seguir. Devo ressaltar que isso tudo vai parecer um pouco estranho e até desconfortável no começo. O segredo é ser paciente e seguir o processo, e os resultados virão."

"Bom, já passei 18 meses fazendo as coisas do meu jeito e não deu certo. Estou aberto a tentar – digo, testar – qualquer coisa."

Mary volta a sorrir. "Que bom! Vamos marcar outra conversa em breve."

EXISTE UMA ABORDAGEM SISTEMÁTICA PARA O EMPREENDEDORISMO

No carro, voltando para o escritório, Steve repassou sua conversa com Mary.

Será mesmo possível construir o que os clientes querem (o que Mary descreveu como uma "Oferta da Máfia") apenas entrevistando-os?

Quando chega ao escritório, encontra um e-mail de Mary em sua caixa de entrada. Como prometido, ela lhe enviou uma extensa lista de conteúdos e um guia básico (Figura I.10).

Steve reconhece rapidamente o *encaixe produto/mercado* no roteiro, mas muitos dos outros termos lhe são desconhecidos.

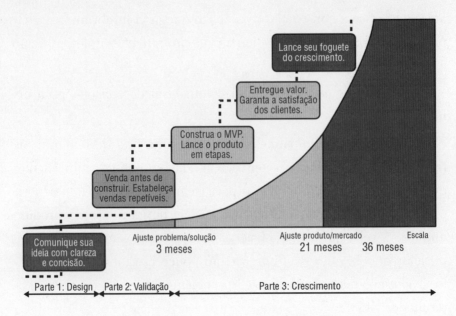

Figura I.10. *O roteiro da Inovação Contínua*

Ele lê o e-mail de Mary:

> Oi, Steve,
>
> Como falamos, aqui estão os links para o Modelo de Inovação Contínua e os guias passo a passo que usamos.
>
> Há muitos pontos para ligar, então seja paciente.
>
> O Modelo de Inovação Contínua usa ciclos de 90 dias seguindo a abordagem Modelar-Priorizar-Testar, então não deixe de começar do começo, com o trabalho de modelagem. Depois vá seguindo as outras etapas.
>
> Por fim, lembre que, para aprender qualquer coisa nova, você vai ter que desaprender velhos hábitos. Aplique e teste o modelo com rigor.
>
> Se tiver alguma dúvida, é só me dar um toque.
>
> Mary

Steve arregaça as mangas e, ao longo de várias semanas, aprende:

- como desconstruir sua ideia em um modelo de negócio;
- como testar se vale a pena tentar construir sua ideia;
- como identificar e priorizar as suposições mais arriscadas em um modelo de negócio;
- como submeter suas suposições mais arriscadas a um teste de estresse usando experimentos pequenos e rápidos;
- como usar entrevistas com clientes para aprender com eles;
- como conseguir tração sem ter um produto;
- como convencer os clientes a comprar;
- como operar e tomar decisões em condições de extrema incerteza.

Nos meses seguintes, Steve consegue colocar seu produto de volta aos trilhos com clientes pagantes, receita crescente e uma equipe em crescimento.

Este livro mostra como fazer isso.

Sobre mim

Olá! Meu nome é Ash Maurya e sou o fundador da LEANSTACK e criador da popular ferramenta de modelagem de negócios Quadro Lean. Eu também já fui um Steve. Também tive uma ideia incrível. Uma ideia tão boa que nunca contei a ninguém, tirando alguns amigos íntimos que me juraram segredo.

Passei um ano construindo discretamente minha "grande ideia". E, como Steve, também não consegui convencer as pessoas da minha visão.

Levei uns sete anos para fazer a transição de Steve para Larry e nunca mais olhei para trás. Meu mantra pessoal é o seguinte: "A vida é curta demais para criar algo que ninguém quer".

Atribuo todo o sucesso e atenção que recebi ao longo dos anos, com meus livros e ferramentas, a essa nova forma de pensar e abordar os produtos.

A LEANSTACK foi fundada para ajudar a próxima geração de empreendedores a evitar esses mesmos erros.

A partir daqui, esta não é uma história de dois empreendedores, mas de apenas um: Steve.

O herói da nossa história é Steve, não Larry.

COMO ESTE LIVRO ESTÁ ORGANIZADO

Um dos marcos mais importantes para uma startup é chegar ao encaixe produto/mercado (também conhecido como ponto de inflexão na curva do taco de hóquei, quando a tração de um produto começa a aumentar rapidamente). A realidade, como seria de esperar, é que 80% dos produtos jamais chegam lá.

Operar em condições de extrema incerteza é uma das razões mais citadas para essa baixa taxa de sucesso. Além disso, a jornada até o encaixe produto/mercado costuma ser descrita como uma perambulação sem rumo (Figura I.11).

Figura I.11. *Vagando sem rumo*

Mas não precisa ser assim. É bem verdade que extrema incerteza é o que não falta nos estágios iniciais de um produto, mas esses estágios não precisam ser confusos. Com as abordagens e mentalidades certas, os estágios iniciais podem ser percorridos sistematicamente, como se fossem um labirinto (Figura I.12).

Figura I.12. *O Labirinto de Ideias*

O objetivo é sair do labirinto com um modelo de negócio que funcione antes de os recursos se esgotarem. Sim, haverá voltas e reviravoltas, becos sem saída e retrocessos, mas esse processo é sistemático, ao contrário da confusão emaranhada da perambulação sem rumo.

Este livro descreve esse processo sistemático passo a passo para levar uma ideia da centelha inicial até o encaixe produto/mercado, dividindo a jornada em três partes.

Parte I: Design

Uma abordagem imprescindível para colocar as ideias deste livro em prática é ver o modelo de negócio, e não a solução, como o verdadeiro produto de sua startup. Como em qualquer produto, o primeiro passo é o design.

A Parte I percorre o processo de desconstrução de sua visão inicial (ou Plano A) em um modelo de negócio. Em seguida, mostrarei como submeter o design de seu modelo de negócio a um teste de estresse para evitar as armadilhas mais comuns que podem levar os produtos em estágio inicial ao fracasso. Por fim, você aprenderá como comunicar sua ideia com clareza e concisão e fazer com que as pessoas vejam o que você vê.

Parte II: Validação

Um esquema inicial para um modelo de negócio é fundamental para gerar clareza e foco, mas também é importante manter em mente que os modelos, por definição, não passam de abstrações da realidade, não a realidade em si. Em outras palavras, eles devem ser validados com evidências, não aceitos com base na fé.

A Parte II mostra como usar iterações para testar seu modelo de negócio em estágios usando ciclos de 90 dias, a começar pelo primeiro estágio da validação: o encaixe problema/solução. Você aprenderá como usar o processo Demonstrar-Vender-Construir para testar a demanda por seu produto e garantir clientes pagantes sem ter que desenvolver seu produto primeiro.

Parte III: Crescimento

Ao atingir o encaixe problema/solução, você está preparado para construir um produto que sabe que os clientes vão comprar, em vez de agarrar-se à esperança de que eles comprem. O próximo passo é lançar seu produto (produto mínimo viável) e fazer iterações para chegar ao encaixe produto/mercado.

A Parte III mostra como maximizar o lançamento de seu produto para acelerar e aprender enquanto se mantém focado no que é mais arriscado. Em vez de lançar seu produto para todos, você aprenderá como usar um lançamento baseado em estágios para testar seu modelo de negócio em pequena escala e estabelecer a repetibilidade antes de buscar o crescimento.

Este livro é para você?

Os princípios abordados neste livro podem ser aplicados ao lançamento de um novo produto tanto em uma startup quanto em uma grande empresa. As táticas podem variar, mas os princípios são universais.

Ao longo deste livro, usarei o termo "empreendedor" para me referir a qualquer pessoa encarregada de dar vida a um novo produto ousado.

Comece sua startup enxuta é para:

- aspirantes a empreendedores e empreendedores seriais;
- inovadores atuando em empresas e "intraempreendedores";
- gerentes de produto;
- criadores e visionários que desejam elevar os padrões e construir a próxima geração de produtos que importam.

Funciona para serviços e produtos físicos?

Neste livro, um produto refere-se a qualquer coisa que agregue valor aos clientes. Pode ser um produto digital, físico ou um serviço. Então, sim, todos os conceitos deste livro podem ser prontamente aplicados a qualquer tipo de produto.

A prática é mais importante que a teoria

Tudo neste livro se baseia no que aprendi em primeira mão com base na minha própria experiência com meus próprios produtos e milhares de outros produtos criados por equipes que orientei e treinei nos últimos dez anos.

Eu encorajo você a testar com rigor e adaptar, por si mesmo, esses princípios.

Nenhum modelo pode garantir o sucesso. Mas um bom modelo pode fornecer um ciclo de feedback para tomar decisões melhores baseadas em evidências diante de um cenário de extrema incerteza.

Essa é a promessa deste livro. Vamos lá!

PARTE I:
DESIGN

Vivemos em uma era com um número sem precedentes de oportunidades de inovar. Com o advento da internet, computação em nuvem e software de código aberto, o custo de criar produtos nunca foi tão baixo. No entanto, as chances de criar startups de sucesso não melhoraram muito, e *a maioria dos novos produtos ainda fracassa*.

O mais interessante é que, das startups que atingem o sucesso, dois terços relatam que alteraram drasticamente seus planos ao longo do caminho. O que separa as startups de sucesso das que fracassam não é necessariamente o fato de as startups de sucesso começarem com um plano inicial (ou Plano A) melhor, mas sim o fato de encontrarem um plano eficaz antes de ficarem sem recursos.

Até agora, encontrar um Plano B, C ou Z melhor se baseava mais nos instintos, na intuição e na sorte. Nunca houve um processo sistemático para testar rigorosamente um Plano A. É justamente isso que *Comece sua startup enxuta* se propõe a introduzir. Este livro apresenta um processo sistemático para fazer iterações do Plano A a um plano eficaz antes de os recursos se esgotarem.

A VISÃO É ALGO PROFUNDAMENTE PESSOAL

> Todos os homens sonham, mas não igualmente. Os que sonham à noite nos recessos empoeirados de suas mentes acordam para descobrir que foi tudo em vão; mas os sonhadores do dia são homens perigosos, pois podem realizar seus sonhos com os olhos abertos para torná-los possíveis.
>
> – T. E. Lawrence, *Lawrence da Arábia*

A mídia adora celebrar histórias de visionários que vislumbraram o futuro e traçaram um curso para encontrá-lo com uma nova oferta "revolucionária". No lançamento de um produto visionário, não há espaço para chegar cedo ou tarde demais.

Apesar de serem histórias interessantes, por trás de cada produto visionário costuma haver anos de trabalho duro, experimentação e aprendizagem. Até o iPad, descrito por Steve Jobs em seu lançamento como um "dispositivo revolucionário", levou muitos anos para ser criado, com base em pelo menos três gerações de software e cinco gerações de hardware.

O verdadeiro desenrolar dessas histórias nunca é tão simples quanto somos levados a acreditar. Para começar, nunca há uma curva única de adoção do cliente, mas toda uma série delas, em que cada segmento de cliente adota soluções em velocidades diferentes. Você lança com base em quem acha que são os clientes e no que eles querem (ou vão querer). Há chances de você não acabar na curva que almejava. A partir desse ponto, você faz iterações até cruzar com a melhor curva (ou seja, até *alcançar o encaixe produto/mercado*), que provavelmente não será sua curva original (ou seja, você faz uma *pivotagem*).

Ao contrário do lançamento visionário, que visa atingir o alvo à perfeição, é possível começar tanto à esquerda (cedo demais) quanto à direita (tarde demais) da curva de adoção do cliente, desde que você possa descobrir para onde a curva está indo e, mais cedo ou mais tarde, cruzá-la antes de ficar sem iterações (dinheiro).

Tudo começa com a centelha de uma ideia

Todo mundo tem ideias quando menos espera (no chuveiro, enquanto dirige etc.). A maioria das pessoas as ignora, enquanto os empreendedores escolhem fazer alguma coisa a respeito.

Um dos maiores problemas das ideias é que, a princípio, todas parecem incríveis. Eu mesmo tive o ímpeto de fazer algo com algumas das minhas ideias no passado, só para constatar que todas vieram cedo demais, tarde demais ou eram totalmente equivocadas. Com base nessa experiência pessoal, acredito que mais importante do que fazer algo com uma ideia é ter *um processo para separar rapidamente as boas ideias das más*.

A paixão e a determinação são atributos cruciais para levar uma visão a atingir seu pleno potencial; contudo, se não forem mantidas sob controle, também têm o poder de transformar a jornada em uma peregrinação baseada na fé e orientada por dogmas.

> **TOME NOTA**
> Pessoas razoavelmente inteligentes são capazes de racionalizar qualquer coisa, mas os empreendedores têm um talento especial nesse sentido.

A maioria dos empreendedores começa com uma robusta visão inicial e um Plano A para concretizar essa visão. O problema é que a maioria dos Planos A não vinga.

Apesar de uma visão robusta ser necessária para criar um mantra e dar um sentido à jornada, você deve buscar embasar uma visão sólida em fatos, não na fé. É importante reconhecer que sua visão inicial se baseia, em grande parte, em suposições não testadas (ou hipóteses).

Não escreva um plano de negócios; use um Quadro Lean

O primeiro passo para esclarecer sua ideia é desconstruir sua grande ideia em uma série de suposições articuladas com clareza. Normalmente, os planos de negócios são utilizados para esse fim.

Você já escreveu um plano de negócios? Curtiu o processo? Fiz essas duas perguntas a milhares de criadores, empreendedores e inovadores ao redor do mundo, e eis o que descobri: apenas 30% deles já escreveram um plano de negócios e menos de 2% gostaram do processo.

Fiz uma pergunta diferente aos investidores (e stakeholders) presentes: "Vocês leem o plano de negócios inteiro?" Mais uma vez, menos de 2% admitiram que liam, relatando preferir o resumo executivo de uma página, a apresentação de dez slides ou o pitch de elevador de 30 segundos.

Então por que ainda obrigamos as pessoas a passar semanas escrevendo um documento de 40 páginas que ninguém lê e que raramente é atualizado?

Os problemas dos planos de negócios tradicionais são:

Eles levam muito tempo para serem escritos

Para sua ideia receber carta branca, é comum você ser solicitado a escrever um plano de negócios de 30 páginas, criar uma projeção financeira de cinco anos e um plano de 18 meses para o produto. Isso pode facilmente consumir semanas, se não meses, do seu tempo.

Na melhor das hipóteses, eles não passam de palpites

Empreendedores e inovadores preferem abrir mão de um volumoso plano de negócios, não porque são preguiçosos, mas apenas porque, nos primeiros estágios de qualquer novo projeto, é simplesmente impossível saber com certeza se muitas das suposições estão certas.

> **TOME NOTA**
> Nos estágios iniciais de um produto, você não sabe o que não sabe.

Ao avançar rápido e em condições de extrema incerteza, como é preciso fazer para garantir a Inovação Contínua, você não pode se dar ao luxo de basear-se em planos estáticos – você precisa de modelos dinâmicos. O Quadro Lean (Figura I.1) é um desses modelos.

Problema	Solução	Proposta única de valor	Vantagem injusta	Segmento de clientes
Liste os três principais problemas de seu cliente **Alternativas existentes** Liste como esses problemas são resolvidos hoje	Esboce possíveis soluções para cada problema	Uma declaração única, clara e convincente que transforma um mero visitante em um cliente potencial interessado **Conceito de alto nível** Sua analogia do tipo "o X para Y" (por exemplo, o YouTube é o Flickr para vídeos)	Não pode ser copiado ou comprado com facilidade	Liste seus clientes-alvo e usuários-alvo **Adotantes iniciais** Liste as características do seu cliente ideal
	Métricas-chave Liste os principais números que indicam a situação atual de seu negócio		**Canais** Liste seus caminhos até os clientes	
Estrutura de custos Liste seus custos fixos e variáveis			**Fluxos de receita** Liste sua fonte de receita	

O Quadro Lean foi adaptado do Quadro do Modelo de Negócio e está licenciado sob os termos da Licença Creative Commons Attribution-Share Alike 3.0 Unported.

Figura I.1. *O Quadro Lean*

O Quadro Lean é minha adaptação do Quadro do Modelo de Negócio de Alex Osterwalder (*https://runlean.ly/lc-vs-bmc*) e é o primeiro modelo que usamos no Modelo de Inovação Contínua.

Um Quadro Lean substitui um plano de negócios longo e chato por um modelo de negócio de uma página que leva 20 minutos para ser criado e realmente é lido.

Se você já escreveu um plano de negócios ou criou uma apresentação de slides para os investidores, vai reconhecer imediatamente a maioria dos elementos do Quadro Lean. Abordaremos cada um dos campos do quadro em mais detalhes no Capítulo 1. Por enquanto, acho importante enfatizar um ponto-chave, que é a primeira abordagem da Inovação Contínua.

ABORDAGEM Nº 1
Seu modelo de negócio é o produto.

Você vai reparar que o campo "Solução" ocupa menos de um nono do quadro todo. Não é por acaso. Fiz isso porque, como empreendedores, somos mais apaixonados pela solução e pelo que somos naturalmente bons em fazer – mas, como vimos na introdução do livro:

- sua solução, embora importante, não costuma ser o que é mais arriscado, e você deve focar o que é mais arriscado primeiro;
- os investidores não se importam com sua solução; eles se importam com a tração (o engajamento do cliente);
- os clientes não se importam com sua solução; eles se importam com os próprios problemas.

Desse modo, seu trabalho não é apenas criar a melhor solução, mas *assumir o controle do modelo de negócio como um todo e fazer com que todas as peças se encaixem.*

Você só vai sair ganhando se reconhecer que o seu modelo de negócio é o produto. Com isso, você não apenas terá condições de assumir o controle de seu modelo de negócio, como também poderá aplicar as melhores técnicas do desenvolvimento de produtos à construção da sua empresa.

O ROTEIRO DO DESIGN DE MODELOS DE NEGÓCIO

O primeiro passo para construir um produto é começar com um esquema ou esboço do design. Da mesma forma, o primeiro passo para construir um negócio é começar com o design do modelo de negócio. Um esquema do design do modelo de negócio ajuda você a desconstruir sua ideia em um conjunto de importantes suposições (representadas em um Quadro Lean de uma página). Feito isso, você prioriza suas suposições mais arriscadas e formula uma estratégia de validação baseada em estágios para dar vida à sua ideia (veja a Figura I.2).

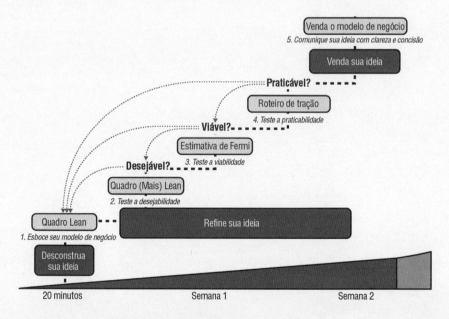

Figura I.2. *O roteiro do design do modelo de negócio*

Na Parte I deste livro, você aprenderá como:

- desconstruir sua ideia em um Quadro Lean (Capítulo 1);
- testar a desejabilidade de sua ideia (Capítulo 2);
- testar a viabilidade de sua ideia (Capítulo 3);
- testar a praticabilidade de sua ideia (Capítulo 4);
- comunicar sua ideia com clareza e concisão (Capítulo 5).

CAPÍTULO 1

DESCONSTRUA SUA IDEIA EM UM QUADRO LEAN

Ao assumir um projeto complexo, como, digamos, construir uma casa, você não começaria erguendo as paredes. Começaria com algum tipo de planta arquitetônica – ainda que não passasse de um esboço.

O mesmo pode ser dito de construir e lançar uma ideia.

Neste capítulo, você aprenderá como desconstruir sua ideia em um conjunto de suposições-chave usando um Quadro Lean de uma página (Figura 1.1).

Um Quadro Lean pode ser usado para descrever um modelo de negócio, um lançamento de produto ou até um recurso, o que faz dele uma ferramenta muito popular de planejamento de negócios e gerenciamento de produtos, usada por milhões de pessoas no mundo inteiro.

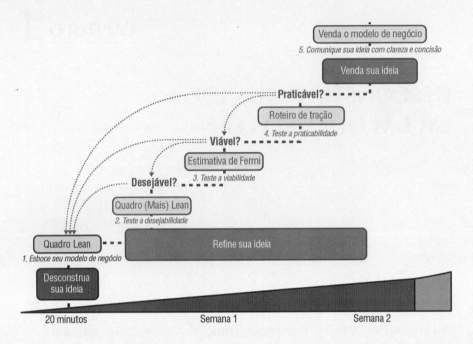

Figura 1.1. *Desconstruindo sua ideia em um Quadro Lean de uma página*

Esboçando seu primeiro Quadro Lean

Um modelo de negócio descreve como você cria, entrega e captura valor dos clientes (ou seja, é pago por eles).

– Saul Kaplan

Neste tópico, descreverei o processo para esboçar um Quadro Lean para sua ideia. O resultado será uma descrição de como você planeja criar, entregar e capturar valor de seus clientes. Veja algumas diretrizes para manter em mente:

Esboce o Quadro Lean em uma única sessão

Pode ser tentador fazer um número indefinido de iterações no quadro-branco, mas seu Quadro Lean inicial deve ser esboçado rapidamente, em menos de 15 minutos. Ao contrário de um plano de negócios, *o objetivo do Quadro Lean não é atingir a perfeição, mas tirar uma foto instantânea.*

Evite o pensamento de grupo

Se você faz parte de uma equipe, evite criar um Quadro Lean em grupo. Proponha que cada membro da equipe crie primeiro uma foto instantânea sozinho. Em seguida, reúna-se com o grupo e consolide os quadros de todos em um único Quadro Lean. Isso não apenas encorajará perspectivas mais independentes e evitará o pensamento de grupo, como também poupará tempo.

Tudo bem deixar campos em branco

Se você não souber ao certo como preencher algum campo específico, não há problema em deixá-lo em branco. Falaremos sobre os campos do quadro com mais detalhes nas próximas seções.

Restrinja seu Quadro Lean a uma página

Se você não conseguir descrever sua ideia em uma única página, ela ainda é complexa demais para explicar. Descrever sua ideia em uma única página não significa usar um tipo de letra menor, mas menos palavras. É muito mais fácil descrever algo em um parágrafo do que em uma única frase. As restrições de espaço do Quadro Lean são uma excelente maneira de resumir seu modelo de negócio e destilar sua essência.

Pense no presente

Os planos de negócios tentam prever o futuro, o que é impossível. O melhor é preencher seu Quadro Lean com uma atitude prática. Com base em seu estágio atual e no que você sabe neste exato momento, quais são as próximas hipóteses que você precisa testar para avançar no desenvolvimento do produto?

Não há uma ordem certa para preencher um Quadro Lean

Preencher um Quadro Lean é como montar um quebra-cabeça. Não há um ponto de partida certo ou uma ordem específica a seguir. Comece com qualquer campo que você sente que domina mais e vá preenchendo o quadro a partir daí. Se você ainda não sabe ao certo como proceder, siga a ordem da amostra da Figura 1.2 para começar.

Veremos em detalhes cada um dos campos do Quadro Lean da Figura 1.2.

Problema	Solução	Proposta única de valor	Vantagem injusta	Segmento de clientes
Liste os três principais problemas de seu cliente 2 **Alternativas existentes** Liste como esses problemas são resolvidos hoje	Esboce possíveis soluções para cada problema 4 **Métricas-chave** Liste os principais números que indicam a situação atual de seu negócio 8	Uma declaração única, clara e convincente que transforma um mero visitante em um cliente potencial interessado 3 **Conceito de alto nível** Sua analogia do tipo "o X para Y" (por exemplo, o YouTube é o Flickr para vídeos)	Não pode ser copiado ou comprado com facilidade 9 **Canais** Liste seus caminhos até os clientes 5	Liste seus clientes-alvo e usuários-alvo 1 **Adotantes iniciais** Liste as características do seu cliente ideal
Estrutura de custos Liste seus custos fixos e variáveis 7				**Fluxos de receita** Liste suas fontes de receita 6

O Quadro Lean foi adaptado do Quadro do Modelo de Negócio e está licenciado sob os termos da Licença Creative Commons Attribution-Share Alike 3.0 Unported.

Figura 1.2. *Exemplo de ordem de preenchimento de um Quadro Lean*

Segmentos de clientes

Considerando que o Modelo de Inovação Contínua é muito orientado ao cliente, faz sentido começar com o campo "Segmentos de Clientes" do Quadro Lean.

Faça a distinção entre clientes e usuários

Se você tiver vários atores em seu modelo de negócio, procure identificar seus clientes primeiro.

> **DICA**
> Um cliente é alguém que paga pelo seu produto. Um usuário não necessariamente paga.

Em seguida, identifique quaisquer outros atores (usuários, influenciadores etc.) que interagirão com esses clientes.

Exemplos:

- Em uma plataforma de blogs, o cliente é o autor do blog, e o usuário é um leitor.
- Em uma ferramenta de busca, o cliente é o anunciante, e os usuários são as pessoas que fazem as buscas.

Modele várias perspectivas

Isso ajuda a visualizar sua ideia da perspectiva de cada ator de seu modelo de negócio. Cada um provavelmente terá problemas, canais para alcançá-los e proposições de valor diferentes. Por exemplo, um anunciante que trabalha com uma ferramenta de busca pode não estar conseguindo aumentar a conscientização de seu produto, enquanto as pessoas que fazem as buscas estão procurando respostas para perguntas específicas. Recomendo manter essas perspectivas no mesmo quadro e usar uma cor ou uma hashtag diferente para identificar a perspectiva de cada ator.

Concentre-se nos adotantes iniciais

Como empreendedor, você precisa comunicar uma grande oportunidade de mercado, ao mesmo tempo que mantém o foco em seus adotantes iniciais.

DICA

Seu objetivo é definir um adotante inicial, não um cliente genérico, do mainstream.

Sua lista de segmentos de clientes deve representar o mercado total endereçável (TAM, na sigla em inglês) para sua ideia, enquanto seus adotantes iniciais representam um subconjunto específico do mercado total endereçável. Esse é o segmento de clientes inicial ideal (também chamado de perfil de cliente ideal).

Problema

São os problemas, não as soluções, que criam espaços para a inovação. O campo "Problema" é onde você lista o problema ou problemas específicos que pretende resolver com seu produto.

Relacione os principais problemas

É sempre uma tentação fazer um brainstorming e listar muitos problemas possíveis, mas o ideal é priorizar de um a três problemas que você acredita serem os mais urgentes para seus clientes.

Relacione as alternativas existentes

Escreva como você acha que seus adotantes iniciais estão resolvendo esses problemas. A menos que você esteja resolvendo um problema completamente novo (o que é improvável), a maioria dos problemas já tem soluções existentes. Muitas vezes, essas soluções podem não estar sendo fornecidas por um concorrente óbvio.

Steve define o quadrante Segmento/Problema do Cliente

Antes de começar a esboçar seu primeiro Quadro Lean, Steve pega a declaração original de visão que escreveu há um ano:

> Criar um mundo virtual alternativo (um metaverso) tão vasto e detalhado quanto o mundo real e torná-lo universalmente acessível e útil.

Ele fica com vontade de colocar "todo mundo" em Segmentos de Clientes, mas se lembra do conselho de Mary, que disse que é melhor evitar definir um segmento de clientes amplo demais: *"Se você tentar vender para todo mundo, não vai conseguir vender para ninguém"*.

Então, Steve volta seu foco para o público que considera ser seus adotantes iniciais ideais e escreve "desenvolvedores de software". Ele prevê que sua plataforma poderá, mais cedo ou mais tarde, permitir que qualquer pessoa crie aplicativos avançados de realidade aumentada/virtual imersivos, mas pensa que será mais fácil começar com desenvolvedores de software que já criam ou querem criar esses tipos de aplicativo.

Dentro desse segmento, ele relaciona vários setores que provavelmente adotarão tecnologias de realidade aumentada/virtual nos próximos anos. Em seguida, volta a listar, no Quadro Lean, os principais problemas que planeja abordar e as principais alternativas existentes.

A Figura 1.3 mostra os campos "Segmentos de Clientes" e "Problema" de Steve depois de apenas alguns minutos preenchendo o quadro.

Problema	Solução	Proposta única de valor	Vantagem injusta	Segmento de clientes
Não é fácil criar aplicativos de realidade aumentada/ virtual. - Requer habilidades de codificação - Leva muito tempo - É caro **Alternativas existentes** Google AR & VR, Apple ARKit, Vuforia, MAXST, Unity		Conceito de alto nível		Desenvolvedores/ agências de software Marketing Varejo Construção residencial/ Arquitetos Turismo Educação Saúde **Adotantes iniciais** Desenvolvedores/ agências de software que criam aplicativos de realidade aumentada/virtual para seus clientes
	Métricas- -chave		**Canais**	
Estrutura de custos			**Fluxos de receita**	

O Quadro Lean foi adaptado do Quadro do Modelo de Negócio e está licenciado sob os termos da Licença Creative Commons Attribution-Share Alike 3.0 Unported.

Figura 1.3. *O problema e os segmentos de clientes de Steve*

Proposta única de valor

Bem no centro do Quadro Lean fica a proposta única de valor. Afinal, a proposta única de valor é um dos campos mais importantes do quadro e também o mais difícil de acertar.

TOME NOTA

Definir uma proposta única de valor obriga você a responder à pergunta: por que seu produto é diferente e por que valeria a pena prestar atenção nele?

Antes de pagarem pelo produto com dinheiro, os clientes pagam com atenção. Não é fácil acertar a proposta única de valor, porque você precisa destilar a essência do produto em poucas palavras para caber no título da página de destino. Além disso, sua proposta única de valor precisa ser diferente para se destacar da concorrência, e essa diferença deve ser importante para os clientes.

A vantagem é que você não precisa acertar de cara. Como todos os outros elementos do Quadro Lean, você começa com suas melhores suposições no momento e faz iterações a partir daí.

Conecte-se com o problema número 1 do cliente

Para criar uma boa proposta única de valor, você precisa conectá-la com o problema número 1 que planeja resolver para os clientes. Se realmente valer a pena resolver o problema, você já tem mais de meio caminho andado.

Direcione-se aos adotantes iniciais

Muitas empresas tentam se direcionar ao "centro" de seus segmentos de clientes na esperança de atingir as massas (o mainstream) e, no processo, acabam diluindo a mensagem. Seu produto ainda não está pronto para o mainstream. Seu único trabalho deve ser identificar os adotantes iniciais e se direcionar a eles, o que requer uma mensagem ousada, clara e específica.

Concentre-se nos resultados

Você já deve ter ouvido falar da importância de destacar os benefícios em vez dos recursos ou das funcionalidades da solução. No entanto, até os benefícios precisam ser traduzidos pelos seus clientes para a visão de mundo deles. Uma boa proposta única de valor entra na cabeça dos clientes e se concentra nos benefícios que eles obterão ao usar seu produto, ou seja, os resultados desejados.

Por exemplo, se você estiver criando um serviço para a elaboração de currículos:

- uma funcionalidade poderia ser "modelos feitos por profissionais";
- o benefício seria um "currículo chamativo que se destaca dos outros";
- e o resultado desejado seria "conseguir o emprego dos seus sonhos".

Seja breve

A maioria das plataformas de publicidade restringe o campo do título a 120 caracteres. Escolha as palavras com cuidado e evite "encher linguiça".

Responda o quê, para quem e por quê

Uma boa proposta única de valor precisa descrever com clareza para que seu produto serve e para quem é. Como o "porquê" costuma ser difícil de encaixar na mesma declaração, é comum usar um subtítulo para isso.

Veja um exemplo:

- *Produto*: Quadro Lean
- *Título*: Comunique sua ideia com clareza e concisão aos principais stakeholders.
- *Subtítulo*: Um Quadro Lean substitui um plano de negócios extenso e tedioso por um modelo de negócio de uma página que leva 20 minutos para ser criado e realmente é lido.

Elabore um conceito de alto nível

Outro exercício interessante ao elaborar uma proposta única de valor é criar um conceito de alto nível (também chamado de *high-concept pitch*), popularizado como uma ferramenta de apresentação de vendas eficaz pela Venture Hacks em seu e-book *Pitching Hacks*. Os conceitos de alto nível também são muito usados por produtores de Hollywood para resumir o enredo de um filme em uma única frase memorável.

Os exemplos podem incluir:

- YouTube: "O Flickr para vídeos"
- *Aliens* (filme): "*Tubarão* no espaço"
- Dogster: "O Friendster para cães"

O conceito de alto nível não deve ser confundido com uma proposta única de valor e não deve ser usado na página de destino de seu site. O público pode desconhecer os conceitos gerais de sua proposta. Por essa razão, o conceito de alto nível é mais eficaz quando utilizado para transmitir rapidamente sua ideia e facilitar a disseminação, como depois de uma conversa com o cliente. Falaremos sobre essa utilização específica do conceito de alto nível no Capítulo 8.

Steve elabora sua proposta única de valor

Considerando que todas as alternativas existentes requerem conhecimento técnico e experiência com codificação, Steve decide usar "sem codificação" como a palavra-chave para embasar sua proposta única de valor (veja a Figura 1.4).

Problema	Solução	Proposta única de valor	Vantagem injusta	Segmento de clientes
Não é fácil criar aplicativos de realidade aumentada/ virtual. - Requer habilidades de codificação - Leva muito tempo - É caro **Alternativas existentes** Google AR & VR, Apple ARKit, Vuforia, MAXST, Unity	**Métricas-chave**	Crie experiências de realidade aumentada/ virtual detalhadas e imersivas – sem necessidade de codificação **Conceito de alto nível** Aplicativos de realidade aumentada/ virtual sem necessidade de codificação	Canais	Desenvolvedores/ agências de software Marketing Varejo Construção residencial/Arquitetos Turismo Educação Saúde **Adotantes iniciais** Desenvolvedores/ agências de software que criam aplicativos de realidade aumentada/virtual para seus clientes
Estrutura de custos				**Fluxos de receita**

O Quadro Lean foi adaptado do Quadro do Modelo de Negócio e está licenciado sob os termos da Licença Creative Commons Attribution-Share Alike 3.0 Unported.

Figura 1.4. *A proposta única de valor de Steve*

Solução

Agora está tudo pronto para definir sua solução.

É muito comum ter que repriorizar os problemas de seus clientes ou substituí-los completamente por novos problemas depois de apenas algumas conversas com o cliente. Por essa razão, recomendo não tentar bater o martelo na definição de sua solução ainda. Por enquanto, apenas esboce a coisa mais simples que você poderia construir para resolver cada problema listado em seu Quadro Lean.

―― **DICA** ――――――――――――――――――――
Adie o máximo possível atrelar uma solução ao problema.

Steve define uma solução

Com base em sua lista de problemas, Steve cria uma relação dos principais recursos que abordam cada problema (consulte Figura 1.5).

Problema	Solução	Proposta única de valor	Vantagem injusta	Segmento de clientes
Não é fácil criar aplicativos de realidade aumentada/virtual. - Requer habilidades de codificação - Leva muito tempo - É caro	- Escaneie um espaço ou um objeto físico com seu celular para criar um modelo 3D - Personalize rapidamente seu modelo - Implemente seu aplicativo com um único clique	Crie experiências de realidade aumentada/virtual detalhadas e imersivas – sem necessidade de codificação **Conceito de alto nível** Aplicativos de realidade aumentada/virtual sem necessidade de codificação		Desenvolvedores/agências de software Marketing Varejo Construção residencial/Arquitetos Turismo Educação Saúde **Adotantes iniciais** Desenvolvedores/agências de software que criam aplicativos de realidade aumentada/virtual para seus clientes
Alternativas existentes Google AR & VR, Apple ARKit, Vuforia, MAXST, Unity	**Métricas-chave**		**Canais**	
Estrutura de custos			**Fluxos de receita**	

O Quadro Lean foi adaptado do Quadro do Modelo de Negócio e está licenciado sob os termos da Licença Creative Commons Attribution-Share Alike 3.0 Unported.

Figura 1.5. *A solução de Steve*

Canais

Uma das principais razões do fracasso das startups é deixar de criar um caminho até os clientes.

O objetivo inicial de uma startup é aprender, não escalar. No começo, pode-se usar quaisquer canais que exponham seu produto aos clientes potenciais.

A vantagem é que seguir um processo de "descoberta/entrevista com os clientes" (que discutiremos no Capítulo 7) força você a criar um caminho para conquistar um número "suficiente" de clientes já no começo. Entretanto, se o seu modelo de negócio exigir a aquisição de muitos clientes para ser eficaz, esse caminho pode não escalar, passados os estágios iniciais, e você pode se ver atolado mais adiante.

Por essa razão, é muito importante ponderar os canais escaláveis desde o primeiro dia para poder começar a construí-los e testá-los sem demora.

Apesar de haver uma infinidade de opções de canais disponíveis, alguns podem se revelar imediatamente inaplicáveis à sua startup, enquanto outros podem ser mais viáveis em estágios posteriores.

Steve descreve alguns possíveis caminhos até os clientes

Como Steve planeja se direcionar a agências e desenvolvedores de software como adotantes iniciais, ele pensa em começar com indicações por apresentação, vendas diretas, conferências e feiras comerciais como canais iniciais e, quem sabe, depois escalar usando anúncios (veja a Figura 1.6).

Problema	Solução	Proposta única de valor	Vantagem injusta	Segmento de clientes
Não é fácil criar aplicativos de realidade aumentada/ virtual. - Requer habilidades de codificação - Leva muito tempo - É caro	- Escaneie um espaço ou objeto físico com seu celular para criar um modelo 3D - Personalize rapidamente seu modelo - Implemente seu aplicativo com um único clique	Crie experiências de realidade aumentada/ virtual detalhadas e imersivas – sem necessidade de codificação		Desenvolvedores/ agências de software Marketing Varejo Construção residencial/ Arquitetos Turismo Educação Saúde
Alternativas existentes Google AR & VR, Apple ARKit, Vuforia, MAXST, Unity	**Métricas--chave**	**Conceito de alto nível** Aplicativos de realidade aumentada/ virtual sem necessidade de codificação	**Canais** Indicações por apresentação Vendas diretas Conferências Feiras comerciais Anúncios	**Adotantes iniciais** Desenvolvedores/ agências de software que criam aplicativos de realidade aumentada/virtual para seus clientes
Estrutura de custos			**Fluxos de receita**	

O Quadro Lean foi adaptado do Quadro do Modelo de Negócio e está licenciado sob os termos da Licença Creative Commons Attribution-Share Alike 3.0 Unported.

Figura 1.6. *Os canais de Steve*

Fluxos de receita e estrutura de custos

Os dois campos da parte inferior do quadro, intitulados "Fluxos de Receita" e "Estrutura de Custos", são usados para demonstrar a viabilidade do negócio.

Fluxos de receita

Muitas startups optam por adiar a "questão da precificação" até um estágio posterior, mas isso é um erro. Veja as razões para isso:

O preço faz parte do produto

Imagine a seguinte situação: eu coloco duas garrafas de água mineral na sua frente e digo que uma custa 50 centavos e a outra custa 2 dólares. Em um teste cego de aceitação, você não conseguiu dizer a diferença (os produtos são muito parecidos), mas pode tender a acreditar (ou pelo menos imaginar) que a água mais cara tem uma qualidade superior. Nesse caso, o preço tem o poder de mudar sua percepção do produto.

O preço determina seus clientes

Ainda mais interessante é o fato de que a água mineral que você escolhe determina a qual segmento de clientes você pertence. Com base no mercado existente de água mineral, sabemos que existe um negócio viável para a água mineral nos dois segmentos de preço. O preço que você decide cobrar indica os clientes que deseja atrair.

Ser pago é a primeira forma de validação

Uma das coisas mais difíceis de fazer é convencer um cliente a lhe dar dinheiro, o que também constitui uma das primeiras formas de validação do produto.

TOME NOTA

A receita é a diferença entre um hobby e um negócio.

Estrutura de custos

Como determinar a estrutura de custos de sua ideia/produto? Em outras palavras, quanto vai custar para construir seu produto e manter seu negócio funcionando?

Em vez de pensar em termos de projeções trianuais ou quinquenais, é mais interessante adotar uma abordagem baseada em estágios. Concentre-se em seus marcos mais imediatos, de três a seis meses a partir de agora. Comece calculando a reserva de caixa (ou "pista de decolagem") da qual você precisará para definir, construir e lançar seu produto mínimo viável. Quando chegar a esse ponto, reveja seus cálculos. Algumas questões a serem consideradas incluem:

- Quanto custará para construir e lançar seu produto mínimo viável?
- Como será sua taxa de queima de capital ou *burn rate* (salários, aluguel do escritório etc.)?

Steve pondera sua estrutura de custos e fluxos de receita

Embora Steve tenha encontrado um ritmo confortável para autofinanciar seu projeto usando a receita proveniente de seu trabalho de consultoria, o lançamento do concorrente (Virtuoso X) foi um sinal de alerta para ele acelerar as coisas. Steve define então uma meta para lançar seu produto mínimo viável nos próximos seis meses e esboça os custos, que envolvem, em grande parte, seu tempo.

Steve nunca tinha parado para pensar a sério em seu modelo de precificação até agora, mas decide seguir o conselho de não postergar essa tarefa. Ele opta por ancorar seu preço em outras ferramentas de desenvolvimento de software e descobre que elas variam de gratuitas a várias centenas de dólares por mês. Decide pelo meio-termo e escolhe o modelo de preço básico mais popular de US$ 50/mês com um teste gratuito de 30 dias.

Para sua estrutura de custos, Steve estima suas necessidades para os próximos seis a nove meses. Ele planeja trabalhar sozinho e continuar desenvolvendo seu produto até conseguir atrair clientes ou investidores suficientes. A Figura 1.7 mostra como ficou o Quadro Lean de Steve com esses campos preenchidos.

Problema	Solução	Proposta única de valor	Vantagem injusta	Segmento de clientes
Não é fácil criar aplicativos de realidade aumentada/ virtual. - Requer habilidades de codificação - Leva muito tempo - É caro	- Escaneie um espaço ou objeto físico com seu celular para criar um modelo 3D - Personalize rapidamente seu modelo - Implemente seu aplicativo com um único clique	Crie experiências de realidade aumentada/ virtual detalhadas e imersivas – sem necessidade de codificação		Desenvolvedores/ agências de software Marketing Varejo Construção residencial/ Arquitetos Turismo Educação Saúde
Alternativas existentes Google AR & VR, Apple ARKit, Vuforia, MAXST, Unity	Métricas--chave	Conceito de alto nível Aplicativos de realidade aumentada/ virtual sem necessidade de codificação	Canais Indicações por apresentação Vendas diretas Conferências Feiras comerciais Anúncios	Adotantes iniciais Desenvolvedores/ agências de software que criam aplicativos de realidade aumentada/virtual para seus clientes
Estrutura de custos Custos com hospedagem Custos com pessoal: 40 horas × US$ 65/hora = US$ 10.000/mês			**Fluxos de receita** Teste gratuito de 30 dias US$ 50/mês para aplicativos ilimitados	

O Quadro Lean foi adaptado do Quadro do Modelo de Negócio e está licenciado sob os termos da Licença Creative Commons Attribution-Share Alike 3.0 Unported.

Figura 1.7. *A estrutura de custos e o fluxo de receita de Steve*

Métricas-chave

Todo negócio tem alguns indicadores-chave que podem ser utilizados para medir seu desempenho. Esses números são importantes para mensurar o progresso e identificar pontos críticos do modelo de negócio. Vejamos alguns exemplos.

Relacione de três a cinco métricas-chave

No que diz respeito às métricas, nem sempre mais é melhor. Relacione apenas três a cinco principais métricas que você usará para ver se o seu modelo de negócio está funcionando.

Prefira métricas de resultados a métricas de produção

Em vez de medir quantas coisas você está produzindo (métricas de produção), concentre-se em medir quantas pessoas estão usando seu produto e como estão fazendo isso (métricas de resultados). As métricas de resultados certas tendem a ser centradas no cliente, não no produto.

Exemplos de métricas de resultados incluem:

- número de novos clientes;
- receita recorrente mensal;
- valor do tempo de vida do cliente (LTV, na sigla em inglês).

Priorize as métricas de indicadores antecedentes às métricas de indicadores de seguimento

> Identifique o indicador-chave que lhe possibilita conhecer o desempenho da sua empresa em tempo real, antes de receber o relatório de vendas.
>
> – NORM BRODSKY E BO BURLINGHAM, *A SACADA*

Você vai precisar medir e reportar métricas como receita e lucro, mas tenha em mente que esses são indicadores de seguimento (*trailing indicators*), não indicadores antecedentes (*leading indicators*) do progresso.

Veja alguns exemplos de métricas de indicadores antecedentes:

- número de leads qualificados em seu pipeline;
- número de períodos de teste gratuitos/pilotos;
- taxa de abandono de clientes (*churn*).

Analogias para estudo

Pesquise as métricas que outras empresas que atuam no mesmo espaço/setor usam para medir o progresso e comunicá-lo aos stakeholders.

Veja alguns exemplos:

- Métricas de SaaS:
    - Valor do tempo de vida
    - Custo de aquisição de clientes
    - Receita recorrente mensal ou anual
- Métricas baseadas em anúncios:
    - Usuários ativos diários e mensais
    - Taxa de cliques
    - Custo por impressão e por clique
- Métricas de plataformas de e-commerce:
    - Índice comprador/vendedor
    - Tamanho médio da transação
    - Taxa de aceitação

Steve identifica algumas métricas-chave

No campo "Métricas-Chave" de seu Quadro Lean, Steve decide usar a lista inicial de métricas para um produto SaaS (Software como Serviço) identificada na seção anterior (veja a Figura 1.8).

Problema	Solução	Proposta única de valor	Vantagem injusta	Segmento de clientes
Não é fácil criar aplicativos de realidade aumentada/ virtual. - Requer habilidades de codificação - Leva muito tempo - É caro	- Escaneie um espaço ou objeto físico com seu celular para criar um modelo 3D - Personalize rapidamente seu modelo - Implemente seu aplicativo com um único clique	Crie experiências de realidade aumentada/ virtual detalhadas e imersivas – sem necessidade de codificação		Desenvolvedores/ agências de software Marketing Varejo Construção residencial/ Arquitetos Turismo Educação Saúde
Alternativas existentes Google AR & VR, Apple ARKit, Vuforia, MAXST, Unity	**Métricas--chave** Número de períodos de teste gratuitos Taxa de conversão paga Valor do tempo de vida do cliente/ custo de aquisição de clientes	**Conceito de alto nível** Aplicativos de realidade aumentada/ virtual sem necessidade de codificação	**Canais** Indicações por apresentação Vendas diretas Conferências Feiras comerciais Anúncios	**Adotantes iniciais** Desenvolvedores/ agências de software que criam aplicativos de realidade aumentada/ virtual para seus clientes

Estrutura de custos	Fluxos de receita
Custos com hospedagem Custos com pessoal: 40 horas × US$ 65/hora = US$ 10.000/mês	Teste gratuito de 30 dias US$ 50/mês para aplicativos ilimitados

O Quadro Lean foi adaptado do Quadro do Modelo de Negócio e está licenciado sob os termos da Licença Creative Commons Attribution-Share Alike 3.0 Unported.

Figura 1.8. *As métricas-chave de Steve*

Vantagem injusta

Esse costuma ser o campo mais difícil de preencher, e foi por isso que o deixei para o fim. A maioria dos fundadores relaciona como vantagens competitivas itens que na verdade não são, como paixão, linhas de código ou funcionalidades.

Outra vantagem muito citada nos modelos de negócio é a vantagem do "pioneiro" (*first mover*). Ser o primeiro a entrar no mercado, porém, pode ser uma desvantagem, já que a maior parte do trabalho duro de abrir o caminho (mitigação de riscos) recai sobre seus ombros, e você pode ser ultrapassado pelos "seguidores rápidos", a menos que seja capaz de superá-los constantemente com uma "vantagem injusta" real. Pense em Ford, Toyota, Google, Microsoft, Apple e Facebook: nenhuma dessas empresas foi a pioneira.

Uma perspectiva (apresentada por Jason Cohen) que considero interessante para se ter em mente é que tudo o que vale a pena ser copiado será copiado, especialmente quando um modelo de negócio viável começa a ser demonstrado.

Imagine a seguinte situação: seu cofundador rouba seu código-fonte, abre um negócio na Costa Rica e derruba os preços. Será que você continua tendo um negócio? E se o Google ou a Apple lançar um produto competitivo e derrubar o preço para US$ 0?

Você precisa ser capaz de criar um negócio de sucesso apesar disso, o que levou Jason Cohen a propor a seguinte definição (*https://oreil.ly/Tjj3g*): "Uma vantagem injusta real é algo que não pode ser copiado ou comprado com facilidade".

Veja alguns exemplos de vantagens injustas reais que se encaixam nessa definição:

- informações privilegiadas;
- endossos dos "experts" certos;

- uma equipe dos sonhos;
- autoridade pessoal;
- efeito de rede;
- efeito de plataforma;
- comunidade;
- clientes existentes;
- ranking SEO.

Um bom exemplo da diferença entre uma vantagem injusta real e uma vantagem injusta falsa é a diferença entre o ranking SEO orgânico e palavras-chave pagas para o marketing de busca. Seus concorrentes podem copiar e comprar as palavras-chave com facilidade, ao passo que o ranking orgânico deve ser conquistado.

Algumas vantagens injustas também podem começar como valores que acabam se tornando diferenciais com o tempo. Por exemplo, Tony Hsieh, o CEO da Zappos, acreditava firmemente no valor de criar felicidade para seus clientes e funcionários. Essa crença se refletiu em muitas políticas da empresa que, à primeira vista, não faziam muito sentido para os negócios, como permitir que os representantes de atendimento ao cliente passassem o tempo que fosse necessário para deixar um cliente satisfeito e oferecer uma política de devolução de 365 dias com todos os fretes pagos pela empresa. Contudo, essas políticas serviram para diferenciar a marca Zappos e criar a grande, apaixonada e eloquente base de clientes que desempenhou um enorme papel na aquisição de US$ 1,2 bilhão da empresa pela Amazon em 2009.

O que fazer se você não tiver uma vantagem injusta logo de cara?

A maioria dos empreendedores não tem uma vantagem injusta assim que tem sua ideia. Vejamos o exemplo de Mark Zuckerberg.

Ele não foi o primeiro a construir uma rede social e vários de seus concorrentes já tinham uma grande vantagem inicial, com milhões de usuários e milhões de dólares em financiamento. No entanto, isso não o impediu de construir a maior rede social do planeta.

Comece com uma história de vantagem injusta

Mark não tinha uma vantagem injusta desde o primeiro dia, mas tinha uma *história* de vantagem injusta. Ele sabia que sua vantagem injusta precisava ser proveniente de grandes efeitos de rede. Esse foco claro ajudou o Facebook a desenvolver uma estratégia sistemática de lançamento e crescimento, que, por sua vez, ajudou a empresa a concretizar essa vantagem.

Deixe a vantagem injusta em branco

Se você ainda não souber qual é sua história de vantagem injusta, é melhor deixar o campo "Vantagem Injusta" em branco, em vez de preenchê-lo com uma vantagem injusta fraca.

Beneficie-se da obscuridade

Como vimos, a boa notícia é que você não precisa ter uma vantagem injusta logo de cara. Se ainda estiver só começando, use a obscuridade em seu benefício para construir algo de valor sem chamar a atenção da concorrência e continue procurando sua vantagem injusta real.

Steve pondera sua história de vantagem injusta

Steve normalmente teria colocado "IP de software" (propriedade intelectual) como sua vantagem injusta, mas, depois de aprender sobre vantagens injustas reais e falsas, ele decide usar uma história de vantagem injusta baseada no "efeito de plataforma" (Figura 1.9). Se agências e desenvolvedores de software suficientes criarem aplicativos excelentes suficientes usando o produto de Steve, isso acelerará sua visão de criar uma enorme biblioteca reutilizável de objetos 3D, formando um volante de inércia que facilitará para todos construírem mais aplicativos com mais rapidez e estabelecendo sua plataforma como a plataforma preferencial para aplicações de realidade aumentada/virtual.

Problema	Solução	Proposta única de valor	Vantagem injusta	Segmento de clientes
Não é fácil criar aplicativos de realidade aumentada/virtual. - Requer habilidades de codificação - Leva muito tempo - É caro	- Escaneie um espaço ou objeto físico com seu celular para criar um modelo 3D - Personalize rapidamente seu modelo - Implemente seu aplicativo com um único clique	Crie experiências de realidade aumentada/virtual detalhadas e imersivas – sem necessidade de codificação	Efeito plataforma	Desenvolvedores/agências de software Marketing Varejo Construção residencial/Arquitetos Turismo Educação Saúde
Alternativas existentes Google AR & VR, Apple ARKit, Vuforia, MAXST, Unity	**Métricas-chave** Número de períodos de teste gratuitos Taxa de conversão paga Valor do tempo de vida do cliente/custo de aquisição de clientes	**Conceito de alto nível** Aplicativos de realidade aumentada/virtual sem necessidade de codificação	**Canais** Indicações por apresentação Vendas diretas Conferências Feiras comerciais Anúncios	**Adotantes iniciais** Desenvolvedores/agências de software que criam aplicativos de realidade aumentada/virtual para seus clientes
Estrutura de custos Custos com hospedagem Custos com pessoal: 40 horas × US$ 65/hora = US$ 10.000/mês				**Fluxos de receita** Teste gratuito de 30 dias US$ 50/mês para aplicativos ilimitados

O Quadro Lean foi adaptado do Quadro do Modelo de Negócio e está licenciado sob os termos da Licença Creative Commons Attribution-Share Alike 3.0 Unported.

Figura 1.9. *A vantagem injusta de Steve*

Refinando seu Quadro Lean

Esboçar um Quadro Lean rapidamente é um excelente primeiro passo para fazer um balanço de sua grande ideia e visualizar seu modelo de negócio como um conjunto de suposições. Dito isso, os primeiros quadros da maioria dos empreendedores acabam sendo amplos ou restritos demais. O ideal é encontrar o meio-termo.

Se foi difícil encaixar sua ideia em uma única página, é provável que você tenha sido amplo demais. Nesse caso, seu quadro será diluído e indiferenciado. Trabalhei com startups que acreditavam que os problemas que estavam resolvendo eram tão universais que se aplicavam a todas as pessoas.

DICA

Quando tenta vender para todo mundo, você não consegue vender para ninguém.

Você até pode ter como objetivo criar um produto para as massas, mas precisa começar com um cliente específico em mente. Até o Facebook, com mais de 500 milhões de usuários, começou orientado a um grupo de usuários bastante específico: estudantes da Universidade de Harvard. No outro extremo, quando você se restringe demais, corre o risco de cair na armadilha do "máximo local" e não encontrar o melhor mercado possível para sua ideia.

Isso é ilustrado na Figura 1.10 como o *problema da escalada da montanha*.

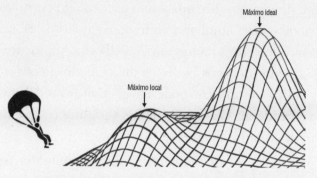

Figura 1.10. *O problema da escalada da montanha*

Imagine que você está com os olhos vendados e recebe a tarefa de encontrar o ponto mais alto nesse cenário. Você pode conseguir subir aos trancos e barrancos até o topo da pequena colina e declarar que encontrou o ponto mais alto, apenas para descobrir, assim que tirar a venda, que há uma montanha bem ao lado, que você não conseguiu encontrar.

Então, como encontrar o meio-termo?

Você precisa de uma estratégia que lhe possibilite ser amplo e restrito ao mesmo tempo. Faça isso dividindo seu primeiro Quadro Lean (o quadro de sua grande ideia) em outros quadros (Figura 1.11).

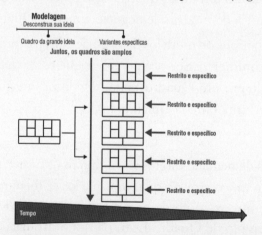

Figura 1.11. *Divida o Quadro Lean de sua grande ideia em uma ou mais variantes*

Cada um de seus quadros adicionais precisa ser restrito e específico, mas você pode e deve ampliar a visão desses quadros esboçando diferentes variantes possíveis da mesma ideia. Por exemplo, um serviço de compartilhamento de fotos pode ser direcionado a consumidores ou empresas. Para as empresas, pode haver muitos modelos de negócio possíveis a considerar. Cada uma dessas variantes pode e deve ser explorada em um quadro diferente.

Nada garante que você encontrará uma montanha usando essa abordagem, mas pode ficar claro que, ao lançar uma rede mais ampla e manter-se aberto a todas as possibilidades desde o início, você pode evitar uma visão de túnel em torno de uma única implementação de sua ideia. Depois de selecionar suas melhores variantes, poderá priorizar suas ideias sistematicamente e testá-las ao longo do tempo. Tenha em mente que criar um modelo de negócio requer uma atitude de busca, não de execução.

Como saber quando dividir seu Quadro Lean?

A maioria dos Quadros Lean acaba ficando ampla demais, porque tenta capturar um número demasiadamente grande de histórias de modelos de negócio em um único quadro. Seu objetivo deve ser descrever uma única história de modelo de negócio em cada Quadro Lean.

Há três arquétipos de modelos de negócio: direto, multilateral e plataforma de e-commerce. Se você perceber que está misturando vários tipos de modelo em um Quadro Lean, divida-os em quadros separados. Vamos dar uma olhada em cada tipo.

Direto

Os modelos de negócio diretos são o tipo mais básico e popular. São modelos de um único ator no qual os usuários se tornam seus clientes. A Starbucks é um exemplo de empresa com um modelo de negócio direto; um exemplo de Quadro Lean para a Starbucks é mostrado na Figura 1.12.

Starbucks – Starbucks

Problema	Solução	Proposta única de valor	Vantagem injusta	Segmento de clientes
As pessoas têm poucas opções de café de alta qualidade feito na hora	Levar a tradição das cafeterias italianas aos Estados Unidos	Um terceiro lugar entre o trabalho e o lar	Comunidade, praticidade e acessibilidade	Pessoas que tomam café
	Métricas-chave		**Canais**	**Adotantes iniciais**
Alternativas existentes - Café de supermercado - Dunkin Donuts/ McDonald's - Café feito em casa	- Número de cafés servidos - Número de novos clientes - Receita média por cliente	**Conceito de alto nível** McDonald's de café	- Lojas de varejo - Supermercados - Publicidade	Pessoas que fazem café em casa

Estrutura de custos	Fluxos de receita
- Funcionários - Custos de lojas de varejo	- Café: US$ 3/xícara - Grãos de café: US$ 10/saco

O Quadro Lean foi adaptado do Quadro do Modelo de Negócio e está licenciado sob os termos da Licença Creative Commons Attribution-Share Alike 3.0 Unported.

Figura 1.12. *Quadro Lean da Starbucks*

No caso de um modelo de negócio direto, seu Quadro Lean deve capturar seu segmento total de clientes endereçáveis como uma única entrada no campo "Segmentos de Clientes" e seu subsegmento inicial ideal no campo "Adotantes Iniciais".

Multilateral

Em um modelo de negócio multilateral, o objetivo continua sendo criar, entregar e capturar valor dos usuários, mas esse valor é monetizado por meio de clientes diferentes. São modelos de dois atores compostos por *usuários* e *clientes*.

Em geral, os usuários não pagam pelo uso de seu produto com uma moeda monetária, mas sim com uma moeda derivativa. Essa moeda derivativa, quando agregada a um número suficiente de usuários, representa um ativo derivativo que seus clientes pagam para adquirir. O Facebook é um exemplo de empresa com modelo multilateral. Na época do lançamento, em 2004, os usuários eram estudantes universitários, e os clientes eram anunciantes.

Um exemplo de Quadro Lean para o Facebook é mostrado na Figura 1.13.

Facebook – Anunciantes + Estudantes universitários

Problema	Solução	Proposta única de valor	Vantagem injusta	Segmento de clientes
As redes sociais existentes na internet não cumprem suas principais promessas e são caracterizadas por: 1. Amigos como uma coleção de medalhas, não amigos de verdade 2. Conversas de baixa qualidade 3. Baixo engajamento do usuário Os anunciantes querem um público altamente direcionado e ativo #cliente	Em vez de tentar criar uma nova rede social, eliminaremos o atrito das redes sociais preexistentes, como as redes universitárias **Métricas-chave** - Avaliação de US$ 100 milhões em 2 anos - Métrica de tração do #cliente: impressões, cliques, conversões	- Conecte-se e compartilhe com seus amigos (não desconhecidos) #usuário - Alcance um público altamente segmentado de usuários ativos com um alto retorno sobre o investimento #cliente	O alto engajamento dos usuários devido aos efeitos de rede se traduz em mais cliques nos anúncios #cliente **Canais** - Modelo de uso viral #usuário - As melhores universidades dos Estados Unidos #usuário	- Estudantes universitários #usuário - Anunciantes #cliente **Adotantes iniciais** - As melhores universidades dos Estados Unidos, começando pela Harvard #usuário - Anunciantes que desejam alcançar estudantes universitários #cliente

Alternativas existentes - Friendster, MySpace #usuário - Banners publicitários, Google Adwords, Yahoo #cliente	- Métrica de tração do #usuário: Usuários ativos diários/ usuários ativos mensais/ visualizações de página	Conceito de alto nível O Friendster para universitários #usuário	- Plataforma baseada em leilões #cliente - Vendas diretas #cliente	
Estrutura de custos - Pessoal: não remunerado - Custos de hospedagem: US$ 85/mês			**Fluxos de receita** - Moeda derivativa: média de 300 visualizações de página mensais por #usuário - Receitas de publicidade: US$ 1 custo por impressão, US$ X custo por clique, US$ Y custo por aquisição #clientes - Troca de moeda derivativa: Receita média por usuário = US$ 0,30/mês - Valor do tempo de vida do usuário = receita média por usuário × 4 anos de tempo de vida = US$ 14,40	

O Quadro Lean foi adaptado do Quadro do Modelo de Negócio e está licenciado sob os termos da Licença Creative Commons Attribution-Share Alike 3.0 Unported.

Figura 1.13. *Quadro Lean do Facebook – as perspectivas do usuário (estudantes universitários) estão marcadas com a hashtag #usuário e as perspectivas do cliente (anunciantes) estão marcadas com a hashtag #cliente*

No caso de um modelo de negócio multilateral, seu Quadro Lean deve modelar sua ideia da perspectiva, tanto de seus usuários quanto de seus clientes. Por exemplo, do ponto de vista do usuário, uma alternativa ao Facebook seria o Friendster.

39

Plataforma de e-commerce

Os modelos de negócio de plataforma de e-commerce são uma variante mais complexa do modelo multilateral que justifica uma categoria própria. Assim como os modelos multilaterais, são modelos multiatores compostos por dois segmentos distintos: no caso, compradores e vendedores. O Airbnb é um exemplo de empresa com modelo de plataforma de e-commerce (um Quadro Lean para o Airbnb é mostrado na Figura 1.14).

Airbnb – Airbnb

Problema	Solução	Proposta única de valor	Vantagem injusta	Segmento de clientes
- Encontrar um lugar para se hospedar quando os hotéis estão lotados #comprador	Uma plataforma que faz a ponte entre hóspedes e anfitriões	- Ganhe um dinheiro extra #vendedor		- Hóspedes #comprador - Anfitriões #vendedor
- Ganhar um dinheiro extra alugando um quarto em sua casa #vendedor	**Métricas-chave** - Número de diárias reservadas - Número de vagas ofertadas #vendedor - Número de buscas #comprador	- Encontre uma alternativa a um quarto de hotel #comprador	**Canais** - Outdoors - Anúncios on-line - Boca a boca	**Adotantes iniciais** - Pessoas que viajam para ir a eventos/ convenções #comprador
Alternativas existentes - Quartos de hotel #comprador - *Couchsurfing* #comprador - Ficar na casa de amigos #comprador - Só pode alugar a casa/apartamento inteiro #vendedor		**Conceito de alto nível** *Couchsurfing* para profissionais		- Pessoas que querem alugar quartos sobrando #vendedor

Estrutura de custos	Fluxos de receita
- Website - Publicidade - Custos com pessoal	Taxa de reserva

O Quadro Lean foi adaptado do Quadro do Modelo de Negócio e está licenciado sob os termos da Licença Creative Commons Attribution-Share Alike 3.0 Unported.

Figura 1.14. *O Quadro Lean do Airbnb – as perspectivas do comprador estão marcadas com a hashtag #comprador e as perspectivas do vendedor estão marcadas com a hashtag #vendedor*

Também neste caso, você deve modelar sua ideia tanto da perspectiva do comprador quanto do vendedor. Por exemplo, do ponto de vista do comprador, alternativas ao Airbnb são hotéis, *couchsurfing* etc.

Busque a simplicidade, não a complexidade. Já é difícil mesmo se for simples.

TOME NOTA

Na prática, é possível encontrar modelos mais complexos que estratificam esses arquétipos básicos. Contudo, tenha em mente que até esses modelos mais complexos começaram com um modelo básico. Segundo a lei de Gall, um sistema complexo que funciona invariavelmente evoluiu de um sistema simples que funcionou.

Steve divide o Quadro Lean de sua grande ideia em variantes específicas

Steve repassa seu Quadro Lean e nota que identificou um número grande demais de segmentos de clientes (Figura 1.15).

Problema	Solução	Proposta única de valor	Vantagem injusta	Segmento de clientes
Não é fácil criar aplicativos de realidade aumentada/virtual. - Requer habilidades de codificação - Leva muito tempo - É caro	- Escaneie um espaço ou objeto físico com seu celular para criar um modelo 3D - Personalize rapidamente seu modelo - Implemente seu aplicativo com um único clique	Crie experiências de realidade aumentada/virtual detalhadas e imersivas – sem necessidade de codificação	Efeito plataforma	Desenvolvedores/agências de software Marketing Varejo Construção residencial/Arquitetos Turismo Educação Saúde
Alternativas existentes Google AR & VR, Apple ARKit, Vuforia, MAXST, Unity	Métricas--chave Número de períodos de teste gratuitos Taxa de conversão paga Valor do tempo de vida do cliente/custo de aquisição de clientes	Conceito de alto nível Aplicativos de realidade aumentada/virtual sem necessidade de codificação	Canais Indicações por apresentação Vendas diretas Conferências Feiras comerciais Anúncios	Adotantes iniciais Desenvolvedores/agências de software que criam aplicativos de realidade aumentada/virtual para seus clientes
Estrutura de custos Custos com hospedagem Custos com pessoal: 40 horas × US$ 65/hora = US$ 10.000/mês		Fluxos de receita Teste gratuito de 30 dias US$ 50/mês para aplicativos ilimitados		

O Quadro Lean foi adaptado do Quadro do Modelo de Negócio e está licenciado sob os termos da Licença Creative Commons Attribution-Share Alike 3.0 Unported.

Figura 1.15. *Segmentos de clientes demais*

"Será que todos eles pertencem ao mesmo modelo de negócio?", Steve se pergunta.

Depois de alguns minutos olhando para seu Quadro Lean e usando o que acabou de aprender sobre os arquétipos de modelos de negócio, ele começa a reconhecer modelos de negócio distintos em seu Quadro Lean.

Ele começa a trabalhar, dividindo-os em quadros separados, e decide se concentrar no que considera suas três principais variantes (Figuras 1.16 a 1.18).

Problema	Solução	Proposta única de valor	Vantagem injusta	Segmento de clientes
Não é fácil criar aplicativos de realidade aumentada/ virtual. - Requer habilidades de codificação - Leva muito tempo - É caro	- Escaneie um espaço ou objeto físico com seu celular para criar um modelo 3D - Personalize rapidamente seu modelo - Implemente seu aplicativo com um único clique	Crie experiências de realidade aumentada/ virtual detalhadas e imersivas – sem necessidade de codificação	Efeito plataforma	Desenvolvedores/agências de software **Adotantes iniciais** Desenvolvedores/agências de software que criam aplicativos de realidade aumentada/ virtual para seus clientes
Alternativas existentes Google AR & VR, Apple ARKit, Vuforia, MAXST, Unity	**Métricas- -chave** Número de períodos de teste gratuitos Taxa de conversão paga Valor do tempo de vida do cliente/ custo de aquisição de clientes	**Conceito de alto nível** Aplicativos de realidade aumentada/ virtual sem necessidade de codificação	**Canais** Indicações por apresentação Vendas diretas Conferências Feiras comerciais Anúncios	

43

Estrutura de custos	Fluxos de receita
Custos com hospedagem Custos com pessoal: 40 horas × US$ 65/hora = US$ 10.000/mês	Teste gratuito de 30 dias US$ 50/mês para aplicativos ilimitados

O Quadro Lean foi adaptado do Quadro do Modelo de Negócio e está licenciado sob os termos da Licença Creative Commons Attribution-Share Alike 3.0 Unported.

Figura 1.16. *Quadro Lean para desenvolvedores de software*

Problema	Solução	Proposta única de valor	Vantagem injusta	Segmento de clientes
Criar realidade aumentada/ virtual (AR/VR) para clientes é difícil. - Requer habilidades técnicas de modelagem - Leva muito tempo - É caro **Alternativas existentes** Ferramentas de BIM e CAD: SketchUP, Autodesk	- Escaneie um espaço ou objeto físico com seu celular para criar um modelo 3D - Personalize rapidamente seu modelo - Implemente seu aplicativo com um único clique **Métricas-chave** - Número de períodos de teste gratuitos - Taxa de conversão paga - Valor do tempo de vida do cliente/custo de aquisição de clientes	Crie experiências de realidade aumentada/ virtual detalhadas e imersivas – sem necessidade de codificação **Conceito de alto nível** Aplicativos de realidade aumentada/ virtual sem necessidade de codificação	Efeito plataforma **Canais** Vendas diretas Conferências Feiras comerciais Anúncios	Arquitetos #clientes Donos de imóveis #usuário **Adotantes iniciais** Arquitetos que criam renderização 3D para seus clientes
Estrutura de custos Custos com hospedagem Custos com pessoal: 40 horas × US$ 65/hora = US$ 10.000/mês				**Fluxos de receita** Teste gratuito de 30 dias US$ 100/mês

O Quadro Lean foi adaptado do Quadro do Modelo de Negócio e está licenciado sob os termos da Licença Creative Commons Attribution-Share Alike 3.0 Unported.

Figura 1.17. *Quadro Lean para arquitetos e construção residencial*

Problema	Solução	Proposta única de valor	Vantagem injusta	Segmento de clientes
Criar modelos 3D para uma loja de comércio eletrônico requer habilidades técnicas e sai caro #cliente #Clientes que compram móveis na internet têm dificuldade de visualizar e medir para ver se os móveis cabem em sua casa	- Escaneie um espaço ou objeto físico com seu celular para criar um modelo 3D - Personalize rapidamente seu modelo - Implemente seu aplicativo com um único clique	Incorpore rapidamente modelos 3D para melhorar a experiência de compra na internet		Varejista #cliente Consumidor #usuário
Alternativas existentes Desenvolver a solução internamente, contratar uma agência de desenvolvimento de software, Houzz	**Métricas--chave** - Número de períodos de teste gratuitos - Taxa de conversão paga - Valor do tempo de vida do cliente/custo de aquisição de clientes	**Conceito de alto nível** O Ikea Place para seus móveis	**Canais** Vendas diretas Conferências Feiras comerciais Anúncios	**Adotantes iniciais** Varejistas de móveis

Estrutura de custos	Fluxos de receita
Custos com hospedagem Custos com pessoal: 40 horas × US$ 65/hora = US$ 10.000/mês	US$ 1/objeto renderizado/ano

O Quadro Lean foi adaptado do Quadro do Modelo de Negócio e está licenciado sob os termos da Licença Creative Commons Attribution-Share Alike 3.0 Unported.

Figura 1-18. *Quadro Lean para varejistas de móveis*

Steve vê imediatamente que essas variantes são mais claras que o Quadro Lean original de sua grande ideia.

> **Agora é a sua vez**
>
> Não é possível avançar sem documentar seu Plano A. Como vimos no início do capítulo, muitos fundadores nunca colocam as hipóteses no papel, o que dificulta a tarefa de desenvolver e testar sistematicamente um negócio.
>
> Cabe a você decidir como criar seu Quadro Lean. Visite o site LEANSTACK (*https://runlean.ly/resources*) para:
>
> - Baixar um Quadro Lean em branco
> - Criar seu Quadro Lean on-line

E AGORA?

É tentador sair correndo do escritório depois de concluir seu primeiro esboço do Quadro Lean e começar imediatamente a testar seu modelo de negócio com os clientes. A ferramenta possibilita identificar rapidamente grupos de problemas, fazer o pitch de uma oferta, criar um produto mínimo viável rápido e cobrar de seus clientes desde o primeiro dia – o que parece ser exatamente o que deveria ser feito.

Por que não fazer isso?

O perigo é se ver preso, seis ou nove meses depois, a um modelo de negócio abaixo do ideal que não corresponda às suas ambições ou que seja impossível de escalar.

Para garantir o sucesso de uma ideia, ela deve manter em constante equilíbrio três tipos de risco: cliente, mercado e técnico. É mais fácil visualizar esses riscos por meio do conceito que a IDEO popularizou como a *Trindade da Inovação*: desejabilidade, viabilidade e praticabilidade (Figura 1.19).

Figura 1.19. *A Trindade da Inovação*

Antes de dedicar semanas ou meses à validação do cliente, vale a pena passar mais algumas horas no escritório testando seu modelo de negócio e consertando quaisquer defeitos ou fissuras que puder encontrar.

Faça isso submetendo seu modelo de negócio a três testes de estresse para verificar:

1. Desejabilidade (Seus clientes querem isso?)
2. Viabilidade (Você tem como monetizar isso?)
3. Praticabilidade (Você tem como construir isso?)

CAPÍTULO 2

TESTE A DESEJABILIDADE DE SUA IDEIA

Desejabilidade: Os clientes querem isso?

Coloque-se em qualquer ponto da timeline do produto na Figura 2.1 e pense no que levou você a passar dessa solução para a próxima.

Figura 2.1. *Uma timeline de soluções para ouvir música*

As mudanças foram enormes e nos levaram a substituir completamente uma maneira de ouvir música por outra. Embora nossa primeira reação seria declarar que mudamos para uma qualidade de som melhor, não foi o caso. A qualidade do som melhorou quando passamos das fitas cassete para os CDs, mas caiu nas evoluções subsequentes. O que mais estava em jogo?

Como empreendedores, nos encarregamos de construir produtos melhores, mas o que *melhor* realmente significa? Essa é a principal questão a ser abordada ao submeter sua ideia a um teste de estresse para verificar sua desejabilidade.

Definição de "melhor"

Definir "melhor" começa reconhecendo que *os clientes não se importam com as soluções, mas com obter os resultados desejados.*

Portanto, a melhor maneira de chamar a atenção do cliente não é começar com sua solução, mas com sua proposta única de valor.

Uma proposta única de valor com um bom apelo promete *um resultado desejado melhor, uma maneira melhor de alcançar o resultado desejado ou ambos.*

Elaborar uma proposta única de valor atraente requer começar *definindo seu segmento de clientes* e *identificando os obstáculos (ou problemas) que impedem esses clientes de alcançar os resultados desejados.*

ABORDAGEM Nº 2
Ame o problema, não a solução.

No Quadro Lean, essas suposições são capturadas nos campos "Segmentos de Clientes", "Problema" e "Proposta Única de Valor". Se você errar essas suposições, todo o seu modelo de negócio cai por terra. Você acaba descrevendo uma solução que ninguém quer (não é desejável). Ainda que consiga construir essa solução (é praticável), ninguém a compra (não é viável). Seu modelo de negócio está condenado.

É por isso que a desejabilidade é um dos primeiros testes de estresse aos quais você deve submeter sua ideia logo depois de esboçar seu Quadro Lean inicial. É o que veremos neste capítulo (Figura 2.2).

> **TOME NOTA**
>
> Criei uma variante do Quadro Lean chamada Quadro (Mais) Lean só com esses três campos ("Segmentos de Clientes", "Problema" e "Proposta Única de Valor"). Ainda recomendo que os fundadores de startups tentem preencher o Quadro Lean completo, mas um Quadro (Mais) Lean pode ser um quadro inicial mais apropriado para equipes de produto que operam em ambientes altamente especializados, isoladas das atividades de vendas e marketing.

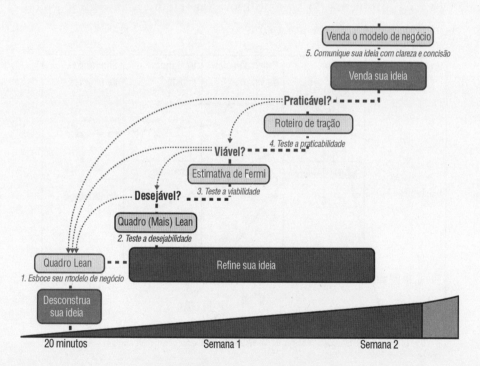

Figura 2.2. *Teste de estresse da desejabilidade*

Como nosso Viés do Inovador nos impede de avançar

O conceito de começar com os problemas antes das soluções pode até ser simples, mas não é fácil. Quando pressionados a pensar em termos de problemas, os empreendedores, muitas vezes inconscientemente, inventam problemas para justificar a solução que já têm em mente. Em vez de perguntar "Qual é o problema dos meus clientes?", eles perguntam "Qual problema minha solução poderia resolver?"

DICA

Quando você já decidiu construir um martelo, tudo começa a parecer um prego.

Esse é o problema do Viés do Inovador (Figura 2.3). Não se preocupe, todo mundo passa por isso.

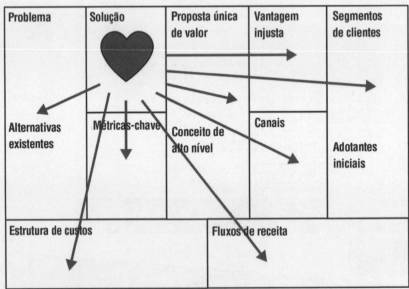

Figura 2.3. *O Viés do Inovador representado em um Quadro Lean*

Na próxima seção, mostrarei o antídoto perfeito para o Viés do Inovador, algo que chamo de *Dom do Inovador*.

Conheça o Dom do Inovador

A premissa básica do Dom do Inovador é simples: *novos problemas vêm de velhas soluções*.

Ao buscar uma ideia inovadora, embora precise de uma solução inovadora, você não quer um problema inovador – um problema que ninguém entende ou com o qual ninguém se importa. O segredo é enquadrar os problemas em termos dos obstáculos resultantes das velhas soluções que impedem os clientes de alcançar os resultados desejados.

O Dom do Inovador é constatar que não existe uma solução perfeita. Problemas e soluções são dois lados da mesma moeda. E novos problemas que vale a pena resolver vêm de velhas soluções.

Parece simples demais? Vamos voltar à pergunta que fiz no início deste capítulo: o que levou você a adotar uma nova maneira de ouvir música?

A maioria das pessoas não passou de fitas cassete a CDs pela melhor qualidade de som, mas pela capacidade de tocar uma música instantaneamente. Ninguém via problema algum nas fitas cassete até que os CDs surgiram e transformaram um problema que sempre existiu – ter que retroceder e avançar a fita para encontrar sua música favorita – em um problema que vale a pena resolver.

Passamos do CD para MP3 não pela melhor qualidade de som, mas pela capacidade de comprar apenas as músicas que queríamos, não o CD inteiro.

Passamos de MP3 players para a nuvem porque "mil músicas no nosso bolso" já não eram suficientes. Agora queremos acesso a 40 milhões de músicas na nuvem que nem precisamos comprar, mas podemos alugar sob demanda (Figura 2.4).

Figura 2.4. *Por que trocamos de solução*

Dá para ver o ponto em comum?

Todas são histórias de grandes mudanças e, sem dúvida, envolvem novas soluções e tecnologias. Entretanto, o que levou à troca em cada caso não foi resolver *novos problemas*, mas resolver *velhos problemas* que sempre estiveram lá. Toleramos e até contornamos esses problemas por um tempo, até que um dia encontramos um *gatilho de troca* que "quebra" nossa solução atual e *nos leva a trocar* para uma nova solução.

Toda inovação de sucesso tem a história a seguir:

> Era uma vez um **[cliente]**. Sempre que precisava realizar uma determinada **[tarefa]**, ele escolhia a **[alternativa existente]**. Um dia, essa alternativa existente quebrou devido ao **[gatilho de troca]**. Em consequência, o **[cliente]** percebeu que a **[alternativa existente]** não era a melhor escolha para realizar a **[tarefa]** em razão desses **[problemas]**. Essa constatação levou o **[cliente]** a procurar uma solução melhor e considerar outras alternativas. Até que ele finalmente encontrou uma **[nova solução]** que o ajudou a realizar a **[tarefa]** de uma maneira melhor.

Podemos visualizar essa história em um diagrama de jornada do cliente, como mostra a Figura 2.5.

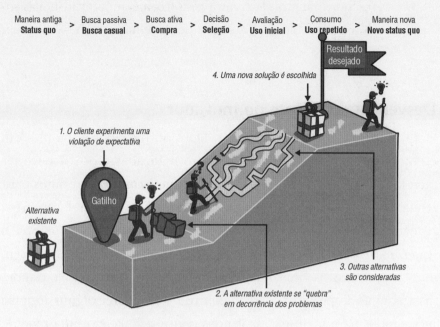

Figura 2.5. *A inovação como uma troca*

Estendendo a timeline do produto de música para o futuro, posso garantir que a maneira como ouvimos música vai mudar novamente. Não sei como será a nova maneira. Todavia, a próxima solução será "melhor" que os serviços de streaming de música.

É isso que faz com que o conceito do Dom do Inovador seja uma dádiva. Oferece uma maneira sistemática de descobrir problemas que vale a pena resolver, ao mesmo tempo que evitamos nosso próprio viés desproporcional favorável à nossa solução – o Viés do Inovador.

Vejamos as principais conclusões:

1. Novos problemas que vale a pena resolver vêm de velhas soluções. *Sempre há uma maneira antiga de fazer as coisas.*
2. A inovação consiste, basicamente, em *causar uma troca* da maneira antiga por uma maneira nova.

3. A melhor maneira de levar a essa troca é ancorar as novas soluções nos problemas causados pelas velhas soluções – ou seja, *"quebrando" a maneira antiga*.

Desvendando o Dom do Inovador

O primeiro passo para aplicar o Dom do Inovador a seu produto é entender a teoria das tarefas a serem realizadas. Você já deve ter ouvido falar desse conceito: a premissa é que *contratamos* produtos para realizar uma determinada *tarefa*. Conheci a teoria das tarefas a serem realizadas vários anos atrás, quando li sobre o Estudo do Milk-Shake (*https://youtu.be/sfGtw2C95Ms*) popularizado por Clayton Christensen, autor e professor da Escola de Administração de Harvard. No estudo, uma equipe de pesquisadores encontrou sem querer alguns insights inesperados para melhorar as vendas de milk-shake em uma rede de fast-food.

Antes de contratar a equipe de pesquisa, a empresa realizou sua própria pesquisa de mercado usando abordagens mais tradicionais, como questionários e grupos focais. Embora essa pesquisa tenha gerado muitas ideias promissoras de melhorias sugeridas pelos clientes, nenhuma delas aumentou as vendas quando implementadas.

Em vez de seguir uma linha de investigação semelhante – ou seja, perguntar aos clientes o que eles queriam –, a equipe contratada pela empresa optou por um caminho diferente. Um dos pesquisadores da equipe, Bob Moesta, perguntou-se qual *tarefa* surge na vida das pessoas que as leva a ir à lanchonete para *contratar* um milk-shake. Formular a questão nesses termos permitiu que a equipe descobrisse por que as pessoas compravam um milk-shake, o que levou a insights bem diferentes daqueles gerados quando uma empresa simplesmente perguntou aos clientes como melhorar um milk-shake.

Depois de ler esse estudo de caso, perguntei-me se uma abordagem semelhante poderia ser aplicada não apenas para melhorar um produto existente, mas para identificar oportunidades de novos produtos. Eu tinha mais perguntas que respostas, então li sobre a teoria das tarefas a serem realizadas e até trabalhei com vários teóricos e executivos, incluindo Bob Moesta, Chris Spiek, Tony Ulwick, Alan Klement e Des Traynor. Muito do trabalho deles moldou meu pensamento sobre o Dom do Inovador.

Contudo, mesmo depois dessa pesquisa toda, duas coisas continuaram me incomodando. Para começar, descobri que a maioria das definições da teoria das tarefas a serem realizadas é circular, ambígua ou vaga. Em segundo lugar, muitos dos estudos de caso que encontrei mais se pareciam com truques de mágica – em retrospecto a resposta é clara, mas difícil de recriar do zero com um novo produto. Tento abordar essas duas questões neste livro.

Vamos começar com minha definição de tarefas a serem realizadas, cujo exemplo é ilustrado na Figura 2.6: *uma tarefa a ser realizada é a instanciação de uma necessidade ou desejo não satisfeito em resposta a um gatilho.*

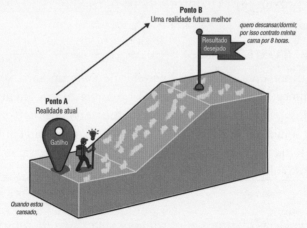

Figura 2.6. *Uma tarefa a ser realizada*

Vamos detalhar essa ideia um pouco mais.

Todas as tarefas começam com um gatilho

Todos nós encontramos vários eventos desencadeadores ao longo do dia, o que significa que também encontramos várias tarefas a serem realizadas ao longo do dia.

Vejamos alguns exemplos:

- São 22h36, e estou cansado. Preciso dormir.
- São 12h36, e meu estômago está roncando. Preciso comer.
- São 19h36, meu estômago está roncando e é aniversário da minha esposa. Quero levá-la a um restaurante chique.

Gatilhos são o que define o contexto que molda a tarefa a ser realizada.

Os hábitos determinam o que fazemos na maioria das vezes...

Ter que encontrar novas soluções cada vez que deparamos com um evento desencadeador demandaria uma grande carga cognitiva, de modo que, quando encontramos uma solução boa o suficiente para uma tarefa específica a ser realizada, tendemos a nos lembrar dessa solução na próxima vez e contratá-la de novo.

TOME NOTA

Contratar uma solução é diferente de comprar uma solução. Acontece muito de comprarmos produtos com a intenção de usá-los mas eles acabarem largados, juntando poeira. Contratar uma solução é *selecionar e usar* uma solução (comprada anteriormente ou não) em resposta a uma tarefa que precisamos/queremos realizar.

São necessárias algumas contratações sucessivas da mesma solução para transformá-la em nossa maneira preferida de realizar a tarefa (ou seja, para que ela se torne um hábito arraigado).

...até que encontramos um gatilho de troca

Um *gatilho de troca* é um tipo especial de gatilho que vem acompanhado de uma *violação de expectativa*. É quando percebemos que nossa alternativa existente deixou de ser boa o suficiente para realizar a tarefa. Também é quando começamos a procurar uma solução nova e diferente. Chamo essa motivação para a mudança de *IMPULSO* no Modelo de Forças do Cliente mostrado na Figura 2.7, porque ela nos empurra (ou impele) para uma *maneira melhor* de realizar a tarefa.

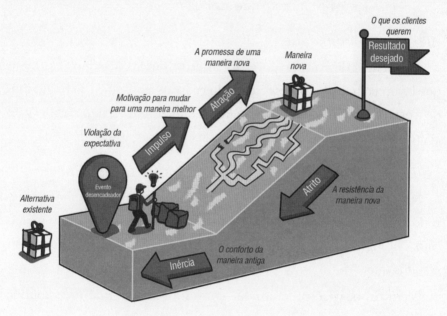

Figura 2.7. *O Modelo de Forças do Cliente*

TOME NOTA

O Modelo de Forças do Cliente é um modelo comportamental que descreve as forças causais (IMPULSO, ATRAÇÃO, INÉRCIA E ATRITO) que definem a maneira como as pessoas selecionam e usam (contratam) uma solução para realizar uma tarefa específica.

Por exemplo, imagine que você tem o hábito de sempre ir almoçar em um restaurante específico. O que poderia levar você a procurar um restaurante novo? Em geral, há três tipos de gatilho de troca:

1. uma experiência ruim (por exemplo, intoxicação alimentar no restaurante que você costuma frequentar);
2. uma mudança de circunstância (por exemplo, uma ocasião especial, como um aniversário);
3. um evento de conscientização (por exemplo, ouvir falar de um excelente restaurante que acabou de abrir).

Aí está a oportunidade

Os eventos desencadeadores instanciam tarefas a serem realizadas que favorecem as *soluções conhecidas* (alternativas existentes). Já os gatilhos de troca criam violações de expectativa que abrem espaço para *soluções novas*. Os empreendedores precisam perseguir os gatilhos de troca.

Causar uma troca começa com a promessa de algo melhor

Se uma solução nova for apenas incrementalmente melhor, o método antigo sempre vencerá. Ele vence porque já está arraigado no hábito. Na Figura 2.7, chamo de *INÉRCIA* essa resistência a abandonar o status quo.

Além disso, você precisa lidar com a ansiedade que todo mundo sente sempre que embarca em uma nova maneira de fazer as coisas que põe em xeque a forma antiga e conhecida de realizar uma tarefa. Na Figura 2.7, chamo de *ATRITO* essa resistência à adoção da nova maneira.

TOME NOTA

Melhor o mal que você conhece que o mal que você não conhece.

Provocar uma troca requer superar essas forças de resistência. Começa com a promessa de uma maneira significativamente melhor de realizar a tarefa. Na Figura 2.7, chamo essa promessa de algo melhor de *ATRAÇÃO* da nova solução.

Um processo de troca tem início quando as forças de atração são maiores que as forças de repulsão, ou seja, IMPULSO + ATRAÇÃO > INÉRCIA + ATRITO.

Até que ponto a nova maneira precisa ser melhor que a antiga para causar uma troca? Estamos falando de algo entre 3 e 10 vezes melhor.

Emocionalmente melhor versus funcionalmente melhor

O café de uma cafeteria gourmet é três vezes melhor que o café de uma grande rede de cafeterias? O consumidor consegue diferenciá-los em um teste cego de sabor? Você não precisa entregar *significativamente melhor* apenas sendo funcionalmente melhor. A emoção ajuda muito.

---- **TOME NOTA** ----
"Funcionalmente melhor" é o espaço das necessidades. "Emocionalmente melhor" é o espaço dos desejos.

Ser funcionalmente melhor é atender a necessidades não atendidas. Posicionar seu produto dessa maneira pode ser suficiente para causar uma troca se essas necessidades não atendidas forem bem compreendidas pelos clientes como obstáculos no caminho de alcançar os resultados desejados (o que eles querem). No entanto, se as necessidades não atendidas não forem bem compreendidas pelos clientes, fará muito mais sentido mudar seu posicionamento para atender a desejos ou resultados desejados.

Por exemplo:

- "Nós ajudamos você a criar um plano de negócios com mais rapidez" é um posicionamento baseado em ser funcionalmente melhor.
- "Nós ajudamos você a criar um plano de negócios que será lido" é um posicionamento baseado em ser emocionalmente melhor.

Vidas emocionalmente melhores em um contexto mais amplo

Todo produto vive em dois contextos: o contexto da solução e o contexto mais amplo. O contexto da solução é onde residem os recursos e benefícios de seu produto. O contexto mais amplo é onde residem os resultados que seu cliente deseja (Figura 2.8).

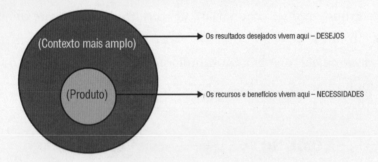

Figura 2.8. *O contexto mais amplo*

Uma excelente maneira de direcionar seu pensamento ao emocionalmente melhor é focar o contexto mais amplo.

Ser contratado é só a primeira batalha

Quando nos vemos diante da possibilidade de fazer uma troca, costumamos avaliar e experimentar vários produtos em busca daquele que realiza melhor a tarefa. Ter seu produto contratado, embora seja uma etapa importante, é só o primeiro passo. A menos que você consiga agregar valor rapidamente e depois se estabelecer como o novo status quo para realizar a tarefa, é muito fácil ver seu produto de volta ao ponto de partida.

Na Parte II deste livro, veremos como usar entrevistas meticulosamente planejadas para identificar a tarefa a ser realizada por seu produto. Por enquanto, vejamos como usar o Dom do Inovador para testar a desejabilidade de sua ideia.

Steve questiona o Dom do Inovador

"Consegui entender como o Dom do Inovador se aplica ao exemplo das maneiras de ouvir música, mas e se o produto for tão disruptivo a ponto de não ter concorrentes?", pergunta Steve.

Mary sorri. "Você não diria que *disrupção*, pela própria definição, implica uma maneira antiga (o tradicional ou o status quo) ser radicalmente contestada por uma maneira nova?"

Steve cora um pouco. "Humm... talvez *disruptivo* não seja a palavra que eu estava procurando, mas uma nova *categoria* ou um novo *mercado*. E se um produto resultar em uma nova categoria que defina um novo mercado?"

"Você consegue citar um?", incita Mary.

"Que tal a internet?", responde Steve.

"Ao aplicar o Dom do Inovador, você deve ir além do contexto da solução e se concentrar no contexto mais amplo. A maneira de encontrar o contexto mais amplo é perguntar: 'Para que isso serve?'. Em outras palavras, qual é o caso de uso ou, mais especificamente, a tarefa a ser realizada? Hoje em dia, a internet é usada para fazer muitas coisas, mas, na era das pontocom, alguns dos primeiros usos da internet foram o acesso a informações usando diretórios de sites e ferramentas de busca. Acessar informações é a tarefa a ser realizada. E como acessávamos as informações antes da internet? Usávamos listas telefônicas, enciclopédias, bibliotecas, livros etc. Essas foram as maneiras antigas que a internet chegou para substituir."

"Entendi...", mas Steve ainda não está totalmente convencido. "E as vacinas?", ele replica.

"A popularização das vacinas é uma solução relativamente nova para fornecer imunidade a doenças contagiosas. O que as pessoas faziam antes das vacinas? Elas isolavam os doentes e, na Idade Média, chegavam a usar 'curas' envolvendo sanguessugas para fazer sangrias nos pacientes, o que não só não ajudava como piorava muito as coisas. Esses são alguns exemplos de maneiras antigas."

Enquanto Steve tenta pensar em outro exemplo, Mary sugere um: "E o fogo? O fogo é uma tecnologia que revolucionou o curso da história da humanidade. Se você fosse um empreendedor vendendo fogo para outros seres humanos, como tentaria vender a ideia de seu produto? Qual é a concorrência do fogo?"

"Deixe-me pensar... Se formos considerar para que o fogo era usado... poderia ser para se aquecer. Então, eu poderia dizer que a maneira antiga seria usar peles de animais para se aquecer?", pondera Steve.

"Sim, essa é a linha de pensamento certa. Mas será que esse é o caso de uso mais viável?", pergunta Mary.

Steve pensa um pouco e responde: "Acho que o fogo também era usado como forma de proteção, para afastar predadores e, é claro, para cozinhar".

"Acertou na mosca! Usar o fogo para manter as cavernas aquecidas é um caso de uso sazonal e geograficamente pontual, o que restringe muito o tamanho do mercado. Mas usar o fogo para disponibilizar novas fontes de alimento, como carne e determinados grãos que os humanos não podiam consumir, tem um apelo universal. Se você estivesse esboçando Quadros Lean na parede da sua caverna, veria que, dos três casos de uso – aquecer-se, proteger-se, cozinhar –, o último seria o mais viável."

Steve ri. "Agora entendi. Acho que eu ainda não estava conseguindo me desapegar do mundo das soluções. O segredo é ver o contexto mais amplo da maneira como a solução é usada. Isso me leva à minha próxima pergunta: sobrou alguma tarefa a ser realizada?"

"Acho que não. Os primeiros seres humanos tiveram que descobrir como realizar várias tarefas, mas a maioria das nossas necessidades e desejos básicos (se não todos) já foi identificada. Você já deve ter visto modelos como a hierarquia de Maslow que apresentam as necessidades em uma pirâmide, começando pelas necessidades fisiológicas como comida e roupas, e subindo para segurança, amor, pertencimento, estima, até chegar à autorrealização."

"Sim, já ouvi falar... Foi por isso que fiz a pergunta", responde Steve.

"Mas, ainda que já tenhamos descoberto como realizar todas as tarefas que precisam ser desempenhadas, é importante lembrar que não existe uma solução perfeita. Toda tarefa requer trabalho, mas a natureza humana faz de tudo para alcançar o melhor resultado desejado possível com o mínimo de esforço. Esse é o ideal utópico de uma solução perfeita, o que, se quisermos entrar no campo da filosofia, é perpetuamente inatingível."

Steve reflete: "Pois é... eu me pergunto o que todos nós vamos fazer quando automatizarmos todas as tarefas da nossa vida. Pelo jeito, vamos acabar como as pessoas daquele filme da Pixar, *Wall-E*".

"Pode ser, mas lembre que eles ainda ansiavam por algo mais", acrescenta Mary.

"Você tem razão... mas de volta à Terra. Estou começando a ver problemas e soluções de uma perspectiva totalmente diferente. Mesmo quando descrevemos produtos como entrantes em novos mercados, essa é uma descrição restrita à categoria. O mercado em si sempre teve outra maneira de realizar a tarefa."

"É isso mesmo. Você entendeu a ideia. Mas você ainda vai encontrar muitos exemplos de tarefas que não estão sendo bem realizadas, como algumas 'curas' das quais falamos, usadas antes do advento das vacinas. A chave de todas essas histórias é encontrar um número suficiente de bolsões de pessoas que passaram por algum evento desencadeador que as motivou a começar a marchar morro acima, rumo a um resultado desejado".

"Você me convenceu. Não vejo a hora de testar a desejabilidade da minha ideia."

Usando o Dom do Inovador para testar a desejabilidade de sua ideia

Ao testar a desejabilidade de sua ideia, é interessante pensar em termos de montar um quebra-cabeça. Este é o momento de repassar os campos "Segmentos de Clientes", "Problema" e "Proposta Única de Valor" – ou seja, seu Quadro (Mais) Lean. Desta vez, quero que você reveja esses campos em uma ordem muito específica, como mostra a Figura 2.9. Comece com os segmentos de clientes. Revise os adotantes iniciais, depois passe para o campo "Problema" e considere as alternativas existentes. Esse processo vai ajudar você a chegar à proposta única de valor.

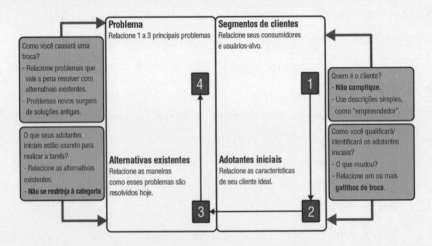

Figura 2.9. *O teste do Presente do Inovador*

Segmentos de clientes: não complique

Neste estágio de sua ideia, atenha-se a definições simples dos segmentos de clientes. Lembre-se de que a ideia é capturar todo o mercado endereçável. Use descrições simples, como *empreendedores, donos de imóveis, consumidores de café*, para descrever seu segmento de clientes como um todo. É só no campo dos adotantes iniciais que você precisa ser específico (sem exagerar).

Adotantes Iniciais: esqueça as personas

Embora seja tentador relacionar um monte de atributos demográficos e psicográficos no campo "Adotantes Iniciais", tome cuidado, porque você ainda está trabalhando com suposições. O perigo é restringir-se demais, encontrar alguns clientes e acabar em uma pequena colina, deixando de ver a montanha – lembre-se da armadilha do máximo local.

Por exemplo, vamos supor que eu defina o fundador de uma startup com base no estereótipo dos "dois caras trabalhando em uma garagem no Vale do Silício". Se sair em busca dessas pessoas, sem dúvida encontrarei empreendedores que atendem a esse critério, mas, se não me der ao trabalho de procurar mais, deixarei de ver o mercado muito mais amplo de empreendedores. A arte da segmentação de clientes não é ir atrás do maior número de características distintivas, mas do *menor número* de características distintivas que *levam* as pessoas a comprar de você.

Todos os adotantes iniciais têm uma característica distintiva. Você consegue adivinhar qual é? Um gatilho de troca. Como vimos, a inovação envolve causar uma troca, e todas as histórias de troca começam com um gatilho de troca. Um adotante inicial é alguém que experimentou um gatilho de troca e decidiu fazer alguma coisa a respeito – ou seja, iniciar a jornada subindo a colina do progresso. Não deixe de relacionar um ou mais gatilhos de troca nos critérios de seus adotantes iniciais.

Alternativas Existentes: não se restrinja à categoria

Muitos fundadores de startups conseguem se convencer de que não têm nenhum concorrente. Em geral, isso acontece porque eles se restringem demais em sua pesquisa e definem a concorrência apenas em termos da solução ou categoria de produto.

Se estiver criando um software de colaboração de ponta, por exemplo, seu concorrente imediato pode não ser a mais nova startup do Vale do Silício, mas o e-mail. O e-mail é grátis, todo mundo tem e é um dos melhores exemplos de plataforma de colaboração. É bem verdade que você pode achar que tem uma tecnologia superior, mas seu trabalho é fazer com que as pessoas troquem o e-mail pelo seu produto. Essa é a sua verdadeira concorrência.

TOME NOTA

O e-mail e as planilhas eletrônicas mataram mais startups do que outras startups.

É por isso que você não encontrará um campo "Concorrentes" no Quadro Lean, mas um campo mais geral chamado "Alternativas Existentes". Todo produto de sucesso já criado, sem exceção, teve uma concorrência na forma de uma alternativa existente. Mantenha esse princípio sempre em mente, porque é a chave para aplicar o Dom do Inovador.

Problemas: o que há de errado com a maneira antiga?

Por fim, você precisa ser capaz de explicar os problemas relacionados no seu Quadro (Mais) Lean sem recorrer à solução. Como fazer isso? Descrevendo os problemas em relação às alternativas existentes do cliente. Em outras palavras, não se restrinja a problemas que você pode resolver com a solução. Em vez disso, concentre-se nos obstáculos que os clientes encontram ao usar as alternativas existentes.

Proposta Única de Valor: como você provocará uma troca?

Ancorar sua proposta única de valor em relação aos problemas das alternativas existentes é o segredo para elaborar uma proposta única de valor eficaz, capaz de chamar a atenção e causar uma troca – por ser *específica, familiar e atraente*. Essa mudança sutil de perspectiva costuma ser a diferença entre *inventar* problemas para justificar a solução e *descobrir* problemas reais que vale a pena resolver.

STEVE PERCEBE QUE TEM UM PROBLEMA DO MARTELO

Quando Steve dá outra olhada em suas variantes do Quadro Lean, percebe que todas elas estão centradas em sua categoria específica à solução: a realidade aumentada/virtual.

Por exemplo, em seu Quadro Lean para Desenvolvedores de Software:

- os adotantes iniciais são desenvolvedores de software que criam aplicativos de realidade aumentada/virtual para seus clientes;
- as alternativas existentes são outras plataformas de realidade aumentada/virtual;
- sua proposta única de valor se baseia no benefício funcional de ajudar os desenvolvedores de software a criar aplicativos de realidade aumentada/virtual com mais rapidez e facilidade.

Mas será que a realidade aumentada/virtual é, de fato, o que os clientes de Steve querem? Ele percebe que criar um aplicativo de realidade aumentada/virtual é um resultado funcional que poderia ser suficiente para causar uma troca em um cenário no qual há grande demanda pela criação desses aplicativos. No entanto, esse não é o caso – ou, pelo menos, ainda não. A tecnologia de realidade aumentada/virtual é promissora, mas ainda emergente e não comprovada. Um aplicativo de realidade aumentada/virtual não é o que os clientes finais realmente desejam. Eles querem o que vem depois do aplicativo, como:

- vender mais projetos pagos (desenvolvedores de software);
- vender mais móveis na internet (varejistas on-line);
- ajudar os clientes a visualizar a casa de seus sonhos (arquitetos).

Steve percebe que passou esse tempo todo preso ao contexto da solução e que precisa se voltar ao contexto mais amplo dos desejos e dos resultados desejados do cliente final.

CAPÍTULO 3

TESTE A VIABILIDADE DE SUA IDEIA

Viabilidade: Você tem como monetizar isso?

Embora um Quadro Lean seja uma excelente maneira de desconstruir sua ideia de estágio inicial em uma história de modelo de negócio mais coerente, seus stakeholders (investidores ou "os guardiões do orçamento") ainda podem ter dificuldade de ver o que você vê. Uma história de modelo de negócio – mesmo com a validação inicial do cliente – ainda não é suficiente para eles (Figura 3.1).

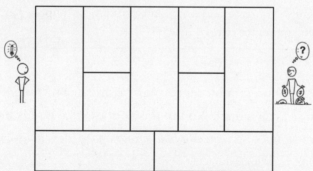

O Quadro Lean foi adaptado do Quadro do Modelo de Negócio e está licenciado sob os termos da Licença Creative Commons Attribution-Share Alike 3.0 Unported.

Figura 3.1. *Um Quadro Lean não é suficiente*

Como o objetivo dos investidores é obter um retorno sobre o investimento, eles precisam ver o lado financeiro da história de seu modelo de negócio. Antes de desmerecer isso como sendo apenas uma perspectiva do investidor, é importante aprender a ver sua ideia através das lentes de um investidor.

Por quê? Porque você é o Investidor nº 1 da sua ideia. Você pode não investir muito dinheiro, mas investe seu tempo – que vale mais que dinheiro.

---**TOME NOTA**---
O tempo é seu recurso mais escasso.

Você pode ter mais ou menos dinheiro, mas seu tempo só diminui. Todas as ideias, especialmente as boas, consomem anos de sua vida. Você realmente quer passar os próximos três anos em uma ideia seguindo a abordagem do "Vamos ver no que dá"?

---**TOME NOTA**---
Se você não tiver um problema "grande o suficiente" que vale a pena resolver (que não seja plausível nem no papel), para que investir qualquer esforço nele?

Por isso, você precisa ser ainda mais rigoroso com sua ideia do que um investidor profissional. No fim das contas, você e seus investidores querem a mesma coisa: *ajudar a transformar a ideia em um negócio "grande o suficiente" para valer a pena.*

Como saber se a sua ideia tem potencial para se tornar "grande o suficiente"? Em outras palavras, como saber se ela é viável? Mostrarei neste capítulo (veja a Figura 3.2).

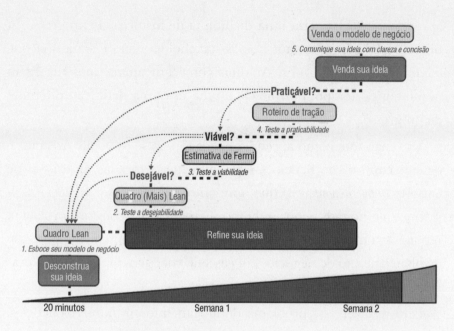

Figura 3.2. *Teste de estresse da viabilidade*

Em vez de criar uma projeção financeira, use uma estimativa de Fermi

Para ver com maior clareza o lado dos números da história de seu modelo de negócio, os investidores vão pressionar você a criar uma planilha de projeção financeira.

O problema dessas planilhas é que elas contêm muitos números que mascaram furtivamente suas suposições mais arriscadas em camadas de mentiras e omissões que se acumulam. E o mais importante: se você for financiado com base em uma dessas planilhas, acabará de volta ao mundo antigo, executando um plano. Seus investidores medirão o desempenho de sua startup em relação às suas projeções, e o tiro acabará saindo pela culatra.

Seus investidores querem ver o crescimento de seu negócio, mas, nos estágios iniciais, você precisa se concentrar no produto e na aprendizagem. Isso cria uma dicotomia de histórias de progresso. A história que contamos aos nossos stakeholders não é a mesma que contamos a nós mesmos. As duas começam iguais, mas divergem muito com o tempo, porque cada uma usa uma definição diferente de progresso.

Você não tem como aprender e agir rápido se tiver que executar e defender um plano fictício – especialmente porque as suposições de entrada (*input assumptions*) que apresentou de início serão, inevitavelmente, questionadas com o tempo. E você acaba com um problema nas mãos: a menos que consiga libertar-se completamente do processo de planejamento de negócios em cascata, você será pressionado a praticar efetivamente a Inovação Contínua.

Para resolver esse problema do afogamento em números fictícios, criei um *teste rápido do modelo de negócio* que leva menos de cinco minutos. Esse método se baseia em uma estimativa de Fermi, que é muito usada na física para fazer cálculos rápidos de ordem de grandeza.

Se você já tentou adivinhar quantas jujubas há em um pote, esse é um ótimo problema de estimativa de Fermi. As estimativas de Fermi funcionam fazendo conjecturas justificadas sobre as suposições de entrada de um problema que são precisas dentro de uma ordem de magnitude (potência mais próxima de 10). Isso costuma ser o melhor que podemos fazer com poucos dados, mas as estimativas resultantes são surpreendentemente úteis.

O erro que cometemos com as projeções financeiras na fase de planejamento do modelo de negócio é que passamos tempo demais focando o resultado de nossos modelos quando o que realmente importa são os inputs.

A abordagem tradicional de cima para baixo para justificar uma ideia consiste em vincular o modelo de negócio a um segmento de clientes "grande o suficiente". A lógica é que, se você conseguir capturar "apenas 1%" desse grande mercado, estará no caminho para o sucesso. Afinal, 1% de um mercado bilionário continua sendo uma boa grana.

Os problemas dessa abordagem são que:

- dá uma falsa sensação de segurança;
- não mostra como conquistar essa participação de mercado de 1% com seu produto específico;
- uma participação de mercado de 1% pode nem ser o critério de sucesso certo para você.

Uma estimativa de Fermi, por outro lado, adota uma abordagem de baixo para cima, na qual você começa com um conjunto de dados, faz uma estimativa aproximada de sua capacidade e depois testa a viabilidade de sua ideia usando essas suposições de entrada. Caso as suposições de entrada não estejam erradas em uma ordem de grandeza, a estimativa resultante será precisa o suficiente para a decisão de seguir em frente ou não.

Para testar a viabilidade de uma ideia, não vamos usar dezenas de números, mas apenas cinco a sete métricas-chave. E quais são essas métricas-chave? Para responder a essa pergunta, precisamos falar sobre a métrica que fundamenta todas as outras: a *tração*.

ABORDAGEM Nº 3
A tração é o objetivo.

O que é tração?

Embora a tração seja um conceito popular, ela é muito mal-entendida e, muitas vezes, mal utilizada para referir-se a qualquer métrica conveniente que esteja indo para cima e para a direita. Por exemplo, um gráfico do número cumulativo de usuários ao longo do tempo não tem para onde ir, a não ser para cima e para a direita. Um investidor mais sofisticado verá que isso não passa de uma fachada feita com métricas que não querem dizer nada.

Embora muitos stakeholders peçam métricas financeiras como receita e lucro, essas também não são as métricas de tração corretas. Por quê? Porque a receita e o lucro geralmente começam perto de zero e até podem entrar no negativo nos estágios iniciais do produto (Figura 3.3).

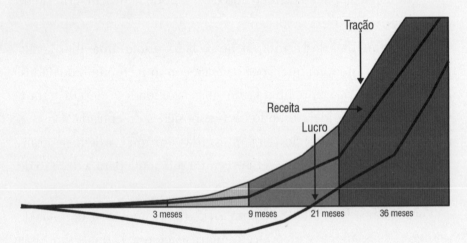

Figura 3.3. *A curva J do produto*

Além disso, receita e lucro são meros *indicadores de seguimento* (*trailing indicators*) do progresso. Por outro lado, as boas métricas de tração são *indicadores antecedentes* (*leading indicators*) do progresso, ou seja, ajudam a prever o crescimento futuro do modelo de negócio.

Como são essas métricas? A primeira pista vem de perceber que a tração nada mais é que uma medida de um modelo de negócio funcional. Todos os modelos de negócio têm clientes; segue-se a isso que as métricas de tração precisam ser centradas no cliente.

A próxima pista vem da nossa definição de que o modelo de negócio é uma descrição de como você cria, entrega e captura valor dos clientes. Como capturar valor dos clientes é imprescindível para construir um modelo de negócio funcional, podemos definir a tração como *a taxa na qual um modelo de negócio captura valor monetizável de seus clientes.*

TOME NOTA

É importante enfatizar que valor monetizável não é o mesmo que receita. Na verdade, o valor monetizável é um indicador futuro de receita. É fácil ver essa distinção em um modelo de negócio multilateral como o Facebook, onde o valor monetizável vem dos usuários da rede social (mais especificamente, a atenção e os dados desses usuários). O Facebook converte esse valor monetizável em receita quando seus clientes (anunciantes) publicam anúncios na plataforma.

Como todas as empresas têm em comum o objetivo universal de transformar usuários em clientes, podemos tornar essa definição de tração ainda mais concreta ao visualizar a produção de um modelo de negócio funcional usando a metáfora de uma fábrica de clientes.

Bem-vindo à fábrica de clientes

Nessa metáfora, uma fábrica de clientes representa o negócio como um todo: marketing, vendas, atendimento ao cliente e produto. O trabalho da fábrica de clientes é produzir clientes. Isso é feito recebendo visitantes (a matéria-prima) e transformando-os em clientes satisfeitos (produto acabado). Nessa metáfora, a tração é o rendimento (produtividade) da fábrica de clientes, que equivale à taxa na qual você produz clientes.

Esse processo de produzir clientes pode ser dividido em cinco etapas que podem ser encontradas em todos os tipos de modelos de negócio: aquisição, ativação, retenção, receita e indicação/recomendação (Figura 3.4). A fábrica de clientes é o segundo modelo que usamos no Modelo de Inovação Contínua.

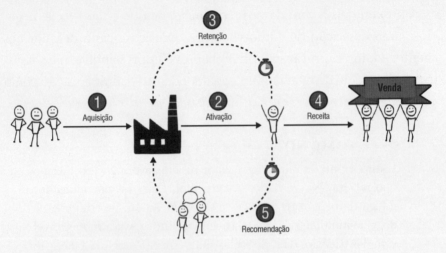

Figura 3.4. *O modelo da fábrica de clientes*

Essas cinco etapas representam as principais métricas-chave que podem ser usadas para medir a tração em qualquer tipo de negócio. Vamos examinar cada etapa usando os exemplos de uma floricultura e de um produto de software.

Etapa 1. Aquisição

A etapa da aquisição descreve o momento no qual você transforma um visitante em cliente potencial interessado.

No caso da floricultura, um exemplo de evento de aquisição seria quando um transeunte olha a vitrine, para e entra na loja.

No site do produto de software, convencer um visitante a fazer qualquer ação além de sair de seu site (abandono) é uma métrica de aquisição. Recomendo medir a aquisição especificamente no ponto em que você pode identificar um visitante e iniciar uma conversa com ele (por exemplo, obtendo seu endereço de e-mail).

Etapa 2. Ativação

A ativação descreve o momento em que o cliente interessado tem a primeira experiência satisfatória com o produto. Esse momento também costuma ser descrito como o *momento eureca*. No caso da floricultura, se o cliente potencial achou a loja suja ou bagunçada quando decidiu entrar, haveria um descompasso entre a promessa feita pela vitrine e a realidade no interior da loja. Você quer que as pessoas entrem e encontrem arranjos florais tão magníficos que seja impossível resistir a comprar um.

No site de um produto de software, depois de convencer o cliente potencial a se cadastrar, você precisa dar um jeito de conduzi-lo até o ponto no qual ele poderá associar a promessa que você fez na página de destino do site (sua proposta única de valor) com seu produto.

Etapa 3. Retenção

A retenção mede o "uso repetido" e/ou engajamento com seu produto. No caso da floricultura, a ação de voltar à loja – e, no caso do site do produto, o ato de se logar de novo para voltar a usar o produto – seria uma medida de retenção.

Etapa 4. Receita

A receita mede os eventos que o levam a ser pago. Esses eventos poderiam incluir a compra de flores ou uma assinatura para usar seu software. Esses eventos podem ou não ocorrer na primeira visita, e, mesmo se ocorrerem, a maioria dos produtos oferece um período de teste no qual o cliente pode efetuar a devolução e receber um reembolso. É por isso que a receita só entra na etapa 4 da Figura 3.4.

Etapa 5. Recomendação

A recomendação é um tipo de canal de aquisição que usa um ciclo de feedback de seus clientes satisfeitos para direcionar novos clientes potenciais à sua fábrica de clientes. No caso da floricultura, poderia ser algo tão simples quanto falar bem da loja a um amigo. Para um produto de software, poderia variar de comentários virais implícitos ou funcionalidades de compartilhamento nas mídias sociais (como um botão "Compartilhe com um amigo") até programas de indicação e/ou afiliados explícitos ou o Net Promoter Score (pontuação líquida de recomendação, também conhecida como NPS).

TOME NOTA

Você pode ter reconhecido as etapas do modelo da fábrica de clientes do modelo Pirate Metrics, de Dave McClure. Se você não sabe do que se trata e está se perguntando por que se chama Pirate Metrics, Dave McClure deu esse nome, "métricas do pirata", a seu modelo porque a primeira letra de cada etapa forma o acrônimo "AARRR", que remete ao resmungo associado aos piratas.

A diferença entre o modelo Pirate Metrics e a fábrica de clientes é que o primeiro visualiza um modelo de negócio como um funil linear, enquanto o segundo o visualiza como um sistema (com ciclos de feedback). Abordaremos as ramificações de modelar seu modelo de negócio como um sistema (em vez de um funil) em capítulos posteriores.

Teste a viabilidade de sua ideia usando uma estimativa de Fermi

Agora que já sabe como visualizar a tração como a produção de uma fábrica de clientes, você pode testar a viabilidade de sua ideia (Figura 3.5).

O primeiro passo é definir uma meta de rendimento para a fábrica de clientes. Em seguida, você estima valores razoáveis para as etapas a fim de testar a viabilidade da fábrica de clientes. Se ela não puder atingir o rendimento desejado, você precisará ajustar a meta de rendimento desejada ou as etapas da fábrica de clientes (ou ambos).

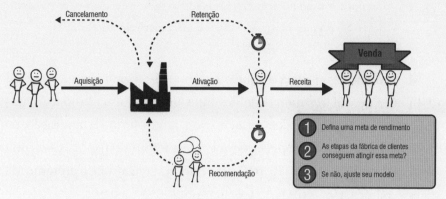

Figura 3.5. *Teste da viabilidade usando uma estimativa de Fermi*

Vamos percorrer cada uma dessas etapas de forma mais detalhada.

Defina uma meta de rendimento

> Se você não sabe para onde está indo, qualquer caminho o levará até lá.
> – Adaptado de *Alice no País das Maravilhas*, de Lewis Carroll

A citação acima explica por que precisamos de uma meta. Contudo, mesmo sabendo da necessidade de definir metas, muitas vezes não sabemos como definir *boas* metas. Muitos modelos de projeção resultam em planos fictícios porque tentam projetar o potencial de lucro máximo de uma ideia em um futuro distante. É difícil (se não impossível) fazer isso nos estágios iniciais de uma ideia, caracterizados pela extrema incerteza.

É mais prático definir sua meta pensando em um futuro próximo – e não em longo prazo. Pense em termos de *critérios mínimos de sucesso*, *não em termos de potencial de lucro futuro máximo*. Se, por exemplo, você perguntasse aos fundadores do Airbnb, do Google ou do Facebook se eles achavam, quando estavam começando, que construiriam empresas de bilhões de dólares, eles provavelmente teriam rido de você. Mark Zuckerberg disse, em uma frase que ficou famosa:

> Criamos o produto sem esperar que ele se transformasse em uma empresa. Só fizemos porque achamos a ideia incrível.

Mesmo sem fazer ideia de que o Facebook se tornaria uma empresa de bilhões de dólares menos de dez anos depois de sua fundação, nos dois primeiros anos Zuckerberg recusou uma oferta de aquisição de US$ 50 milhões do MySpace porque considerou-a baixa. Ele fez uma contraproposta de US$ 75 milhões, que era seu critério mínimo de sucesso na ocasião, e o MySpace recusou.

TOME NOTA

Seu critério mínimo de sucesso é o menor resultado que o levaria a considerar seu projeto um sucesso daqui a três anos.

Quando solicitados a definir o critério mínimo de sucesso para uma ideia, muitos empreendedores almejam o ponto de equilíbrio. No entanto, essa visão não é muito esperta, pois não garante que você será capaz de construir um modelo de negócio repetível e escalável à medida que seu negócio crescer além de sua equipe fundadora inicial (geralmente uma equipe composta de uma pessoa só).

O equilíbrio certo é colocar sua meta um pouco além do ponto de encaixe produto/mercado (Figura 3.6). É quando os riscos de seu modelo de negócio são, em grande parte, eliminados e seu foco passa para o crescimento em escala. Também é quando você pode enxergar mais adiante no futuro e fazer projeções financeiras de cinco a sete anos mais precisas. A maioria dos produtos leva, em média, cerca de dois anos para alcançar o encaixe produto/mercado, e é por isso que recomendo definir como meta atingir seu critério mínimo de sucesso em três anos.

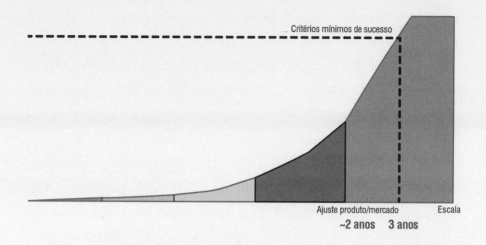

Figura 3.6. *Timeline para atingir seu critério mínimo de sucesso*

Veja a seguir outras orientações para definir seu critério mínimo de sucesso.

Defina seus critérios mínimos de sucesso, independentemente de sua ideia

Muitos empreendedores pensam em concretizar várias ideias ao mesmo tempo (e com razão), mas como escolher entre elas? Por que você perderia tempo com uma ideia que não tem chance de atingir seu critério mínimo de sucesso?

Depois de definir seu critério mínimo de sucesso, use-o para selecionar, por eliminação, as ideias mais promissoras. Em outras palavras, não comece com uma ideia e pergunte até que ponto ela pode crescer; comece com seu critério mínimo de sucesso e pergunte se a ideia tem condições de atingir essa meta.

Enquadre sua meta em termos de receita recorrente anual

Recomendo usar a receita em vez do lucro ou da avaliação da empresa para enquadrar sua meta, porque a receita tem menos inputs (número de clientes, preço e frequência de compras), o que ajuda a manter o modelo simples. De qualquer maneira, o lucro e a avaliação resultam da receita, de modo que, se proteger adequadamente seu negócio, você ficará bem.

Por exemplo:

- Se você estiver construindo um negócio de SaaS (Software como Serviço), deve saber que a expectativa é de que a maioria desses negócios opere com margens de lucro acima de 80% por encaixe produto/mercado. Se você quiser gerar lucros de US$ 10 milhões/ano, defina sua meta de taxa de rendimento para uma receita recorrente anual de US$ 12,5 milhões.
- Se estiver construindo um negócio de hardware com margens típicas de 40%, para lucros de US$ 10 milhões/ano, defina sua meta de rendimento para uma receita recorrente anual de US$ 25 milhões.
- Se estiver construindo um negócio de plataforma de e-commerce com margens típicas de 40%, para lucros de US$ 10 milhões/ano, defina sua meta de rendimento para uma receita recorrente anual de US$ 100 milhões.

Até as empresas orientadas para o impacto devem usar a receita para enquadrar sua meta. Comece estimando o impacto que você gostaria de causar (por exemplo, plantar um milhão de árvores por ano). Em seguida, pergunte-se de quanto dinheiro você precisaria para financiar esse impacto.

---**TOME NOTA**---

A receita é como o oxigênio. Não vivemos para ter oxigênio, mas precisamos de oxigênio para viver.

Em seguida, enfatizo a *receita recorrente* em relação a apenas a *receita*, porque você precisa pensar em termos de sistemas, não de metas.

Concentre-se em sistemas, não em metas

Apesar de as metas terem sua importância, limitar-se a definir uma meta nunca é suficiente. É muito mais prático focar em construir sistemas que o levarão a um objetivo.

> **TOME NOTA**
> As metas se concentram nos outputs. Os sistemas se concentram nos inputs.

Por exemplo:

- *Meta*: perder cinco quilos
- *Sistema*: reeducação alimentar

O problema das metas é que elas não dizem como atingi-las ou o que fazer quando forem atingidas. Por exemplo, as pessoas podem até conseguir perder cinco quilos recorrendo apenas à força de vontade, mas inevitavelmente relaxarão e recuperarão o peso perdido.

Por outro lado, os sistemas – como aprender a comer direito – ajudam você a se concentrar nas principais atividades ou rotinas que conduzem ao objetivo. Quando essas atividades se transformam em hábitos, você não apenas atinge sua meta como a supera.

Assim, a melhor abordagem é usar as metas para fazer uma estimativa aproximada do resultado desejado e os sistemas para definir as principais etapas para atingir a meta.

Você ainda vai precisar definir sua meta, porque o esforço necessário para perder cinco quilos é bem diferente daquele necessário para perder 50 quilos. Contudo, uma vez definida uma meta aproximada, como perder cinco quilos, não faz muita diferença se você perder quatro ou seis quilos.

Faz muito mais sentido usar sua energia construindo sistemas para ajudar a atingir a meta.

Seus critérios mínimos de sucesso são determinados por seu ambiente operacional

Se você for o fundador de uma startup, pretende levantar fundos de investidores? Se a resposta for *sim*, seu critério mínimo de sucesso será definido por eles, não por você. Pesquise como seus investidores-alvo avaliam as empresas em termos de encaixe produto/mercado; isso trará alguns benchmarks específicos para usar em sua modelagem.

Se você não pretende levantar fundos de investidores e prefere autofinanciar sua empresa até o fim, pergunte-se:

- Qual o tamanho da empresa que eu gostaria de construir?
- Quantos funcionários minha empresa terá?

As respostas a essas perguntas podem ajudar você a estimar uma meta para a receita recorrente anual. Por exemplo, uma empresa com 30 funcionários precisa de uma receita recorrente anual de cerca de US$ 5 milhões só para cobrir a folha de pagamento.

Se você trabalha em uma grande empresa, pergunte agora (não daqui a três anos) a seus stakeholders como eles definem um produto de sucesso. Se eles não tiverem certeza, sugira que revisem seus arquivos de lançamento de produtos passados para ver como foi a trajetória nos três primeiros anos. Feito isso, defina seu critério mínimo de sucesso com base nos cinco produtos de maior sucesso lançados pela empresa. Se tiver como prometer superar suas trajetórias de receita de três anos por um fator de dois ou três (porque você está usando um processo de inovação *melhor*), você deve conseguir convencer seus stakeholders.

Não busque uma precisão de três dígitos

O objetivo deste exercício é fazer uma estimativa aproximada da receita recorrente anual de três anos. Não perca muito tempo pensando nisso. Se estiver em dúvida, pense em potências de 10:

- receita recorrente anual de US$ 100 mil: mais ou menos o suficiente para largar seu emprego;
- receita recorrente anual de US$ 1 milhão: o suficiente para uma pequena empresa (dois ou três funcionários);
- receita recorrente anual de US$ 10 milhões: o suficiente para uma empresa financiada por capital de risco.

Com base nisso, faça os ajustes necessários.

Não engaje os clientes sem ter atingido seus critérios mínimos de sucesso

Na ânsia de partir para a ação, muitos empreendedores começam a construir e testar seus produtos cedo demais – só para descobrir, meses depois, que estavam tentando concretizar uma ideia muito pequena. Dedicar o tempo necessário para ponderar e definir seu critério mínimo de sucesso é um primeiro passo indispensável. Recomendo vivamente não pular essa etapa.

DICA

Não existe um número certo ou errado para seu critério mínimo de sucesso, mas é importante ter um número em mente.

Steve define seus critérios mínimos de sucesso

As mais importantes publicações que cobrem as tecnologias de realidade aumentada/virtual preveem que essa tecnologia transformará setores inteiros, e o mercado de realidade aumentada/virtual é avaliado em bilhões de dólares. Grandes players, como Microsoft, Apple, Google, Facebook e Amazon, já estão implantando essa tecnologia.

Considerando-se que Steve tem como objetivo construir uma das principais plataformas de facilitação da tecnologia de realidade aumentada/virtual, ele sabe que, embora possa começar por conta própria, mais cedo ou mais tarde precisará de capital de risco para escalar sua visão e estabelecer a vantagem injusta de sua plataforma.

Steve decide definir, como critério mínimo de sucesso, a meta aproximada de US$ 10 milhões em receita recorrente anual em três anos.

Teste se a sua ideia terá como atingir sua meta de rendimento

Uma vez definido o critério mínimo de sucesso, você pode começar a testar a viabilidade de sua ideia aplicando as estimativas aproximadas às métricas da fábrica de clientes.

Recomendo fazer isso na seguinte ordem (mostrada na Figura 3.7):

1. receita (revise as suposições para estimar os clientes ativos);
2. retenção;
3. aquisição;
4. ativação;
5. recomendação.

Se não tiver interesse em saber a lógica por trás desses cálculos, pule para o fim desta seção, onde encontrará um link para uma ferramenta on-line que faz todos os cálculos para você.

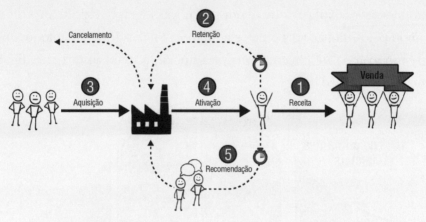

Figura 3.7. *Ordem recomendada para testar a viabilidade*

Estime o número necessário de clientes ativos

Se você não tiver qualquer suposição de preço específica em seu Quadro Lean, volte para "Fluxos de Receita e Estrutura de Custos" no Capítulo 1 para ver como definir preços aproximados para seu produto. Feito isso, use a fórmula a seguir para determinar o número de clientes ativos dos quais você precisará para atingir sua meta de critério mínimo de sucesso:

$$\text{Número de clientes ativos} = \frac{\text{Meta de receita anual}}{\text{Receita anual do cliente}}$$

O número de clientes ativos já diz mais que a meta de receita. Esse número ajuda a testar se os segmentos de clientes como um todo e o conjunto de adotantes iniciais são grandes o suficiente. Como mostra a Figura 3.8, o ideal seria o segmento de adotantes iniciais ser de aproximadamente 16% do segmento de clientes como um todo (seu mercado total endereçável).

Esse número vem da teoria da *difusão das inovações*, popularizada por Everett Rogers em seu livro *Diffusion of Innovations*. A teoria da difusão das inovações explica como e por que novas ideias se espalham, começando pelos inovadores e pelos adotantes iniciais (que eu coloquei no mesmo grupo) até chegar à maioria inicial, à maioria tardia e, finalmente, aos retardatários.

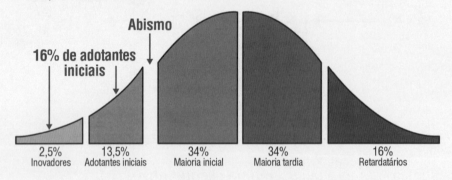

Figura 3.8. *O tamanho ideal do segmento de adotantes iniciais*

A maneira como você posiciona seu produto muda conforme cada grupo de adotantes (mostrada como lacunas na figura). De acordo com Geoffrey Moore, a maior lacuna é aquela entre os adotantes iniciais e a maioria inicial (o "abismo"), que em seu livro revolucionário *Atravessando o abismo* ele identificou como um abismo grande o suficiente para inviabilizar uma startup. Por que isso acontece? Porque os adotantes iniciais (e os visionários) têm uma motivação acima da média para serem os primeiros a usar a nova tecnologia se ela prometer aproximá-los dos resultados desejados. Contudo, as estratégias de marketing que conquistam esse grupo não funcionarão tão bem para o próximo grupo – a maioria inicial – porque tende a ser pragmático e avesso ao risco. É por isso que o ideal seria tentar se aproximar ao máximo do critério mínimo de sucesso usando apenas o segmento de adotantes iniciais.

Steve estima de quantos clientes ativos ele precisará

Steve decide começar testando seu modelo de negócio para Desenvolvedores de Software. Considerando que seu critério mínimo de sucesso é atingir uma receita recorrente anual de US$ 10 milhões/ano usando um modelo de assinatura (SaaS) ao preço de US$ 50/mês, Steve calcula que precisará de 16.667 clientes ativos – US$ 10 milhões/ano/(US$ 100/mês × 12 meses) – até o ano 3.

Ele se surpreende um pouco com esse número e faz uma rápida busca na internet por "principais empresas de aplicativos de realidade aumentada/virtual", que retorna 2.286 empresas. Ele fica nervoso, porque isso representa apenas 14% do número necessário de clientes. Como esse número representa apenas o segmento de adotantes iniciais, ele se pergunta se a demanda por realidade aumentada/virtual crescerá rápido o suficiente para fornecer os 86% que faltam em três anos.

Embora tenha esperança de que a plataforma sem código também transforme outros desenvolvedores (que não são de software) em clientes, Steve percebe que ainda tem um longo caminho pela frente, o que o deixa inquieto.

Estime a taxa mínima necessária de aquisição de clientes

Seria perfeito se tudo o que tivéssemos que fazer fosse nos matar de trabalhar nos três primeiros anos, atingir nossa meta de receita recorrente anual e receber anuidades pelo resto da vida. Poderíamos nos aposentar na praia! O problema é que a coisa não funciona assim devido ao atrito ou *abandono* de clientes (*churn*).

Todas as empresas sofrem com o abandono de clientes. Em algum momento, os clientes começarão a sair e você precisará substituí-los, não para expandir o negócio, mas apenas para sustentá-lo. Isso representa sua *taxa mínima de aquisição de clientes*.

Para expandir o negócio além do atrito do cliente, a taxa de aquisição de novos clientes precisará ser maior que a taxa mínima de aquisição de clientes. Por exemplo, se tiver 10.000 clientes ativos e uma taxa de abandono mensal de 5%, você perderá em média 500 clientes todos os meses. Você precisará conquistar pelo menos 500 novos clientes por mês (6.000 novos clientes por ano) apenas para manter o modelo de negócio e mais do que isso para crescer.

Embora a maioria das pessoas entenda o conceito de abandono, elas costumam ter dificuldade de estimar essa taxa. Uma abordagem mais prática seria usar o inverso do abandono: o tempo de vida do cliente, ou retenção. O tempo de vida do seu cliente é a média de tempo (em meses ou anos) na qual você espera manter seus clientes.

Como estimar o tempo de vida médio do cliente? Veja algumas ideias:

- Estude outras empresas do setor para determinar as taxas médias de atrito, ou abandono.
- Estime a utilidade de seu produto. Toda tarefa tem um tempo de vida finito. Por exemplo, normalmente leva duas semanas para pintar uma casa.
- Se a estimativa de tempo de vida médio do cliente for superior a cinco anos, esteja preparado para justificar essa estimativa com evidências adicionais.

Depois de estimar o tempo de vida médio do cliente, você pode usar a Tabela 3.1 para determinar a taxa de abandono mensal.

Tempo de vida em anos	Taxa de abandono mensal
1	8,33%
2	4,17%
3	2,78%
4	2,08%
5	1,67%
6	1,39%
7	1,19%
8	1,04%
9	0,93%
10	0,83%

Tabela 3.1. *Conversão do tempo de vida do cliente à taxa de abandono*

$$\text{Taxa de abandono} = \frac{1}{\text{Tempo de vida do cliente (em meses)}}$$

Em seguida, calcule sua taxa mínima de aquisição de clientes usando a fórmula a seguir:

$$\text{Taxa mínima de aquisição de clientes (mensal)} = \text{Número de clientes ativos} \times \text{Taxa de abandono mensal}$$

Steve estima sua taxa mínima de aquisição de clientes

Steve faz uma pesquisa rápida para descobrir o tempo de vida médio do cliente de empresas de SaaS e descobre que quatro anos podem ser considerados uma boa meta. Com base na Tabela 3.1, isso representa uma taxa de abandono mensal de 2,08%.

Se, no ano 3, Steve tiver 16.667 clientes ativos, ele estará perdendo 347 clientes/mês. Ele precisará obter pelo menos 347 clientes/mês (aproximadamente 4.000 novos clientes/ano) só para manter seu modelo de negócio.

Ele esboça um gráfico rapidamente para visualizar esses números (Figura 3.9).

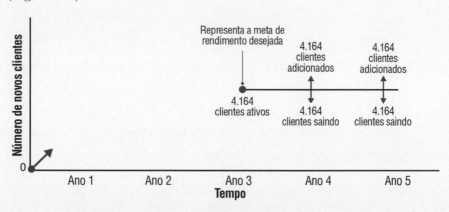

Figura 3.9. *Taxa mínima de aquisição de clientes de Steve depois do ano 3*

Estime o número necessário de clientes potenciais

Nenhum funil de aquisição de clientes garante uma conversão de 100%, o que significa que você precisará de muito mais usuários do que clientes.

A fábrica de clientes divide a conversão de usuários em clientes em três etapas:

- aquisição (taxa de aquisição de usuários);
- ativação (taxa de conversão em períodos de teste ou pilotos);
- receita (taxa de conversão de clientes).

Basta um pouco de pesquisa para encontrar taxas de conversão típicas para seu tipo de produto. Se você não estiver conseguindo achar números precisos, tudo bem. Você só precisa estar dentro de uma ordem de grandeza para chegar a uma estimativa útil. A maioria dos produtos, independentemente do tipo, começa com uma taxa de conversão de clientes entre 0,5% e 3%. Em caso de dúvida, você pode presumir uma taxa de conversão de clientes de 1%. Veja algumas diretrizes:

- Para vendas B2B, de acordo com a Salesforce (*https://oreil.ly/bZ-Zxx*), uma taxa de conversão média de MQL (lead qualificado de marketing) para SQL (lead qualificado de vendas) é de 13%. A partir daí, apenas 6% dos SQLs são convertidos em transações. Isso representa uma taxa de conversão de clientes de 0,78%.
- Para produtos de SaaS, de acordo com vários benchmarks do setor,1* entre 2% e 10% se cadastram, entre 15% e 50% se tornam assinantes e entre 20% e 40% abandonam o serviço no primeiro período de pagamento. Isso representa uma taxa de conversão de clientes de 0,6% a 1,2%.

---

1. * Veja o livro *Lean Analytics*, de Alistair Croll e Benjamin Yoslovitz (editora O'Reilly).

- Para sites de comércio eletrônico que acabaram de ser lançados, a maioria reporta uma taxa de conversão de clientes de 1% a 3%.

Steve estima o número de clientes potenciais que precisará atrair

Steve usa a taxa de conversão paga aproximada de 1% para o SaaS e constata que, para conquistar 347 novos clientes por mês, ele precisará atrair 34.700 clientes potenciais/mês (Figura 3.10). E isso é só para manter sua receita recorrente anual, sem nenhum crescimento.

Como os capitalistas de risco esperam um retorno de 10 vezes nos 2 a 4 anos subsequentes ao encaixe produto/mercado, isso significa que Steve precisará encontrar uma maneira de atrair 347.000 clientes potenciais/mês (ou mais de 4 milhões de clientes potenciais/ano). Seu estômago começa a revirar.

O modelo de negócio de Steve desmoronou. E agora? Não se desespere. Ainda há mais uma métrica: as recomendações.

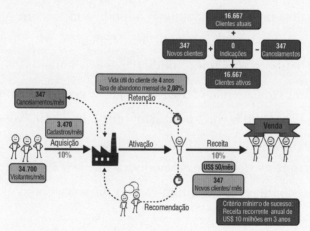

Figura 3.10. *A fábrica de clientes de Steve no início do ano 4*

Use suas suposições sobre as recomendações para minimizar o ônus da aquisição de clientes

O ciclo de recomendações da fábrica de clientes utiliza os clientes existentes para expandir seu modelo de negócio, reduzindo o ônus da aquisição de clientes. Comece estimando uma taxa razoável de recomendações de clientes para seu tipo de produto.

O crescimento viral requer que a taxa de recomendações seja superior a 100% e, a menos que seu produto tenha um comportamento inerentemente viral (compartilhamento com outras pessoas) incorporado como um subproduto da utilização (como o Facebook), isso é incrivelmente raro. Pela minha experiência, uma taxa de recomendações sustentável de 15% a 25% é boa, de 40% é ótima e de cerca de 70% é excelente.

Steve tenta salvar seu modelo de negócio

Steve não espera que seu produto viralize e decide usar modestos 20% como taxa de recomendações razoável. A princípio, ele fica um pouco aliviado ao ver que, em vez de ter que conquistar todos os 34.700 clientes potenciais sozinho, ele pode contar com seus clientes existentes para ajudar a atrair 20% desse tráfego (6.940 clientes potenciais). Mas, embora isso ajude, ainda não é suficiente.

Ele constata que, se não conseguirem gerar taxas de recomendações realmente altas (>80%) ou viralizar seu produto (>100%), embora as recomendações sirvam como amplificador, elas não serão suficientes para salvar seu modelo de negócio. Será que seu modelo de negócio está mesmo condenado? Continue lendo para ver como ele encontra uma solução.

Repense sua meta ou conserte seu modelo de negócio

Tudo bem que a estimativa que estamos criando é apenas aproximada, mas qualquer estimativa é melhor que nenhuma. Se o seu modelo não tiver chance de funcionar no papel, também não vai funcionar no mundo real.

DICA

É muito melhor invalidar seu modelo em cinco minutos do que passar cinco meses buscando concretizar um modelo problemático.

Ao contrário de uma planilha, na qual você pode se esconder atrás de uma montanha de números (ou se perder no meio deles), não há onde se esconder com uma estimativa de Fermi. Diante de um modelo de negócio que reprova no teste de viabilidade, existem apenas duas soluções possíveis: repensar sua meta ou consertar seu modelo de negócio. Como ninguém gosta de reduzir uma meta, deixaremos essa opção para o último caso. Vamos começar considerando possíveis maneiras de consertar seu modelo de negócio.

Conserte seu modelo de negócio

Como uma estimativa de Fermi não usa muitas suposições de entrada, é muito mais fácil entender por que um modelo de negócio não passa no teste de viabilidade – e, melhor ainda, quais alavancas acionar para consertar seu modelo. Antes de entrarmos nas alavancas específicas, é interessante notar que, para uma dada meta de critério mínimo de sucesso, há apenas um número finito de maneiras viáveis de atingir essa meta, como mostra a Figura 3.11.

O gráfico foi inspirado em uma postagem no blog (*https://oreil.ly/gpUxD*) de Christoph Janz, um capitalista de risco da Point Nine Capital, intitulado "Cinco maneiras de construir um negócio de SaaS de US$ 100 milhões".

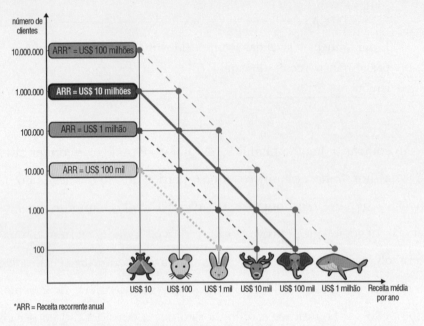

Figura 3.11. *Há um número finito de maneiras viáveis de construir um negócio*

Veja como usar o gráfico. Vamos supor que você tenha estabelecido como meta de critério mínimo de sucesso alcançar uma receita recorrente anual de US$ 10 milhões em três anos. Encontre essa linha no gráfico e verá que, para atingir essa meta, precisará alcançar um dos itens a seguir:

- 1 milhão de clientes pagando US$ 10/ano
- 100.000 clientes pagando US$ 100/ano
- 10.000 clientes pagando US$ 1.000/ano
- 1.000 clientes pagando US$ 10.000/ano
- 100 clientes pagando US$ 100.000/ano
- 10 clientes pagando US$ 1.000.000/ano

Os dois extremos têm vantagens e desvantagens. Por exemplo, a única maneira de obter um milhão de clientes em três anos é por meio de um mecanismo viral de crescimento, ao passo que conseguir que dez pessoas lhe paguem um milhão de dólares por ano requer uma proposta única de valor de altíssimo valor e um processo de vendas complexo. Esses dois caminhos, embora não sejam impossíveis, são extremamente difíceis – deixando você com quatro maneiras mais práticas de atingir sua meta. Escolha uma ou duas e explore a partir daí.

Esse tipo de raciocínio é interessante porque lhe permite se distanciar um pouco de sua ideia específica e visualizar vários modelos de negócio pelas lentes da viabilidade. Depois de selecionar uma maneira específica de atingir sua meta, como adquirir 10.000 clientes lhe pagando US$ 1.000/ano, a pergunta muda de "Quanto minha ideia pode crescer?" para:

- Tenho uma maneira realista de adquirir 10.000 clientes em três anos?
- Tenho um problema que vale a pena resolver por US$ 1.000/ano?

Se a resposta a qualquer das duas perguntas não for convincente, você precisará ajustar seu modelo. Considerando que, por enquanto, não queremos reduzir seu critério mínimo de sucesso, a única outra maneira de consertar o modelo de negócio é aumentar a receita média por usuário (ARPU ou Average Revenue per User) que você captura anualmente de seus clientes. Pequenos ajustes incrementais raramente consertam uma estimativa de Fermi. Você quer uma grande alavanca de 10x ou, de maneira mais realista, algumas alavancas que se acumulam para totalizar 10x.

Veja algumas maneiras de encontrar essas alavancas.

Revise seus preços. Aumentar o preço do produto é uma das alavancas mais subutilizadas. Se você dobrar seu preço, precisará de apenas a metade do número de clientes. Muitos empreendedores hesitam em aumentar os preços por medo de perder clientes. Veja como pensar sobre isso: se você dobrar seu preço e não perder mais da metade dos clientes, ainda sairá na frente. Você sai na frente porque, embora a receita permaneça a mesma, as despesas operacionais para atender menos clientes lhe pagando mais diminuem, de modo que a receita líquida ou o lucro aumenta.

Muitos empreendedores erram ao definir o preço de seus produtos usando a precificação baseada em custos. Começam estimando o custo para construir seu produto. Em seguida, definem uma margem "razoável" para determinar o preço do produto. Esse método geralmente leva a preços abaixo do ideal – ou seja, deixam dinheiro na mesa. Também é um método inverso de definição de preços. Afinal, os clientes não se importam com a estrutura de custos ou as margens. Eles só querem alcançar os resultados desejados (valor) a um preço justo. Como definir preços justos? Aplicando o Dom do Inovador.

Usamos o Dom do Inovador no Capítulo 2 para testar a desejabilidade de sua proposta única de valor – em outras palavras, você tem um problema grande o suficiente para *causar uma troca*? Aqui, vamos aplicar o Dom do Inovador para testar a viabilidade de seus fluxos de receita – em outras palavras, você tem um problema grande o suficiente que *vale a pena resolver*?

Como vimos, inovar é uma questão de levar uma pessoa a trocar uma maneira antiga pela sua maneira nova e *melhor*. Quando os clientes consideram uma troca, eles comparam a maneira nova com a maneira antiga. É assim que você também deve pensar sobre o preço de seu produto.

Seu preço ideal fica em algum ponto entre duas âncoras. A primeira âncora provém do valor monetário que os clientes atribuem à proposta única de valor. Um cliente só usará seu produto se conseguir obter mais valor para si do que paga a você. Essa âncora costuma definir o teto de seu preço.

A segunda âncora provém do custo das alternativas existentes. Em outras palavras, quanto tempo, dinheiro e esforço os clientes estão gastando agora para realizar a tarefa? Se a sua proposta única de valor for realmente melhor, você pode cobrar mais, mas tome cuidado, porque seus clientes sempre compararão seu produto com as alternativas existentes. Essa âncora costuma definir o piso de seu preço.

O preço ideal para seu produto fica em algum ponto entre o custo das alternativas existentes e o valor monetário que os clientes atribuem à sua proposta única de valor. Não tente acertar o preço ideal neste estágio. Chegar ao preço ideal é mais uma ciência do que uma arte e requer muitos testes. Abordaremos algumas técnicas de otimização de preços mais adiante neste livro, mas, por enquanto, o objetivo é apenas chegar a um *preço justo aproximado* para seu produto.

Até que ponto você pode aumentar seu preço? Você pode dobrá-lo? Pode aumentá-lo em um fator de 10? Se o Dom do Inovador não consertar seu modelo de negócio, você ainda tem algumas alavancas adicionais a considerar.

Repense seus problemas. Considere tentar resolver um problema maior ou um problema que ocorre com mais frequência, ou ambos. Tentar resolver um problema maior lhe permite aumentar o preço de seu produto. Aumentar a frequência de uso de seu produto (utilidade) tem o potencial de prolongar o tempo de vida de seu cliente e, em consequência, capturar mais valor.

Considere um segmento de clientes diferente. Todos os produtos, desde água mineral até carros, são oferecidos em uma ampla gama de preços. O tipo de cliente que compra um carro de US$ 25.000 é muito diferente daquele que compra um carro de US$ 250.000. Como já vimos, sua estrutura de preços não só constitui uma parte integral do produto como também determina o segmento de clientes. Se precisar aumentar o preço em 10x, você pode tentar mudar a proposta única de valor ou simplesmente alterar o segmento de clientes-alvo. Repasse as outras variantes de ideias e reveja suas prioridades através das lentes da viabilidade.

Reveja sua meta

Ninguém gosta de reduzir uma meta, mas espero que este exercício tenha mostrado como pode ser difícil desenvolver um negócio. Se a sua ideia não puder atingir seu critério mínimo de sucesso e você quiser tentar concretizá-la mesmo assim por outras razões, recalibre sua meta e siga em frente.

Também é possível dividir a jornada até o encaixe produto/mercado em vários modelos de negócio. A abordagem mais comum é direcionar-se a um segmento inicial de clientes a um preço mais baixo e avançar para um segundo e talvez até um terceiro segmento de clientes com preços cada vez mais altos. Por exemplo, você pode começar com um produto de SaaS de autoatendimento e depois passar para o espaço de software corporativo.

Essa estratégia pode ter enorme apelo porque dissipa os problemas imediatos de viabilidade do modelo de negócio, mas cabe aqui uma advertência. Trabalhar em vários modelos de negócio em um período de três anos não é fácil: você terá de alternar entre vários canais, criar novas propostas de valor, criar recursos diferentes etc.

O ideal é atingir a meta de critério mínimo de sucesso com um único modelo de negócio, sempre que possível.

Steve corrige seu modelo de negócio

Steve repassa os cálculos e relaciona as suposições de entrada que usou. Ele descobre que seu modelo entrou em colapso com apenas quatro métricas-chave:

- Critério mínimo de sucesso: receita recorrente anual de US$ 10 milhões em três anos

- Preço (receita): US$ 50/mês
- Tempo de vida do cliente (retenção): 4 anos
- Taxa de conversão paga (aquisição paga): 1%

Em seguida, examina cada uma dessas métricas e tenta encontrar uma alavanca de 3x a 10x.

Quando constata que seu critério mínimo de sucesso é definido por suas ambições e não é negociável, Steve pula esse critério. Ele sente o mesmo sobre a suposição quanto ao tempo de vida do cliente. Acredita que será capaz de manter bons clientes por 1 a 2 anos a mais, mas nada garante que eles permanecerão entre 3 e 10 vezes mais!

De repente, percebe que a alavanca mais acionável que tem como controlar é o preço. Ele escolheu US$ 50/mês para aumentar o apelo de seu produto para os desenvolvedores de software e impulsionar a adoção. Será que um desenvolvedor de software não poderia justificar o pagamento de 10x esse valor?

A maioria das alternativas existentes em seu Quadro Lean é de uso gratuito, mas exige que o desenvolvedor de software dedique centenas de horas codificando para criar um aplicativo. Um aplicativo leva, em média, 200 horas para ser criado; a uma taxa de US$ 50 a US$ 75/hora, isso representa um custo de US$ 10 mil a US$ 15 mil.

Steve acredita que sua plataforma poderia facilmente reduzir em 10x o tempo de desenvolvimento do aplicativo, de modo que o desenvolvimento passaria a levar 20 horas/aplicativo versus 200 horas/aplicativo. Usando essa âncora, ele poderia facilmente justificar a cobrança de pelo menos 5x o preço (US$ 250/mês). Será que poderia cobrar 10x o preço (US$ 500/mês)? Talvez. Ele percebe que:

- cobrando 5x o preço, precisaria de 1/5 do número de clientes;
- cobrando 10x o preço, precisaria de 1/10 do número de clientes (Figura 3.12).

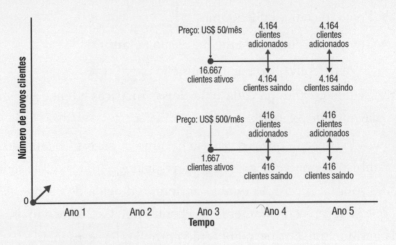

Figura 3.12. *O preço é uma alavanca muito subutilizada*

Será que isso tudo não passa de um truque matemático?

Na verdade não, porque esse exercício expõe as suposições de entrada que fazem seu modelo de negócio funcionar (ou o levam a fracassar). Quando Steve começou esse exercício, tudo o que possuía era uma história de modelo de negócio com uma série de suposições qualitativas, o que parecia um início promissor para um produto em estágio inicial.

Entretanto, depois do exercício da estimativa de Fermi, ele descobriu que, mesmo na melhor das hipóteses, seu modelo de negócio para Desenvolvedores de Software não atingiria sua meta de critério mínimo de sucesso de US$ 10 milhões em receita recorrente anual. Para ter uma chance de atingir a meta, ele precisaria aumentar seu preço em pelo menos 5x (US$ 250/mês), e o modelo seria ainda melhor se ele pudesse elevá-lo em 10x (US$ 500/mês).

O modelo de precificação de Steve acaba de se tornar sua suposição mais arriscada – a qual ele pode e deve testar quanto antes.

Em seguida, volta a atenção aos outros quadros. Ele pensa:

- Quanto valeria para um varejista on-line uma solução que o ajudasse a vender de 3x a 10x mais produtos na internet?
- Quanto um arquiteto cobra de um cliente por uma renderização 3D?

Essas são as perguntas certas para determinar o preço com base em valor. Lembre-se: os clientes não se importam com sua solução; eles se importam com os próprios problemas. Definitivamente não se importam com os custos para construir sua solução. Desse modo, a melhor maneira de definir o preço para o seu produto não é ancorando-o no custo de construir sua solução, mas sim:

- no custo da maneira que seus clientes estão usando para resolver esses problemas hoje;
- no valor que você promete entregar (sua proposta única de valor).

Aplique uma estimativa de Fermi à sua ideia

Todos precisamos de um destino aproximado para justificar a jornada; no entanto, não é o destino em si, e sim as suposições iniciais e os marcos ao longo do caminho que nos dizem se estamos no caminho certo ou se precisamos de uma correção de curso.

Estime o modelo de negócio usando o processo de três etapas descrito aqui:

1. Defina os critérios mínimos de sucesso.

Como já vimos, esta etapa pode exigir que você se aprofunde na investigação das razões, mas é crucial usar seu critério mínimo de sucesso para restringir sua ideia, não o contrário.

2. Teste se sua ideia tem como atingir sua meta.

Use o modelo de precificação, a vida útil do cliente e as suposições de taxa de conversão para estimar de quantos clientes você precisará para atingir e sustentar sua meta.

3. Revise sua meta ou ajuste seu modelo de negócio (se necessário).

Se a ideia ficar aquém da meta de critério mínimo de sucesso, identifique as principais alavancas que levaram ao colapso do modelo e veja se elas podem ser calibradas para corrigi-lo. Essas alavancas-chave também costumam ser o primeiro grupo de suposições que você deve testar.

O resultado deste exercício de estimativa de Fermi é um modelo de negócio que funciona no papel. Não se esqueça de incluir essas suposições de entrada em seu Quadro Lean. Se você tiver um modelo multilateral ou de plataforma de e-commerce, as etapas são as mesmas, mas você precisa considerar os dois lados do modelo.

> ### Agora é a sua vez
> Você decide como criar sua estimativa de Fermi. Você pode:
> - Fazer as contas no papel.
> - Visitar o site LEANSTACK (*https://runlean.ly/resources*) para aprender como criar uma estimativa de Fermi on-line.

Steve analisa seus modelos de negócio com Mary

"Estou pasmo", diz Steve. "Esse exercício de estimativa de Fermi foi um verdadeiro intensivão sobre métricas de crescimento de startups. Até agora, eu só estava focado em construir um produto excelente. Agora eu sei que não dá para simplesmente esperar que o crescimento aconteça. Você precisa planejar para isso acontecer."

Mary concorda. "Sim, é o melhor investimento de cinco minutos que você pode fazer no estágio inicial de qualquer ideia. O mais interessante dessa ferramenta é que ela ajuda a identificar *o que constitui um problema que vale a pena resolver* e embasar sua solução nisso, não o contrário."

Steve para um pouco para processar o que Mary acaba de dizer e comenta: "Hummm, acho que sei o que você quer dizer. Acho que descobri que preciso encontrar um problema de pelo menos US$ 500/mês para fazer meu modelo de negócio funcionar, não importa quem são os clientes e quais foram os problemas dos meus primeiros Quadros Lean. Especialmente no caso do meu Quadro Lean para Desenvolvedores de Software, foi um grande salto em relação a meu preço inicial de US$ 50/mês, que eu simplesmente tirei da cabeça sem parar para pensar muito".

"É isso mesmo", diz Mary. "O preço é uma alavanca muito subutilizada, e muitos empreendedores caem na armadilha de precificar com base no custo, em vez de pensar na precificação baseada em valor ou de ancoragem em alternativas existentes."

Ela continua: "A outra importante lição que espero que você tenha aprendido com o exercício é que costuma ser melhor focar em criar qualquer modelo de negócio em torno de menos clientes de alto valor do tempo de vida do que em muitos clientes de baixo valor do tempo de vida...".

"Por causa da taxa de abandono?", interrompe Steve.

"Sim." Mary sorri.

Em seguida, Steve mostra a Mary seus últimos Quadros Lean para descrever como ele:

- definiu sua meta de critério mínimo de sucesso;
- encontrou as alavancas certas para puxar;
- priorizou seus três quadros principais.

"Vejo que você ainda está tendendo ao quadro dos Desenvolvedores de Software. Acho que tudo isso faz muito sentido, Steve... e é um excelente ponto de partida para seus modelos."

"Eu também acho, mas ainda tenho essa sensação incômoda de que..."

Mary pede para Steve continuar.

Ele se mexe desconfortavelmente na cadeira e prossegue: "Esses modelos me ajudaram a pensar na proposta única de valor do meu produto em relação aos resultados desejados do cliente, e não mais nos recursos do produto, e me levaram a refletir muito sobre os preços, mas eles também expandiram o escopo daquilo que eu comecei achando que precisaria construir. Esbocei meu roteiro de produto de 18 meses e, se eu me restringir apenas ao quadro para os Desenvolvedores de Software, ainda estarei a pelo menos seis meses de um primeiro lançamento funcional, o que, pensando bem, deve levar pelo menos nove meses. Sinceramente, não sei se vou conseguir alcançar meus critérios mínimos de sucesso". Steve pega seu caderno e mostra a Mary o esboço que fez (Figura 3.13).

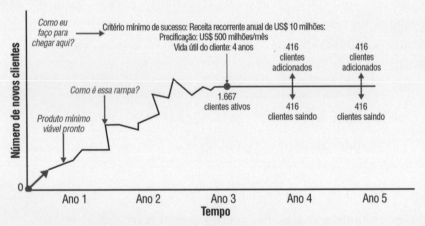

Figura 3.13. *Steve se pergunta sobre sua rampa inicial*

"Sei que três anos parece muito tempo e talvez eu não deva me preocupar com isso... mas, para chegar a uns 1.600 clientes pagantes até lá, vou precisar conquistar mais de 500 clientes por ano! Já faz mais de um ano que estou trabalhando neste projeto, e parece que eu preciso correr ainda mais. Se eu tivesse mais recursos – um ou dois desenvolvedores acelerariam muito as coisas... e alguém para cuidar do marketing e das vendas..."

Mary dá uma olhada no relógio e diz: "Desculpe, Steve. Tenho uma reunião em 10 minutos, então vou mandar por e-mail algumas informações sobre roteiros de tração".

"Roteiro de tração? É como um roteiro de produto?", pergunta Steve.

"Não exatamente. Um roteiro de tração ajuda a dividir sua meta de três anos em marcos intermediários com metas de tração específicas em cada estágio e uma timeline. Aborda uma das perguntas que você fez sobre como modelar a rampa. Depois de ver esses marcos, você vai conseguir elaborar um plano de lançamento mais claro."

Mary percebe que Steve quer interromper, mas continua falando: "O primeiro passo do Modelo de Inovação Contínua é esboçar um modelo de negócio que *pode funcionar*. Como a maioria dos produtos se atrapalha no começo com os riscos do cliente e do mercado, você precisa começar testando a desejabilidade e a viabilidade do seu modelo de negócio, o que você já fez. Agora você está se perguntando como concretizar seu modelo de negócio. É exatamente disso que trata o próximo teste, o teste de praticabilidade, e onde entram os roteiros de tração e o plano de lançamento. Quando terminar seu roteiro de tração, me dê um alô".

Mary dá outra olhada para o relógio e diz: "Caramba, não acredito que vou chegar atrasada de novo!"

CAPÍTULO **4**

TESTE A PRATICABILIDADE DE SUA IDEIA

Praticabilidade: Você pode construir isso?

Os roteiros de produto costumam ser usados para testar a praticabilidade e planejar o lançamento. Contudo, eles pressupõem que você sabe o que passará os próximos 18 a 24 meses construindo, o que não é verdade. É aqui que entram os roteiros de tração.

DICA

Não crie um roteiro de produto. É muito melhor usar um roteiro de tração.

Ao contrário de um roteiro de produto, um roteiro de tração não é orientado à produção, mas aos resultados. Você já aprendeu, no capítulo anterior, sobre uma métrica orientada a resultados que se encaixa perfeitamente nesse conceito: a tração. Também já sabe como medi-la três anos no futuro usando seus critérios mínimos de sucesso.

No entanto, embora três anos seja o tempo certo para avaliar a viabilidade de sua ideia, pelas razões que vimos no capítulo anterior, ainda é um futuro muito distante para determinar a praticabilidade de sua ideia – ou seja, como você a concretizará.

Você precisa de uma maneira de dividir sua meta de critério mínimo de sucesso em marcos mais imediatos. Esses marcos intermediários ajudarão a visualizar a jornada em termos de estágios mais administráveis e a traçar um plano de lançamento baseado em estágios. É o que abordaremos neste capítulo, que se concentra no teste da praticabilidade de seu modelo de negócio (Figura 4.1).

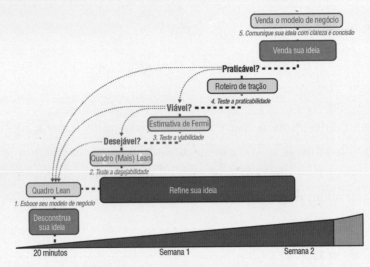

Figura 4.1. *Teste de estresse da praticabilidade*

Mapeie uma rampa de tração

No capítulo anterior, Steve tentou descobrir como atingir sua meta de ter cerca de 1.600 clientes até o ano 3. Como você sugeriria que ele modelasse a primeira rampa de três anos para seu produto: de maneira linear, não linear, exponencial?

A rampa não pode ser linear, porque a menor distância entre dois pontos é uma linha reta. O crescimento linear de um produto exigiria já ter o plano perfeito para executar. E um plano perfeito no mundo das startups não passa de um mito.

A teoria da difusão de inovações, que vimos na seção "Estime o número necessário de clientes ativos" no Capítulo 3, postula que a participação de mercado de uma nova ideia segue uma curva em S. A primeira metade dessa curva em S é a trajetória do taco de hóquei e é a melhor maneira de modelar os três primeiros anos da rampa de lançamento do produto (Figura 4.2). Lembre que, com seu critério mínimo de sucesso, seu objetivo é ir um pouco além do encaixe produto/mercado (o ponto de inflexão na curva do taco de hóquei).

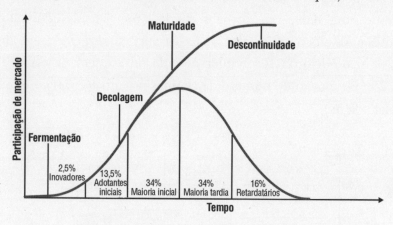

Figura 4.2. *A curva em S e o ciclo de vida de adoção*

TOME NOTA

A trajetória do taco de hóquei não se aplica apenas às startups. Todas as adoções de novos produtos, sejam em uma startup ou em uma grande empresa, seguem uma trajetória parecida, começando com um trecho praticamente horizontal que fica cada vez mais íngreme com o tempo até atingir a saturação do mercado ou até algum outro fator causar sua disrupção.

Como sua meta de critério mínimo de sucesso fixa o número de clientes dos quais você precisará na marca dos três anos, você só precisa de mais uma suposição de entrada para modelar a rampa para sua meta: a taxa de crescimento.

Qual seria uma boa taxa de crescimento para um produto em estágio inicial: 3x/ano, 5x/ano, 10x/ano ou uma taxa ainda maior? Quando solicitados a escolher uma taxa de crescimento para seu roteiro de tração, muitos empreendedores escolhem um número menor, mas essa não é necessariamente a melhor estratégia.

Dê uma olhada na Figura 4.3, que mostra roteiros de tração usando três taxas de crescimento diferentes.

Você pode ter se surpreendido ao ver que usar uma taxa de crescimento mais baixa requer, na verdade, uma taxa de aquisição de clientes mais alta no início do que usar uma taxa de crescimento mais alta. Um modelo de 10x requer metade do número de clientes no ano 2 e um quarto do número de clientes no ano 1 em relação a um modelo de 5x!

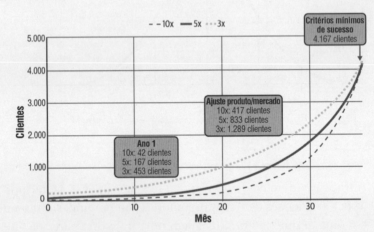

Figura 4.3. *Três maneiras de atingir sua meta*

Isso acontece porque o ponto-final no marco dos três anos é fixado pela meta de critério mínimo de sucesso e não pode ser alterado. Tudo o que você está mudando com a suposição de taxa de crescimento é a inclinação da curva do taco de hóquei. Diante dessa maneira paradoxal de pensar sobre as taxas de crescimento, muitas equipes que oriento mudam de rumo e passam a usar uma taxa de crescimento mais alta.

Tome cuidado para não exagerar para o outro lado também. Descobri que a taxa de crescimento inicial correta deve encontrar um equilíbrio entre aprendizagem e escalabilidade, e recomendo que você *defina sua taxa de crescimento inicial em 10x/ano para os três primeiros anos*.

Pode parecer que usar uma taxa de crescimento de 10x/ano só é aplicável a startups de hipercrescimento, mas não é o caso. Lembre que todas as empresas do mundo começam no mesmo lugar – com um único cliente. Se você planeja crescer de um cliente para pelo menos cem clientes nos três primeiros anos, nada o impede de usar um modelo de 10x:

- Ano 1: 1 cliente
- Ano 2: 10 clientes
- Ano 3: 100 clientes

Steve traça seu roteiro de tração

Steve decide usar a taxa de crescimento recomendada de 10x para seu roteiro de tração, o que resulta no gráfico da Figura 4.4.

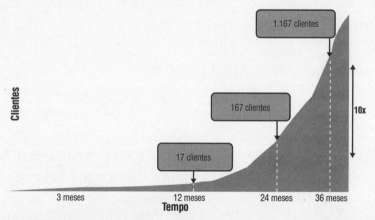

Figura 4.4. *O roteiro de tração de Steve*

Steve fica muito aliviado ao ver que, com um modelo de 10x, ele só precisará adquirir 17 clientes no ano 1, versus mais de 500 clientes com seu modelo linear original. Esse alívio dura pouco. Quando volta a atenção para a parte direita da curva do taco de hóquei, ele é varrido por uma nova preocupação.

Ele pega o celular e manda uma mensagem de texto para Mary com uma captura de tela de seu roteiro de tração e o seguinte comentário: "Como vou conquistar 1.500 novos clientes no ano 3? Isso é três vezes a taxa de aquisição de clientes que já estava me fazendo perder o sono antes!"

Recebe a seguinte resposta de Mary: "Você precisa andar antes de poder correr. Concentre-se no lado esquerdo da curva antes do lado direito e use os números do seu roteiro de tração para formular um *plano de implantação do tipo 'agora-em seguida-depois'*" (now-next-later).

Steve: "Tudo bem, mas até a meta do ano 1, mesmo sendo mais baixa do que eu achava que seria no começo, continua sendo um exagero. Não sei como vou conseguir 17 clientes quando meu produto só vai ficar pronto daqui a 9 meses. São só 3 meses para conseguir 17 clientes".

Mary: "Você só precisa dar um jeito de conseguir esses clientes antes :)"

Steve: "Não sei como fazer isso :("

Mary: "Vamos almoçar amanhã para conversar."

Steve: "Mal posso esperar".

Mary: "Enquanto isso, faça o seguinte exercício. Imagine que você quer abrir um restaurante. Nem é preciso dizer que é um negócio arriscado – a maioria dos novos restaurantes não sobrevive ao primeiro ano. Além disso, a maioria das pessoas que querem abrir um restaurante pela primeira vez, assim como os empreendedores, já definiu suas soluções. Elas têm o cardápio perfeito, já escolheram os talheres e os guardanapos... tudo o que elas precisam é de um investidor para lhes dar um belo cheque, e elas estarão no negócio. Mas o problema é que ninguém quer investir em alguém que está abrindo o primeiro restaurante por causa de todos os riscos associados a abrir um novo restaurante. Conhece essa história?"

Steve: "Sim, por experiência própria..."

Mary: "O segredo para sair desse impasse é priorizar os riscos iniciais aos riscos de escala. Sua lição de casa é descobrir o que é mais arriscado agora para esse aspirante a dono de restaurante e formular um plano de implantação do tipo 'agora-em seguida-depois'".

Steve: "Certo, vou tentar..."

Mary: "Já que vamos falar de comida, o que você acha de almoçar no novo restaurante de tacos que acabou de abrir perto do meu escritório? Ouvi dizer que é muito bom."

Steve: "Adoro aquele lugar... mas precisamos chegar cedo para não pegar fila. Se não, podemos passar até uma hora esperando."

Mary: "Então pode ser às 11h30... até amanhã".

Formule um plano de implantação do tipo "agora-em seguida-depois"

Muitos empreendedores têm pressa de chegar ao lado direito da curva do taco de hóquei, o que é compreensível. Pensando assim, eles tentam fazer tudo correndo. Mas fazer tudo correndo não equivale necessariamente a ir mais rápido. Pelo contrário, é uma garantia de que você vai se perder mais rápido, porque é fácil perder o foco e cair na armadilha da otimização prematura.

Alguns exemplos de otimização prematura incluem:

- tentar otimizar um produto para milhares de usuários desde o começo, antes de ter qualquer usuário;
- contratar um vice-presidente de vendas antes de ter qualquer cliente;
- levantar fundos antes de ter tração.

A otimização prematura é um dos principais assassinos de startups porque prioriza os riscos errados na hora errada, esgotando seus recursos já limitados para atingir o encaixe produto/mercado. A melhor maneira de evitar a armadilha da otimização prematura é usar a abordagem da Inovação Contínua.

ABORDAGEM Nº 4
Ação certa na hora certa.

Em qualquer ponto da jornada, apenas um punhado de ações-chave terá o maior impacto em seu modelo de negócio. Seu trabalho é focar essas ações-chave e ignorar o resto. Essa é a essência da abordagem da ação certa na hora certa.

Entretanto, será que você não corre o risco de ser olhar só para o imediato? Como empreendedor, você precisa ser capaz de planejar para o longo prazo ao mesmo tempo que age em curto prazo. Uma vez que a jornada de uma startup é, por sua própria natureza, envolta em uma névoa de incerteza, é muito comum só conseguirmos enxergar o que está logo à nossa frente e termos dificuldade de traçar planos claros para o futuro. Mas tudo bem – é aqui que entra o plano de implantação do tipo "agora-em seguida-depois".

A ideia do plano "agora-em seguida-depois" é visualizar seu roteiro de tração usando três horizontes de tempo mais ou menos alinhados com os três segmentos distintos da curva do taco de hóquei: uma parte plana, seguida de uma parte cada vez mais íngreme que continua até atingir um ponto de inflexão perceptível, a partir do qual a curva sobe acentuadamente. Cada um desses segmentos representa um estágio específico do ciclo de vida do produto, mostrado na Figura 4.5:

1. encaixe problema/solução;
2. encaixe produto/mercado;
3. escala.

Use seu roteiro de tração para determinar a meta de tração que você precisa atingir ao fim de cada um desses horizontes de tempo. Em seguida, tente formular um plano para cada horizonte de tempo. Como seria de esperar, seu plano *agora* deve ser o mais concreto, seu plano *em seguida* deve ser menos concreto e seu plano *depois* será o mais vago dos três.

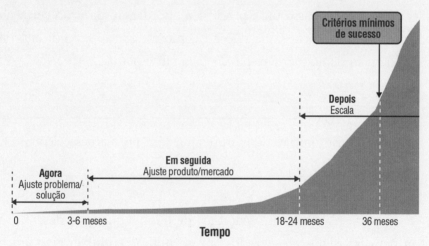

Figura 4.5. *Os três estágios do ciclo de vida do produto*

Se você usar uma taxa de crescimento de 10x, cada estágio será mais ou menos uma ordem de grandeza maior que o estágio anterior. Além disso, esses estágios também indicam os fatores mais arriscados de seu modelo de negócio. Esse é um insight importante para elaborar um plano de implantação do tipo "agora-em seguida-depois" baseado em estágios – um plano que priorizará sistematicamente suas suposições mais arriscadas.

> **ABORDAGEM Nº 5**
> Enfrente suas suposições mais arriscadas em estágios.

Vamos analisar esses três estágios, discutindo os objetivos, a timeline, os resultados e as estratégias para navegar por cada um deles.

Estágio 1: Agora – Encaixe problema/solução

Ninguém gosta da parte plana da curva do taco de hóquei, mas, com a abordagem certa, você aprenderá a vê-la como uma oportunidade. O primeiro passo para praticar a abordagem da ação certa na hora certa é reconhecer que não há como chegar ao lado direito da curva do taco de hóquei sem passar pela parte plana.

> **DICA**
> Nos estágios iniciais de um produto, você precisa desacelerar, não acelerar.

É na parte plana da curva do taco de hóquei que você descobrirá os principais insights ou segredos que permitirão construir algo único e valioso. Você faz isso dedicando o tempo necessário para entender profundamente os clientes, descobrir problemas reais que vale a pena resolver e testar possíveis soluções usando um processo Demonstrar-Vender-Construir.

O insight paradoxal aqui é que *você não precisa de um produto funcional para adquirir clientes pagantes.*

O resultado deste estágio é uma decisão (baseada em evidências) de avançar ou não para o estágio de construção de sua ideia (estágio 2).

Ao final desta primeira etapa, você precisará especificamente:

- ter um claro entendimento das necessidades (e desejos) de seus clientes;
- saber a menor coisa que você precisa construir para entregar valor a seus clientes (seu produto mínimo viável);
- ter obtido compromissos tangíveis suficientes (por exemplo, pagamentos adiantados, cartas de intenção) de clientes.

Alcançar o encaixe problema/solução costuma levar entre três e seis meses para a maioria dos produtos. Abordaremos em detalhes os passos necessários para alcançar o encaixe problema/solução nos Capítulos 7 a 11.

Estágio 2: Em seguida – Encaixe produto/mercado

Ao final do estágio 1, você deve ter uma definição clara de um produto que você sabe que os clientes vão querer, em vez de apenas esperar que eles o queiram. Em seguida, você passa as próximas semanas ou meses construindo a primeira iteração de seu produto (seu produto mínimo viável) e se preparando para o lançamento. O objetivo inicial é demonstrar a entrega de valor – ou seja, determinar se você, de fato, construiu algo que os clientes desejam. Você faz isso melhorando continuamente seu produto por meio de ciclos de feedback contínuos com seus clientes.

O insight paradoxal aqui é que *você não precisa de muitos usuários para atingir a repetibilidade em seu modelo de negócio*.

Impulsionar a repetibilidade em seu modelo de negócio é o principal resultado deste estágio. Também é neste estágio que você cruza o ponto de inflexão da curva do taco de hóquei e começa a se concentrar no crescimento acelerado, o que prepara o terreno para o estágio 3.

Alcançar o encaixe produto/mercado costuma levar entre 18 e 24 meses para a maioria dos produtos. Abordaremos em detalhes os passos para alcançar o encaixe produto/mercado nos Capítulos 12 a 14.

Estágio 3: Depois – Escala

Depois de atingir o alinhamento entre produto e mercado, algum nível de sucesso é quase sempre garantido. A questão é o quanto. No estágio da escala, há uma mudança marcante na estratégia, e o foco passa de acertar o produto a buscar o crescimento. Neste estágio, você usa vários experimentos de otimização para testar várias campanhas e estratégias de crescimento possíveis.

O insight paradoxal aqui é que, *mesmo neste estágio, fazer tudo correndo é um caminho certo para se perder mais rápido – você precisa se concentrar em um motor de crescimento de cada vez.*

O objetivo deste livro é ajudar você a navegar pela jornada desde o conceito até um pouco além do encaixe produto/mercado. Apresentarei algumas orientações gerais sobre a busca do crescimento e a vida após o encaixe produto/mercado no Capítulo 14.

STEVE APRENDE UMA LIÇÃO SOBRE A AÇÃO CERTA NA HORA CERTA

Mary pega a última mesa vazia no restaurante de tacos e faz um sinal para Steve. Enquanto puxa uma cadeira e coloca o almoço na mesa, ele suspira e comenta: "Caramba, olhe o tamanho da fila. Já saiu do restaurante e está virando a esquina. Ainda não é nem meio-dia. Chegamos bem na hora".

"É… Desde que este lugar foi elogiado na mídia e entrou em algumas listas, é assim todo santo dia."

Mary espera Steve se acomodar e pergunta: "E aí? Como foi a lição de casa de ontem? Quais você acha que são as suposições mais arriscadas enfrentadas por um aspirante a dono de restaurante de primeira viagem?".

"Bem... é só dar uma olhada neste lugar", responde Steve. "Sem dúvida, o segredo é ter um bom produto e uma boa localização. Como dizem no mercado imobiliário, é tudo uma questão de localização."

"Tem certeza de que começar com uma boa localização é uma boa ideia para abrir o primeiro restaurante?", pergunta Mary.

Ela acrescenta: "Uma boa localização implica um custo muito mais alto, o que significa que a pista que o restaurante vai ter para decolar será muito mais curta e os riscos serão muito maiores".

Mary espera Steve concordar e continua: "Além disso, uma boa localização, por si só, não é garantia de sucesso. Todo mundo já foi a restaurantes ruins mas muito bem localizados e vice-versa".

"Você está dizendo que a localização não importa?"

"De jeito nenhum. Uma boa localização ajuda no crescimento, mas é um risco de escala, não um risco inicial. Neste ponto da nossa história, nosso aspirante a dono de restaurante ainda não tem um produto comprovado. Então os riscos iniciais dele devem se concentrar em *entregar valor, não em acelerar o crescimento*."

Mary dá um tempo para Steve pensar e continua: "Além dos tacos deliciosos, escolhi este lugar porque, embora eles estejam crescendo como loucos e tenham vários outros restaurantes em boas localizações, não foi assim que eles começaram. Você conhece a história deles?".

Steve balança a cabeça.

"O fundador, Jack, começou com um food truck na zona leste da cidade, que, como você sabe, não é exatamente a melhor localização."

Steve interrompe: "Ah, é mesmo. Agora me lembro de ter lido alguma coisa sobre isso. Acho que, como começar com um food truck sai muito mais barato e é muito mais rápido que abrir um restaurante em um ponto comercial, ele pôde testar o conceito de seu produto mais rápido. Posso dizer que o food truck foi o produto mínimo viável do restaurante?"

Mary concorda. "Isso mesmo. A armadilha na qual muitos empreendedores caem é a otimização prematura. Eles imaginam seu produto acabado sendo usado por centenas ou milhares de clientes e tentam concretizar essa visão. Essa abordagem prioriza os riscos errados e os leva a trabalhar nas ações erradas nos momentos errados. Nos estágios iniciais de uma ideia, você não precisa de muitos usuários, só de um punhado de bons clientes – seus adotantes iniciais."

"Então, qual você acha que foi a suposição mais arriscada de Jack quando ele estava começando? A comida?"

"De certa forma, sim, mas não basta fazer um monte de comida e sair dirigindo pela cidade tentando vendê-la. A primeira batalha com qualquer produto é chamar a atenção dos clientes. Você se lembra do Dom do Inovador? A inovação consiste, basicamente, em causar a troca da maneira antiga por uma maneira nova. Na hora do almoço, qualquer pessoa consegue encontrar mais de cem opções para comer em um raio de cinco quilômetros nesta cidade. Por que alguém escolheria ir ao food truck?"

"Por causa do boca a boca?", Steve pensa em voz alta.

"O boca a boca vem depois. Primeiro você deve chamar a atenção do primeiro lote de clientes (seus adotantes iniciais) com uma proposta única de valor. Depois de chamar a atenção deles, você precisa entregar algo diferente e notável. Se conseguir fazer isso, o boca a boca entra em ação."

"Faz sentido... Mas como convencer os primeiros clientes a irem ao food truck? O fundador investiu em uma grande campanha de branding ou já tinha muitos seguidores nas redes sociais?"

"Nada disso. Dê uma olhada aqui." Mary pega o celular, encontra uma foto do food truck e a mostra a Steve.

"Qual é a primeira coisa que chama a sua atenção nesta foto?"

Steve olha para a foto e vê um banner enorme cobrindo a metade superior do food truck.

"Tacos de Churrasco Coreano?", ele responde.

"Exatamente. Mas não é o nome, o logo nem o slogan do restaurante – as coisas pelas quais nós, criadores de produtos, adoramos ficar obcecados. O que você acha que é?"

"A proposta única de valor?"

"Acertou na mosca! Aqui no Texas, se você oferecer um excelente churrasco ou tacos deliciosos, vai chamar a atenção dos gourmets – no caso, os adotantes iniciais. Se fizer bem os dois, melhor ainda, mas a cidade já tem vários bons lugares fazendo a mesma coisa. Agora, se você der um toque especial – tacos de churrasco *coreano* –, vai ter um produto único e chamar a atenção. Esse é o tipo de 'diferente' que os gourmets e influenciadores querem ser os primeiros a experimentar e depois contar às pessoas se é bom o suficiente."

Mary faz uma pausa para tomar um pouco de água e continua: "Agora vamos juntar todas as peças. O maior risco para um aspirante a dono de restaurante de primeira viagem começa com chamar a atenção. Você deve começar perguntando: Qual é a proposta única de valor do seu produto? Para que serve e para quem? No caso, o fundador decidiu se concentrar no público gourmet e escolheu um food truck por ser um veículo muito mais barato e rápido (literalmente) para atingir esse público e testar seu conceito. Esse foi seu plano 'agora', que ele colocou em ação em dias, não semanas ou meses".

"Ele também criou um plano 'em seguida' e 'depois' ao mesmo tempo?"

"Sim. Mas foram planos muito menos detalhados. Seu plano 'em seguida' sempre foi abrir vários restaurantes pela cidade, e seu plano 'depois' sempre incluiu entrar em outras cidades e construir uma marca nacional."

"Quanto tempo o fundador passou com o food truck?", pergunta Steve.

"No caso dele, não muito tempo. Como seria de esperar, o que decolou não foi o conceito original, mas ele encontrou seu conceito vencedor fazendo dezenas de pequenas iterações nos primeiros dias do food truck. Inventou algumas receitas excelentes, e o boca a boca entrou em ação. Quatro semanas depois da inauguração, longas filas começaram a se formar antes mesmo de o food truck abrir para o almoço."

"Rápido assim?", pergunta Steve.

"Sim, e foi uma loucura depois disso. Seus tacos começaram a esgotar todos os dias, o que chamou a atenção de alguns críticos gastronômicos. Quando eles escreveram artigos elogiosos sobre o food truck, as filas aumentaram ainda mais. Ele teve que dar um jeito de atender a essa demanda toda, o que o levou a colocar seu plano 'depois' em prática."

"Abrindo mais um food truck!", interrompe Steve.

"Isso mesmo. Ele abriu outro food truck bem perto daqui. Um food truck ainda era uma maneira mais barata de entrar nesse mercado. Como você sabe, os aluguéis aqui não são nada baratos. Aquele food truck também começou a não dar conta da demanda, o que resultou em uma história incrível de tração inicial que ele usou para arrecadar fundos de investidores. Nove meses depois de abrir o primeiro food truck, ele já tinha convertido os dois em restaurantes físicos. E ouvi dizer que ele já tem planos de abrir outros três restaurantes. O resto, como dizem, é história…"

Steve toma a palavra. "Os investidores não se preocuparam que ele poderia não ser capaz de escalar o negócio? Afinal, administrar um food truck é bem diferente de administrar vários restaurantes físicos, quanto mais construir uma marca nacional."

"Eles sem dúvida tiveram essa preocupação, mas são exatamente esses os tipos de risco com os quais os investidores adoram se envolver – riscos de escala versus riscos iniciais. O desafio inicial de qualquer produto é resolver a demanda. Uma vez que você consegue gerar demanda suficiente, é fácil resolver o lado da oferta."

"Quando diz 'lado da oferta', você quer dizer construir um produto?"

"Sim, exatamente. Outra maneira de dizer isso é que os riscos do lado da demanda têm a ver com os riscos do cliente (desejabilidade) e do mercado (viabilidade), enquanto os riscos do lado da oferta costumam ser riscos do produto (praticabilidade)."

"Faz muito sentido", reconhece Steve.

"Jack sem dúvida enfrentou todos os tipos de risco de escala ao expandir seu negócio de dois food trucks para uma dúzia de restaurantes, incluindo contratação, treinamento e branding. No entanto, uma vez que você tenha um bom produto validado, esses obstáculos são menos arriscados e, em geral, podem ser superados. Pense no início do Facebook, YouTube e Twitter. Na jornada que essas empresas percorreram de milhares de adotantes iniciais entusiasmados a centenas de milhões de usuários, as três enfrentaram enormes riscos de escala que também conseguiram superar. Você se lembra do desenho da baleia que aparecia para o usuário sempre que o servidor do Twitter ficava sobrecarregado?"

Mary nota que os olhos de Steve se arregalam.

"Evite a otimização prematura", diz ele. "Tudo isso foi muito esclarecedor... mas ainda estou tentando processar como aplicar ao meu produto."

"Sempre que você encontrar um estudo de caso como este, é importante separar os princípios das táticas", explica Mary. "Embora o crescimento de uma cadeia de restaurantes possa ser taticamente bem diferente, digamos, do crescimento de um negócio de software, os princípios subjacentes às táticas são universais. Eles podem ser aplicados a qualquer tipo de produto."

"Mas será que esses princípios são mesmo universais? Dá para ver como eles se aplicam a um restaurante, mas o produto mínimo viável de uma refeição só requer passar algumas horas cozinhando. O que você faz quando está construindo produtos que levam meses ou anos para ficarem prontos?"

Mary sorri. "Você sempre foi o mais difícil da equipe de convencer. Mas você tem razão. Vamos um pouco além e pensar em um produto que leva anos para ser construído... Que tal um carro elétrico?"

Mary toma outro gole de água e continua: "Vejamos o exemplo da Tesla. Se você fosse o Elon Musk com a visão de criar o primeiro carro elétrico a um preço acessível em 2006, como formularia um plano de implantação 'agora-em seguida-depois'?".

Nesse exato momento, o celular de Mary toca.

"A hora do almoço acabou. Tente aplicar esses princípios ao lançamento de um carro elétrico da Tesla, e vamos nos encontrar para um café amanhã."

Com isso, Mary sai apressada para a rua.

Steve aprende sobre os Produtos Mínimos Viáveis do Mágico de Oz

"E aí, como você se saiu com o plano de implantação de um carro elétrico da Tesla?", Mary pergunta a Steve no dia seguinte.

"Eu já conhecia uma parte da história do lançamento da Tesla e acho que consegui juntar algumas peças do quebra-cabeça", responde Steve.

"Então, vamos lá."

"Certo. Bom, para começar, devo admitir que, se você tivesse feito essa pergunta antes da nossa conversa de ontem, eu provavelmente teria mencionado a tecnologia, o design, a fabricação, a infraestrutura de pontos de recarga e o branding como as suposições mais arriscadas para uma fabricante iniciante de carros elétricos – especialmente uma empresa liderada por um fundador sem experiência anterior na fabricação de carros. Mas, depois da nossa conversa de ontem, pude ver que esses riscos todos são riscos do lado da oferta, não do lado da demanda. Então apliquei o Dom do Inovador e me perguntei: Por que alguém iria querer trocar seu carro convencional por um carro elétrico?"

Mary pede mais detalhes.

"Acho que o apelo para algumas pessoas pode ser custos mais baixos da eletricidade e, para outras, a redução da pegada de carbono."

"Muito bem, Steve. O que Elon Musk sem dúvida tinha a favor dele em 2006 eram dois gatilhos de troca: a maior conscientização sobre a mudança climática e os preços em alta da gasolina. Esses gatilhos de troca já tinham levado a algum comportamento de troca, de carros tradicionais movidos a combustão para carros híbridos em alguns subsegmentos de compradores de carros – os adotantes iniciais *potenciais* dele. O problema dos híbridos é que eles ainda usam, pelo menos em parte, combustíveis fósseis. A total independência de combustíveis fósseis, ou alcançar a emissão zero, era a promessa de um carro elétrico a um preço acessível."

"É... faz muito sentido posicionar isso como parte de uma visão muito mais ampla", diz Steve. "Então, a maior prioridade da Tesla era testar a proposta única de valor, o que eu acho que Elon Musk fez ao compartilhar a visão de emissão zero com um número suficiente de pessoas para empolgá-las e chamar a atenção delas."

"Sim, e a Tesla foi ainda mais longe. Eles conseguiram convencer as pessoas a encomendar seu primeiro carro elétrico antes mesmo de ele ser construído, usando um processo Demonstrar-Vender-Construir", acrescenta Mary.

"Essa é a parte que eu não compreendo. Eu entendo como é possível aplicar a abordagem Demonstrar-Vender-Construir ao cardápio de um restaurante, mas um carro, especialmente um carro elétrico, que depende de uma tecnologia que ainda nem foi inventada e leva anos para ser construído. Como iterar e testar rapidamente?"

"Ah... Mas eles criaram o carro todo de cara?"

Um olhar confuso surge no rosto de Steve. "Você está falando do Roadster?"

"Isso mesmo. O primeiro carro que a Tesla lançou, o Roadster, nem foi um carro que eles construíram – pelo menos não em sua totalidade. Embora o Tesla Roadster levasse o emblema da Tesla, o design e o chassi foram licenciados por outra montadora: a Lotus Motors. Por que você acha que eles fizeram isso?"

"Para colocar o carro no mercado logo?", Steve pondera.

"É isso mesmo. Em comparação com a maioria das montadoras, que levam dez anos para lançar um carro novo do conceito até o mercado, a Tesla conseguiu fazer isso em apenas dois anos e meio. Para a indústria automobilística, é como avançar na velocidade da luz. O que eu mais gosto desse estudo de caso é que ele enfatiza que, embora a velocidade de aprendizagem seja crucial, ela também é relativa. Você só precisa superar a concorrência para vencer."

"Adorei a ideia!", exclama Steve.

"Mas a velocidade de lançamento no mercado foi só uma parte da história. Sem precisar criar o design, construir e fabricar um carro inteiro, a Tesla pôde priorizar testar sua próxima suposição mais arriscada e ignorar o resto. Você consegue adivinhar qual foi essa suposição?"

"A bateria?", Steve pergunta.

"Isso mesmo. Criar o design, construir e fabricar um carro do zero, embora muito trabalhoso, não era um risco intransponível. Muitas montadoras já sabem como construir carros prontos para produção. Só que, na época, nenhuma delas sabia como construir carros *elétricos* prontos para a produção. Era esse o diferencial e o que valia a pena priorizar."

Steve toma a palavra. "Então, ao licenciar um carro existente e adaptar sua bateria nele, a Tesla evitou a maior parte do trabalho *conhecido* e priorizou o trabalho *desconhecido*. Eles não precisaram contratar engenheiros automotivos, nem construir uma grande fábrica. Eles puderam se concentrar apenas em construir uma bateria, colocá-la em um carro existente e vender o carro. Sei que estou simplificando, mas é genial."

"É isso aí. Esse foi o plano *agora* deles. A propósito, essa abordagem de juntar soluções existentes em um produto mínimo viável é uma receita de validação muito usada no Modelo de Inovação Contínua, conhecida como 'Produto Mínimo Viável do Mágico de Oz'. Ela foi popularizada e codificada em um padrão no início do movimento da Startup Enxuta".

"Mágico de Oz? Como no filme?"

"Isso mesmo. O princípio desse padrão de validação é *fingir até ser real*, em inglês, '*fake it until you're ready to make it*'. Em outras palavras, a ideia é reduzir o escopo do seu produto mínimo viável inicial agregando soluções existentes, em vez de criar tudo do zero."

"Como garantir a defensibilidade se você está agrupando soluções existentes?", questiona Steve.

Mary responde: "Lembre que o objetivo ainda é entregar uma proposta única de valor. Esse valor único pode vir de *uma nova abordagem para juntar soluções existentes* onde o todo é maior que a soma das partes, ou pode vir de *um novo componente* para a solução agregada. No caso da Tesla, foi a última opção. Eles usaram sua tecnologia exclusiva de bateria para transformar um carro existente em um carro elétrico, oferecendo, assim, uma nova proposta única de valor que os clientes desejavam".

Mary nota que o olhar de Steve está perdido e para de falar para chamar sua atenção.

"Desculpe. Minha cabeça está a mil. Acho que posso aplicar o padrão do Produto Mínimo Viável do Mágico de Oz para acelerar o lançamento do meu produto. Vou precisar pensar melhor... Ainda não entendo bem como a Tesla conseguiu equilibrar a demanda do cliente com os riscos técnicos. Digo, eles estavam aceitando encomendas de um carro que dependeria de uma tecnologia que ainda nem tinha sido inventada. Eles não correram um risco enorme de ficar sobrecarregados com a demanda dos clientes e de fazer promessas que não poderiam cumprir?"

"Sim, eles com certeza correram esse risco, que administraram usando um plano de implantação 'agora-em seguida-depois'."

Mary vê a expressão confusa no rosto de Steve e explica: "Elon Musk prometeu ao mundo um carro elétrico acessível em 2006, mas o primeiro carro que a Tesla lançou, o Roadster, foi o contrário disso, com um preço inicial de mais de cem mil dólares. Teoricamente, eles poderiam ter adaptado sua bateria a qualquer carro. Por que eles escolheram um carro esportivo caríssimo e não um carro mais acessível, como um Kia, um Volkswagen ou um Mustang da Ford?"

"Hummm... Minha primeira reação seria dizer que eles estavam em busca de um branding diferenciado ou talvez mais lucros... Mas algo me diz que não é só isso."

Mary sorri. "Você tem razão... Tudo isso fez parte de um plano de implantação em três estágios, meticulosamente orquestrado, usando três modelos diferentes de carro – todos pensados para priorizar o combate aos riscos certos no momento certo. Elon Musk descreveu vagamente esse plano de implantação como seu 'plano secreto' em um post de blog em 2006. Ele explicou esse plano um pouco mais no lançamento do Modelo 3. Você pode encontrar esse discurso na internet. Se bem me lembro, ele aborda o plano de lançamento em torno da marca dos três minutos."

Steve anota um lembrete para assistir ao vídeo enquanto Mary continua:

"Sim, o maior risco do primeiro carro foi a eletrificação. E licenciar um carro existente, em vez de construir um carro do zero, foi o primeiro componente-chave do estágio 1, ou do plano 'agora' deles", ela explica. "O próximo componente-chave do plano foi escolher o carro certo. Por que o conversível esportivo de dois lugares Elise da Lotus, e não algum outro carro? O que acontece com a demanda de um produto quando você define o preço inicial três vezes mais alto?"

"A demanda cai?", replica Steve.

"Exatamente. Ao lançar seu primeiro carro usando uma marca sofisticada de carros esportivos, eles estavam criando um carro altamente desejável que todos poderiam ver e ambicionar, mas só alguns poderiam pagar e comprar."

"Quer dizer que eles nunca tiveram a intenção de entrar no mercado de massa com o primeiro carro?", interpela Steve.

"É isso mesmo. Você se lembra da curva de distribuição normal da difusão das inovações? No começo, a Tesla se concentrou exclusivamente no mercado dos adotantes iniciais e, no caso, eles usaram os preços premium como uma maneira muito eficaz de alavancar o taco de hóquei. O conversível era um carro caro e de baixo volume. Eles só venderam 500 carros por ano durante alguns anos e interromperam a produção."

"Quer dizer que aquele foi um produto mínimo viável de aprendizagem?", indaga Steve.

"É isso mesmo, Steve. O estágio 1 foi só para testar o produto mínimo viável deles – no caso, a bateria instalada em um carro esportivo."

"Agora eu entendi. Uma pessoa que consegue encomendar um carro de mais de um milhão de dólares tem grandes chances de já ter vários carros na garagem e não precisar desse carro como seu principal meio de transporte. Essa pessoa estaria disposta a esperar até dois anos pela entrega e usaria o carro de maneira muito diferente de um cliente comum."

"Exatamente. Ter menos clientes também significava que eles não se distrairiam construindo de uma infraestrutura escalável – concessionárias, estações de recarga ou oficinas autorizadas. Eles só seriam os primeiros a validar esses aspectos da entrega de valor."

"Então, depois de reduzir o suficiente os riscos da bateria, eles subiram para o estágio 2 e entraram no mercado de sedãs de luxo com o Model S, é isso mesmo?"

"Sim. O Modelo S era um carro de volume médio de produção e não tão caro que eles também lançaram de forma incremental, em esquema de pré-venda. Enquanto lançavam o Model S, eles assumiram novos riscos, como fabricar os próprios carros e construir estações de recarga, lojas de varejo e outras infraestruturas."

"E imagino que o Model 3 foi o estágio 3 deles – o carro elétrico acessível para o mercado de massa", acrescenta Steve.

"Você entendeu a ideia. Quando eles anunciaram o Model 3, grande parte da infraestrutura para atender à demanda do mercado de massa já estava pronta. Ainda mais importante, eles reduziram o risco da ideia dos carros elétricos para conquistar a adesão do mercado de massa. O lançamento do Model 3 foi o maior lançamento de produto, garantindo 250.000 encomendas na pré-venda em apenas duas semanas."

"É... eu me lembro de ter lido sobre esse lançamento. Então, ao ir deliberadamente mais devagar no começo, eles conseguiram cruzar o abismo e ir muito mais rápido depois. Agora entendi o que você quis dizer com alavancar o taco de hóquei. Esses estágios seguiram um modelo de tração 10x também?"

"Sim. Elon Musk é famoso por ser um pensador exponencial, ou um pensador de 10x, e esses lançamentos foram exemplos perfeitos do modelo de 10x. Acho que você ainda vai poder encontrar alguns gráficos na internet descrevendo as projeções do roteiro de tração da Tesla para vender 500.000 veículos no decorrer dessa implantação em três estágios – três modelos de carro – ao longo de dez anos.

"Dez anos? É um horizonte de tempo muito mais longo que os três anos que estou usando."

"Com certeza. Ao construir carros ou foguetes para Marte, é preciso ajustar as timelines. Tudo bem ter uma visão grandiosa que pode levar dez anos para concretizar. Sua visão do metaverso não é diferente. Mas lembre que, para tornar sua visão acionável, você precisa dividir a jornada em horizontes de tempo menores. Não esqueça que a Tesla foi capaz de receber encomendas de seu carro apenas algumas semanas depois de anunciá-lo. Não importa o tipo de produto, você deve procurar alcançar o encaixe problema/solução dentro do prazo recomendado de três meses, porque você ainda não está desenvolvendo o produto nesse estágio."

"Entendi. E, mesmo durante o estágio de construção, a Tesla pegou um enorme atalho com sua abordagem do Mágico de Oz", prossegue Steve.

"Isso mesmo. Com disciplina e um pouco de criatividade, é quase sempre possível reduzir o escopo do seu produto mínimo viável inicial. Tenho certeza de que teremos muito mais a discutir quando chegar a hora."

"Faz muito sentido. Mas acho que ainda não entendi direito como extrapolar o roteiro de tração para atingir o encaixe problema/solução do ano 1 a três meses – especialmente sem ter um produto pronto para vender até então. Isso sempre envolve fazer pré-vendas?"

"Excelente pergunta, Steve. A meta é se aproximar ao máximo de converter um usuário em um cliente, e fazer uma pré-venda com pagamento antecipado é o mais perto que você chegará disso no estágio do encaixe problema/solução. Dito isso, nem todos os produtos e relacionamentos com clientes são adequados à pré-venda. Nesses casos, tudo bem usar uma etapa anterior de 'conquista de clientes' em sua fábrica de clientes, como lançar pilotos ou períodos de teste ou coletar leads."

"Sim, a fábrica de clientes... faz sentido. Quer dizer que eu poderia usar minhas estimativas da taxa de conversão de clientes resultantes da minha estimativa de Fermi para decidir o que fazer?", pergunta Steve.

Mary assente. "Você entendeu a ideia."

"Legal! Sei que você não tem mais tempo. Foi um estudo de caso muito inspirador, e a minha cabeça ainda está girando um pouco. Muito obrigado! Não vejo a hora de trabalhar no meu plano 'agora-em seguida-depois'."

Mary sorri. "Foi um prazer, Steve. Não deixe de me contar como foi."

Steve formula o plano de implantação "agora-em seguida-depois"

De volta ao escritório, Steve está pronto para refletir sobre o plano "agora-em seguida-depois". Sua prioridade é extrapolar a meta de rendimento de 17 clientes do ano 1 para 3 meses, com o objetivo de determinar seus critérios de sucesso de encaixe problema/solução.

Ele pega suas estimativas de Fermi originais e começa a trabalhar:

- critérios mínimos de sucesso: receita recorrente anual de US$ 10 milhões em 3 anos;
- modelo de precificação: US$ 500/mês;
- vida útil do cliente: 4 anos;
- taxa de conversão de aquisição de clientes: 1%
  - taxa de conversão de aquisição de usuários (períodos de teste): 10%;
  - taxa de conversão do período de teste para a versão paga (upgrades): 10%;
- recomendações: 20%.

Para simplificar os cálculos, ele supõe que a rampa do ano 1, por ser em grande parte plana, pode ser modelada linearmente. Em seguida, ele usa as suposições de taxa de conversão de sua estimativa para esboçar o gráfico da Figura 4.6.

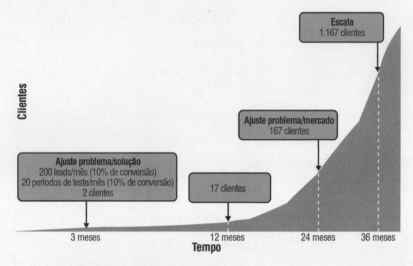

Figura 4.6. *Os critérios de sucesso do encaixe problema/solução de Steve*

Steve pondera as opções. Aos três meses, precisará:

- ter conquistado dois clientes pagantes por mês (arredondando para cima) ou
- estar iniciando 20 períodos de teste por mês ou
- estar coletando 200 leads por mês.

Como já estava inclinado a usar um modelo de assinatura para seu produto com um período de teste de 30 dias, ele decidiu usar a métrica dos períodos de teste como critério de encaixe problema/solução. Isso significa que precisará convencer 20 empresas de software a testar gratuitamente seu produto de US$ 500/mês durante 30 dias e continuar cadastrando 20 novas empresas de software todos os meses no decorrer do primeiro ano para atingir a meta do ano 1.

Para conseguir essa façanha, precisará fazer uma boa redução no escopo do produto mínimo viável, mas está otimista depois de aprender sobre o padrão do Produto Mínimo Viável do Mágico de Oz. Steve acredita que pode ir muito mais rápido e construir algo único e valioso, começando com uma solução do tipo plug-in para uma plataforma já popular usada por milhares de empresas de software, em vez de tentar construir uma plataforma inteira sozinho. Esse será seu plano do estágio 1 (seu plano "agora").

Como a Tesla, ele expandirá a proposta única de valor com o tempo e conduzirá as pessoas à própria plataforma (estágio 2). Sua grande visão do metaverso se concretizará no estágio 3. Steve se pega sonhando acordado com o estágio 3 e se força a acordar.

Esboça o plano "agora-em seguida-depois" em um e-mail e o envia para Mary. Algumas horas depois, ele recebe uma mensagem de texto dela.

Mary: "Bom trabalho no roteiro de tração e no plano 'agora-em seguida-depois'. Sugiro mostrar o design do seu modelo de negócio a alguns conselheiros e investidores amigáveis para ver o que eles acham."

Steve: "Não é cedo demais?"

Mary: "Não, não é. Note que eu disse '*para ver o que eles acham*', não para arrecadar fundos. A maioria dos fundadores em estágio inicial tem dificuldade de comunicar sua ideia com clareza e concisão. Fazer isso só para pedir a opinião das pessoas é uma excelente maneira de praticar, formar relacionamentos e se aproximar de um pitch irresistível."

Steve: "Minha última rodada de apresentações não foi muito bem. Nós simplesmente não saímos do lugar. Fiquei na defensiva algumas vezes, e pareceu uma grande perda de tempo para todo mundo."

Mary: "Não seja tão duro consigo mesmo. Muitos fundadores têm dificuldade de fazer com que os outros vejam o que eles veem no começo. Agora você tem uma história muito mais clara, e a melhor maneira de refinar ainda mais seu modelo é começar a mostrá-lo às pessoas."

Steve: "Você tem algumas dicas sobre como estruturar essas conversas iniciais?"

Mary: "Tenho, sim :) Procure um e-mail com o assunto *Comunique sua ideia com clareza e concisão*".

CAPÍTULO 5

COMUNIQUE SUA IDEIA COM CLAREZA E CONCISÃO

A principal razão que leva ao fracasso das startups é que elas constroem algo que ninguém quer. A segunda principal razão que leva ao fracasso dos produtos é não obter a adesão dos stakeholders mais importantes.

> **TOME NOTA**
> Seus principais stakeholders incluem membros da equipe fundadora, adotantes iniciais, conselheiros e investidores.

Se você estiver incubando sua ideia em uma grande empresa, provavelmente será solicitado a escrever um plano de negócios de 60 páginas com uma projeção financeira de 5 anos e um roteiro de produto de 18 meses. Para ideias novas e inovadoras, é simplesmente impossível conhecer esses fatores no início. Em consequência, essas ideias raramente são aprovadas.

Se você tiver uma startup (ou fizer parte de uma equipe de inovação), é um pouco mais fácil começar. Você pode esboçar seu Quadro Lean, formular seu critério mínimo de sucesso, identificar o problema e os segmentos de clientes… mas fica atolado logo depois, ao tentar garantir recursos adicionais para impulsionar o crescimento de seu produto ou equipe. Você precisa vender sua ideia para que as pessoas vejam o que você vê, se convençam de sua visão de mundo, queiram concretizar sua missão com você e invistam tempo, dinheiro e/ou energia nela.

Steve teve muita dificuldade em fazer os outros verem o que ele via com sua ideia. Ele não conseguiu convencer as pessoas (investidores ou cofundadores) a embarcar em sua visão, o que levou a um impasse clássico. Mesmo se você estiver autofinanciando seu projeto e não estiver em busca de investidores, é questão de tempo até precisar de recursos adicionais, como cofundadores, equipamentos etc. para impulsionar o crescimento de uma ideia.

Vender uma ideia é uma habilidade crucial que todos os empreendedores precisam aprender. Você não vende uma ideia apenas para garantir um investimento. Você a vende para conquistar clientes, cofundadores e conselheiros. Neste capítulo, você aprenderá como comunicar sua ideia com clareza e concisão para obter o feedback das pessoas e vender sua ideia a elas (Figura 5.1).

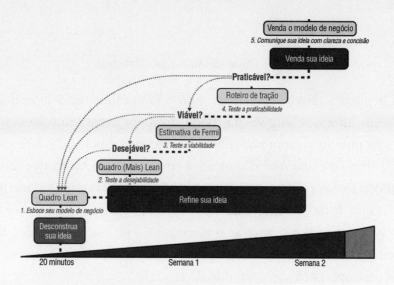

Figura 5.1. *O pitch do modelo de negócio*

QUAL É O SEU PITCH DE ELEVADOR?

Um *pitch de elevador* deve dar uma noção geral e rápida de sua ideia. É algo que você pode dizer caso se encontre em um elevador com um investidor ou um cliente potencial e tenha apenas 30 segundos para apresentar sua ideia. Costuma ser o primeiro tipo de pitch que a maioria dos empreendedores cria, e é com ele que nós também começaremos. O problema da maioria dos pitches de elevador é que eles soam mais ou menos assim:

> Construímos uma ferramenta logística baseada em blockchain e turbinada por aprendizado de máquina e inteligência artificial para ajudar os atacadistas a maximizar sua receita.

Esses pitches não raro são uma enxurrada de chavões que não dizem com clareza o que a empresa realmente faz. No outro extremo, estão os pitches que soam mais ou menos assim:

Fazemos sabres de luz.

Treinamos Jedis.

Ajudamos os Jedis a lutar contra o império do mal.

Os pitches de elevador desse tipo não confundem o interlocutor com um bingo de jargões da moda, mas em geral também entram por um ouvido e saem por outro. Isso acontece porque fazem suposições demais e são muito centrados em soluções. O erro que muitos empreendedores cometem é *tentar explicar sua solução* condensando tudo em um pitch de 30 segundos. Esse não é o objetivo. O intuito de um pitch de elevador é despertar o interesse da pessoa – e, se você tiver sucesso, levá-la a fazer perguntas (em vez de mudar de assunto ou dar uma desculpa para sair correndo do elevador).

A melhor maneira de despertar o interesse das pessoas não é começar com a solução, mas sim com a história de desejabilidade (que vimos no Capítulo 2), que mostra por que seu produto precisa existir.

Na próxima seção, apresentarei um modelo para elaborar um discurso de elevador com base nessa história.

Esboce seu pitch de elevador

Use o modelo a seguir para esboçar seu pitch de elevador na forma de uma história sobre seus clientes:

> Quando os **[clientes]** deparam com um **[evento desencadeador]**, eles precisam fazer a **[tarefa a ser realizada]** para alcançar o **[resultado desejado]**.
> *Eles normalmente usar*ão **[alternativas existentes]**,
> *mas, devido ao* **[gatilho de troca]**, *essas* **[alternativas existentes]** *não funcionam por causa* **[desses problemas]**.
> *Se esses problemas não forem resolvidos, então* **[o que está em jogo]**.
> Por isso, criamos uma solução para ajudar os **[clientes]**
> a alcançarem o **[resultado desejado]**, ajudando-os a **[proposta única de valor]**.

Veja um exemplo de pitch de elevador para um dos meus produtos:

> Quando **os empreendedores** têm uma ideia espetacular,
> eles muitas vezes **precisam levantar fundos** para **tirar a ideia do papel**.
> *Eles normalmente* **escreveriam um plano de negócios de 40 páginas**, *mas, devido à* **recente explosão do número de startups ao redor do mundo (o renascimento empreendedor global)**, *ninguém mais lê planos de negócios. Hoje em dia,* **há ideias demais competindo por atenção**. *Os investidores* **não financiam nem perdem tempo lendo planos de negócios**, *preferindo* **procurar startups que já tenham alguma tração**. *Se uma startup não conseguir chamar a atenção dos investidores, ela não conseguirá os recursos necessários para desenvolver sua ideia e* **definhará**.
> Por isso, criamos uma solução que ajuda **os empreendedores a comunicar sua ideia com clareza e concisão em menos de 20 minutos e conquistar a adesão dos principais stakeholders** – para os empreendedores poderem **passar mais tempo construindo do que planejando seu negócio**.

Note que em momento algum desse pitch eu menciono o nome do produto: o Quadro Lean.

Os discursos de elevador, quando bem executados, preparam o terreno para um pitch mais detalhado. O que você deve dizer a seguir dependerá muito da visão de mundo de seu interlocutor.

As diferentes visões de mundo para uma ideia

Em seu livro inovador *All Marketers Tell Stories*, Seth Godin define uma visão de mundo como o conjunto de regras, valores, crenças e vieses que as pessoas trazem para uma situação. Um bom marketing *não é* uma questão de mudar a visão de mundo de alguém, mas enquadrar sua história na visão de mundo preexistente dessa pessoa.

O mesmo se aplica ao empreendedorismo: todos os empreendedores contam histórias de seu modelo de negócio, e um bom pitch *não é* uma questão de impor sua solução, mas sim enquadrar a história de seu modelo de negócio/produto na visão de mundo preexistente de seu interlocutor. Seu interlocutor, no caso, pode ser investidores, clientes e conselheiros.

O primeiro passo para desenvolver um bom pitch é entender as visões de mundo de cada tipo de interlocutor.

A visão de mundo do investidor

Os investidores não se importam com sua solução, mas sim com uma história de modelo de negócio que lhes prometa um retorno sobre o investimento em um determinado prazo. Os investidores em busca de lugares para investir costumam ter muitas alternativas existentes (outras startups, mercado de ações, criptomoedas etc.). Por que escolheriam seu modelo de negócio?

Eis o que eles querem saber:

- Qual é o tamanho da oportunidade de mercado? Eles não se importam com *quem* seus clientes são, mas *quantos* clientes existem – ou seja, o *tamanho do seu mercado*.
- Como você ganha dinheiro? Eles querem conhecer a interseção de sua estrutura de custos e fluxos de receita – sua *rentabilidade ou potencial de crescimento*.
- Como você vai deter a concorrência? Eles querem saber como você se defenderá de imitadores e concorrentes que inevitavelmente entrarão no mercado se você tiver sucesso – sua *vantagem injusta*.

Contudo, o que mais chama a atenção dos investidores, como vimos em capítulos anteriores, é a *tração*. Se você entrar na sala de um investidor com o começo de uma curva de taco de hóquei, provocará uma resposta pavloviana – eles vão lhe oferecer um cafezinho e querer conhecer o resto da história de seu modelo de negócio.

É nessas partes de seu Quadro Lean que você precisa focar ao tentar vender sua ideia a alguém que tem a visão de mundo do investidor (Figura 5.2).

O Quadro Lean foi adaptado do Quadro do Modelo de Negócio e está licenciado sob os termos da Licença Creative Commons Attribution-Share Alike 3.0 Unported.

Figura 5.2. *A visão de mundo do investidor*

Em vez da tração em si, um roteiro de tração acompanhado de um plano de implantação "agora-em seguida-depois" é o melhor substituto para definir, medir e comunicar a história de seu modelo de negócio a um investidor.

A visão de mundo do cliente

Os clientes também não se importam com sua solução; como vimos, o que interessa a eles são os problemas (ou obstáculos) que os impedem de alcançar um resultado desejado ou de realizar uma tarefa. Tal qual um investidor, quando um cliente quer realizar uma tarefa específica, ele normalmente tem muitas alternativas existentes. Por que escolheriam o seu produto?

Como vimos no Capítulo 3, chamar a atenção do cliente é a primeira batalha. É para isso que serve a proposta única de valor. Se um cliente se identificar com a promessa de sua proposta única de valor, você poderá lhe contar mais sobre sua solução – geralmente por meio de uma *demonstração*.

Uma demonstração é uma narrativa meticulosamente elaborada que ajuda o cliente a visualizar como irá do ponto A (repleto de problemas) ao ponto B (problemas eliminados pela sua solução). Se você entregar uma demonstração convincente, a única coisa que resta a abordar é o que você quer em troca – a troca de moeda, capturada no campo "Fluxos de Receita" de seu Quadro Lean. Em um modelo de negócio direto, podemos nos referir a uma troca monetária direta, mas, em modelos multilaterais, pode ser uma moeda derivativa (como a atenção) que depois é convertida em dinheiro por meio de uma transação secundária (com anunciantes).

A Figura 5.3 mostra as partes do Quadro Lean nas quais você deve focar ao elaborar um pitch para os clientes.

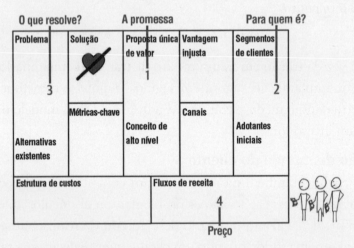

O Quadro Lean foi adaptado do Quadro do Modelo de Negócio e está licenciado sob os termos da Licença Creative Commons Attribution-Share Alike 3.0 Unported.

Figura 5.3. *A visão de mundo do cliente*

A visão de mundo do conselheiro

Todos nós precisamos de pessoas para nos dar conselhos, nos orientar, apontar nossos erros e nos forçar a prestar contas do nosso progresso – também conhecidas como *conselheiros*.

Os conselheiros contribuem com sua própria visão de mundo; todavia, no caso deles, essa visão se baseia em experiências e interesses particulares. Por isso, é importante cercar-se de conselheiros que se complementem uns aos outros e ser o mais aberto e franco que puder com eles.

Quando se limita a praticar o "teatro do sucesso" com seus conselheiros (quando só revela as boas notícias), você pode até receber um tapinha nas costas, mas perde uma grande oportunidade de aprender. Para se comunicar bem com eles, sua motivação deve ser aprender, não tentar convencê-los de sua ideia.

Então, por onde começar? Mais cedo ou mais tarde, você vai precisar de dois tipos de pitch:

- um para abordar a visão de mundo do investidor;
- outro para abordar a visão de mundo do cliente.

Como os investidores se interessam principalmente pela tração e esta provém dos clientes, você deve priorizar o pitch para o cliente ao pitch para o investidor. No entanto, você não deve começar com nenhum desses dois pitches. O melhor ponto de partida é criar um pitch pensando na visão de mundo do conselheiro.

Começar focando-se em aprender, e não em tentar vender sua ideia, permitirá a você abordar qualquer pessoa (investidores potenciais, adotantes iniciais e conselheiros existentes), compartilhar seu modelo de negócio e obter um feedback sincero. Fazer um pitch para aprender tira o interlocutor da defensiva e reduz os riscos, o que lhe permite aprender, avaliar o interesse, conquistar a confiança e ir melhorando seu pitch por meio de iterações.

APRESENTE O PITCH DE SEU MODELO DE NEGÓCIO

Apresentar seu modelo de negócio, como qualquer habilidade, melhora com a prática. Nesta seção, darei algumas orientações para você apresentar seus pitches iniciais da história de seu modelo de negócio tendo como objetivo aprender, não vender sua ideia.

Escolha seu público

Dirija-se a qualquer pessoa que se encaixe na ampla definição de "conselheiro". Podem ser cofundadores em potencial, outros empreendedores, especialistas do setor, potenciais investidores em empresas em estágio inicial e coaches/mentores de startups. Note que não incluí clientes nessa lista. Os clientes não se importam com o modelo de negócio como um todo; eles só se interessam pela parte que lhes diz respeito. Apresentarei um roteiro separado para fazer seu pitch aos clientes no Capítulo 10.

Peça tempo suficiente

Sugiro pedir 30 minutos para passar seu pitch e coletar o feedback de seu interlocutor.

Use uma combinação de slides e informações impressas

O ideal é entregar o Quadro Lean e o roteiro de tração impressos para evitar interrupções enquanto você conduz seu interlocutor por uma apresentação de dez slides. Você encontrará um modelo para a apresentação de slides na próxima seção.

Use a regra 20/80

Passe 20% do tempo (5 minutos) apresentando seu pitch e o tempo restante pedindo feedback.

Apresente o pitch do modelo de negócio em cinco minutos. O objetivo do pitch não é se aprofundar em detalhes, mas apresentar uma descrição clara e concisa do modelo de negócio.

Feito isso, ouça o que seu interlocutor tem a dizer. Depois de sua apresentação de cinco minutos, peça feedback e ouça com atenção. Veja se o seu interlocutor conseguiu entender o modelo de negócio. Caso ele tenha ficado confuso com algum ponto e tenha pedido esclarecimentos, responda às perguntas e faça anotações para melhorar essa parte de seu pitch.

Tome cuidado com o "paradoxo do conselheiro"

Peça conselhos a dez pessoas e você poderá receber dez conselhos muito diferentes e conflitantes. Vejo isso acontecer o tempo todo em aceleradoras. Seu trabalho não é seguir todos os conselhos que recebe, mas internalizá-los, sintetizá-los e aplicá-los.

TOME NOTA

Dê um pedestal a qualquer pessoa, e ela se transformará em um crítico.

Se alguém lhe der soluções excessivamente impositivas, tente descobrir a sequência de crenças que levou ao conselho. O conselho se baseia em um salto de fé, em relatos subjetivos ou em um aprendizado profundo?

Recrute bons conselheiros

Um bom coach/mentor deve se concentrar em fazer as perguntas certas, em vez de tentar lhe dar as soluções certas. Se você encontrar um, faça de tudo para mantê-lo. O empreendedorismo é uma jornada que você percorre com mais qualidade se estiver acompanhado.

O PITCH DE DEZ SLIDES DO MODELO DE NEGÓCIO

O modelo de apresentação de slides que forneço aqui segue a mesma ordem usada para testar seus modelos: a ideia é você se voltar à desejabilidade, à viabilidade e à praticabilidade de sua ideia, nessa ordem. As seções a seguir mostram o que abordar em cada slide.

Desejabilidade

Os primeiros slides devem abordar os tópicos a seguir.

Slide 1: Por que agora (gatilho de troca)

O que mudou no mundo para que este seja o momento certo para sua ideia? A resposta a essa pergunta muitas vezes é uma mudança macro ou uma tendência global que todos conhecem, como as mudanças climáticas, o advento da internet ou uma pandemia que desestabiliza e potencialmente rompe com antigas maneiras de realizar a tarefa.

Slide 2: O que está em jogo (oportunidade de mercado)

Se as coisas forem deixadas inalteradas (se ninguém fizer nada), o que estará em jogo? Uma oportunidade pode ser apresentada em termos de uma dor (crise/perda) ou de um ganho (aspiração/benefício).

Slide 3: O que está quebrado (o problema)

É aqui que você apresenta as alternativas existentes e descreve por que elas não são adequadas para o evento desencadeador em questão. Seu trabalho aqui é demonstrar que as alternativas existentes não são soluções viáveis.

Slide 4: A correção (sua solução)

Agora você apresenta a ideia inovadora e descreve sua nova abordagem (a solução) para resolver o problema e como ela está ajudando seus clientes a alcançar os resultados desejados (proposta única de valor).

Viabilidade

Os próximos slides devem fornecer as informações a seguir.

Slide 5: Seu fosso (vantagem injusta)

Agora que você contextualizou a solução e explicou a proposta única de valor, os investidores vão querer saber como você se defenderá dos imitadores e da concorrência. É neste ponto que você:

- apresenta sua vantagem injusta, se você já tiver uma;
- apresenta sua história de vantagem injusta, se estiver trabalhando para conquistar uma;
- é sincero e declara que não tem uma vantagem injusta, mas está em busca dela.

Slide 6: Como você ganha dinheiro (fluxo de receita)

Em seguida, explique como seu modelo de negócio funciona. Descreva quem são seus clientes (se tiver mais de um ator em seu modelo de negócio) e como o valor monetizável é capturado (fluxos de receita).

Slide 7: Seus principais marcos (métricas-chave)

É aqui que você demonstra como ganhará tração. Use o roteiro de tração para apresentar sua meta de critério mínimo de sucesso de três anos e destacar os marcos mais importantes ao longo do caminho.

Praticabilidade

Os tópicos a serem abordados nos últimos slides são descritos a seguir.

Slide 8: Seu progresso atual (plano de lançamento)

Indique seu progresso atual no roteiro de tração e apresente o plano de implantação "agora-em seguida-depois". Se ainda estiver começando, posicione-se na linha de partida do roteiro de tração.

Slide 9: Como você vai alcançar o sucesso (a equipe)

Este é um bom momento para contar sua história de origem e apresentar sua equipe fundadora, se tiver uma. Se ainda não tiver uma equipe, identifique as principais habilidades das quais precisará em sua equipe fundadora para lançar seu produto.

Slide 10: Sua chamada para ação (o pedido)

O conteúdo deste slide depende muito do público de seu pitch e de seu objetivo. Se a ideia for receber conselhos, peça feedback. Se estiver tentando vender sua ideia, diga com clareza do que você precisará a seguir.

STEVE COMPARTILHA O PITCH DE SEU MODELO DE NEGÓCIO

"A diferença foi gritante." Steve está atualizando Mary sobre a rodada de apresentações da história de seu modelo de negócio.

"Procurei várias das mesmas pessoas com quem eu tinha falado no ano passado para tentar convencê-las a entrar na minha startup ou investir nela. Desta vez, fiz o que você sugeriu e fiz o pitch para aprender, não para tentar vender a minha ideia. Também incluí um resumo do meu pitch de elevador no e-mail."

"E o que aconteceu?", pergunta Mary.

"Bom, todos eles responderam na hora, e tive a chance de falar com todos eles. Ao contrário da outra vez, meu pitch foi recebido com acenos de cabeça em vez de olhares vazios. Acho que duas coisas fizeram toda a diferença. A primeira foi ter mandado de antemão meu pitch de elevador. Da última vez, minha ideia era lançar uma plataforma de tecnologia, e acho que para eles foi difícil ver meu público-alvo. Ficamos andando em círculos, fazendo um brainstorming de possíveis segmentos de clientes e casos de uso. Desta vez, eles foram à reunião já cientes do contexto e ansiosos para mergulhar de cabeça."

"Que bom saber disso. E qual foi a segunda coisa?", quer saber Mary.

"A segunda coisa foi a combinação do roteiro de tração com o plano 'agora-em seguida-depois'. Da última vez, eu queria lançar minha visão grandiosa (meu estágio 3) sem ter um roteiro claro de como chegar lá. Dá para entender por que eles não conseguiram ligar os pontos. Para falar a verdade, nem eu conseguia ver direito os pontos!", Steve ri.

"Excelente! E em que pé ficaram as coisas depois dessas conversas?"

"Essa é a melhor parte. Duas das pessoas com quem falei eram investidores-anjos que não tinham topado investir no ano passado, mas agora me pediram para entrar em contato quando eu avançar mais no meu plano. Desta vez, os dois prometeram investir, contanto que eu alcance meus critérios de sucesso de encaixe problema/solução."

"Uau, que ótima notícia, Steve! Não estou surpresa. Os investidores-anjo adoram investimentos baseados em estágios, e o roteiro de tração é a ferramenta perfeita para quantificar esses estágios. Um dia desses podemos falar sobre como transformar um pitch de modelo de negócio em um pitch para investidores."

"Seria ótimo! A outra coisa que aconteceu foi que a Lisa e o Josh, que trabalharam com a gente na nossa outra startup, disseram que têm interesse em entrar na equipe como cofundadores."

"Fantástico! As últimas notícias que eu tive deles foi que o Josh tirou uma folga depois da aquisição, e parece que a Lisa assumiu um cargo sênior de marketing em uma grande empresa..."

"Sim, tentei recrutá-los como cofundadores no ano passado, mas eles não se interessaram. Desta vez acho que consegui. Como você sabe, Josh é um designer espetacular de experiência do usuário e já deu algumas ideias na nossa reunião que mal posso esperar para implementar. E Lisa sempre foi um talento natural em vendas e marketing.

Essas duas áreas são o meu calcanhar de Aquiles. Os dois querem ver um jeito de começar em meio período e dar o salto mais para a frente."

"São excelentes notícias, Steve! Estou muito empolgada com a possibilidade de Lisa e Josh fazerem parte da sua equipe fundadora. Os dois são espetaculares em suas áreas e serão o complemento perfeito para as suas habilidades. O timing também é perfeito, já que você está pronto para fazer a transição do design para a validação do modelo de negócio."

"Também estou animadíssimo. Eu até me acostumei a trabalhar como fundador solo, mas mal posso esperar para acelerar as coisas. Já começamos a discutir todas as áreas que precisam de atenção e, com três pessoas na equipe, podemos dividir o trabalho e fazer muito mais."

"Hummm... tudo isso parece muito bom na teoria, mas a realidade é que vocês vão conseguir fazer mais se trabalharem em menos coisas em equipe do que em mais coisas separadamente."

Um olhar confuso surge no rosto de Steve. "Acho que não entendi o que você quer dizer."

"Especialmente em uma startup em estágio inicial, a abordagem de dividir para conquistar dilui ainda mais uma equipe que já está trabalhando com recursos limitados", explica Mary. "Em vez de tentar resolver individualmente três problemas separados, vocês serão muito mais eficazes se priorizarem seu problema número 1 e o resolverem em equipe."

"Faz sentido... Mas uma startup não tem centenas de problemas para resolver? Como podemos identificar nosso problema número 1?", indaga Steve.

"Aplicando o pensamento sistêmico", esclarece Mary. "Seu modelo de negócio é um sistema. E, em qualquer sistema, sempre há uma única restrição ou elo mais fraco reduzindo o rendimento. Tentar otimizar todas as etapas não é a maneira mais eficaz, porque o rendimento como um todo sempre será prejudicado pela etapa mais lenta. Para aumentar o rendimento, basta corrigir a etapa mais lenta e depois procurar a segunda etapa mais lenta para corrigir."

"Ei, essa não é a Teoria das Restrições de Goldratt?", interpela Steve.

"Isso mesmo. E é igualmente aplicável à fábrica de clientes. A qualquer dado momento, o objetivo sempre é aumentar o rendimento (ou tração). Seu trabalho é encontrar a etapa limitante, ou restrição, da fábrica de clientes e corrigi-la. Pode até ser fácil identificar a restrição usando métricas, mas nem sempre é fácil saber como eliminá-la. É aqui que entra a alavancagem do pleno potencial da sua equipe. É claro que vocês também vão ter outras coisas para cuidar, mas tentem alocar 80% de seus recursos o tempo todo na eliminação de sua restrição limitante."

"Se bem me lembro do que aprendi nas aulas de teoria de sistemas, essas restrições não mudam com o tempo?", questiona Steve.

Mary ri. "Sim, e as mudanças são imprevisíveis. Uma vez que você tenha um número suficiente de pessoas se cadastrando para usar seu produto, será impossível prever onde surgirá a próxima restrição sem usar métricas e analytics. Imagine tentar encontrar a etapa mais lenta em uma fábrica sem ter nenhum dado."

"Entendi.... E com que frequência devemos reavaliar nossas restrições?", pergunta Steve.

"Como todo sistema tem pontos de lentidão, o ideal é monitorar suas métricas semanalmente, mas não deixe de dar tempo suficiente para a fábrica de clientes se estabelecer um pouco antes de tomar qualquer grande decisão sobre o modelo de negócio. O Modelo de Inovação Contínua sugere usar ciclos de 90 dias para tomar esse tipo de grandes decisões sobre o modelo de negócio – 90 dias é tempo bastante para atingir uma meta de tração considerável, mas ainda curto para você poder ir corrigindo o curso pelo caminho."

"Já faz 18 meses que estou trabalhando neste projeto, e parece que passou em um piscar de olhos. Três meses passam voando."

"Com certeza, especialmente porque você divide cada ciclo de 90 dias em seis sprints de duas semanas."

"Sprints? Como a metodologia Scrum/Ágil?", sugere Steve.

"Está mais para Ágil++", responde Mary. "Como vimos, no Modelo de Inovação Contínua, o modelo de negócio é o produto. Então, em vez de usar a velocidade de construção como medida de progresso em cada sprint, você usa a velocidade de tração."

"Interessante... Você sabe o que vou perguntar a seguir, não é?"

Mary sorri. "Acho que sim. Vou mandar um e-mail ainda hoje com todos os detalhes sobre os ciclos de 90 dias."

"Muito obrigado, Mary!"

PARTE II:
VALIDAÇÃO

Era uma fria manhã de janeiro de 2012, quase quatro meses depois de lançarmos o Quadro Lean como ferramenta on-line. Eu estava revisando nossas métricas de produto semanais enquanto tomava uma xícara de café, como sempre faço nas segundas de manhã.

E lá estava de novo.

Eu já havia passado quatro semanas seguidas monitorando uma tendência que estava me incomodando muito – nossa taxa de ativação vinha caindo progressivamente.

Definimos *ativação* como um usuário concluindo seu Quadro Lean inicial. É uma métrica de marco crucial, porque serve como indicador antecedente para o engajamento contínuo. Os usuários que concluem seu Quadro Lean na primeira semana geralmente voltam para explorar mais o produto. Os que não concluem quase nunca voltam.

Naquele dia, nossa taxa de ativação estava em pouco menos de 35% – uma queda enorme em relação ao pico de 80% logo depois do lançamento. Isso significava que, para cada 100 pessoas que se cadastravam, 65 provavelmente nunca mais voltariam!

Ainda mais preocupante era que sabíamos desse problema havia semanas e não ficamos de braços cruzados. Nas últimas quatro semanas, pedi ao meu designer para implementar várias melhorias de usabilidade, a fim de aprimorar as etapas do fluxo de ativação nas quais víamos as maiores desistências.

No entanto, nada parecia fazer qualquer diferença. E as coisas continuavam piorando. Não importava o que fizéssemos, parecíamos incapazes de ultrapassar um determinado "teto de realização" (Figura II.1).

Figura II.1. *O típico ciclo de vida de um experimento*

Parecia uma cena do filme *Feitiço do tempo*, no qual o protagonista, interpretado por Bill Murray, é forçado a reviver o mesmo dia até ter um insight revelador sobre si mesmo.

O resto da equipe estava ocupado desenvolvendo outros aspectos do produto. Tínhamos decidido que cada um se concentraria em uma área específica:

- meu foco principal era impulsionar o cadastro de novos usuários, produzindo conteúdo e fazendo workshops;
- os outros desenvolvedores estavam encarregados de construir algumas outras ferramentas para complementar o Quadro Lean;
- diante de todas essas demandas, nosso designer estava sobrecarregado.

Naquele momento, percebi que essa abordagem de dividir para conquistar não estava dando certo. É bem verdade que vivíamos ocupadíssimos, mas nossos esforços estavam diluídos e nem todos estavam focados na coisa certa – consertar a ativação.

Era hora de adotar uma abordagem completamente diferente.

CONCENTRE-SE EM SEU ELO MAIS FRACO

Chamei a equipe para uma reunião e sugeri que *a equipe inteira* se concentrasse no problema da ativação, que era o gargalo (a principal restrição) do nosso modelo de negócio (Figura II.2). Dedicar atenção demais a outras áreas não estava sendo produtivo, porque:

- mesmo se conseguíssemos cadastrar mais usuários, acabaríamos perdendo 65% deles depois da primeira semana;
- mesmo se construíssemos mais ferramentas, 65% dos nossos usuários nunca chegariam a usá-las.

Precisávamos resolver a ativação primeiro.

Figura II.2. *Consertar seu elo mais fraco é a única coisa que importa*

A equipe entendeu meu ponto, mas quis saber como priorizar as outras iniciativas. Como não podíamos deixar a peteca cair com todo o resto, concordamos com uma nova política: *focaríamos 80% da nossa atenção em eliminar as principais restrições e 20% da nossa atenção em todas as outras tarefas.*

Evite a maldição da especialização

Em seguida, a discussão se voltou para possíveis soluções, e algo surpreendente aconteceu:

- meus desenvolvedores começaram a propor mais soluções para construir;
- meu designer começou a propor mais soluções de design;
- o cara do marketing disse que queria fazer mais marketing.

Essa é a *maldição da especialização* – uma variante do nosso velho inimigo, o Viés do Inovador.

---**TOME NOTA**---

Quando você é bom em usar um martelo, começa a achar que tudo é um prego.

Estávamos andando em círculos. Então interrompi a reunião e sugeri que, em vez de fazer um brainstorming em grupo, passaríamos alguns dias pensando individualmente em propostas para eliminar essa restrição.

Identifique problemas

Antes de concluir a reunião, enfatizei que nossa equipe era pequena e só poderíamos escolher uma ou duas campanhas para trabalhar de cada vez. Propus uma votação para escolher as propostas mais promissoras.

Para uma campanha ser escolhida, ela precisaria passar no teste de viabilidade da solução e, ainda mais importante, teria que *ajudar a resolver os problemas que a solução proposta abordaria*.

Combinamos de fazer outra reunião na sexta-feira.

Gere um conjunto diverso de possíveis soluções

Até então, eu era o único encarregado de pensar em possíveis soluções para esse problema, e elas claramente não estavam funcionando.

Eu sabia que precisávamos pensar em uma gama mais ampla de ideias, e foi por isso que convoquei a reunião – mas o brainstorming em grupo não foi a resposta. O brainstorming em grupo degringola rapidamente no pensamento de grupo, ou as pessoas com mais autoridade (os HiPPOs) acabam dominando a reunião.

TOME NOTA

HiPPO: sigla de "highest paid person's opinion", ou a opinião da pessoa mais bem paga da sala.

Eu era o HiPPO da sala e, apesar de ter algumas ideias, decidi não as compartilhar na reunião e submetê-las a votação como todo mundo.

A melhor maneira de transformar a especialização de uma maldição em uma bênção é promovendo uma diversidade de ideias usando um *processo de convergência-divergência* (Figura II.3). Com esse processo, as reuniões são usadas apenas para alinhar e tomar decisões – não para discussões abertas ou brainstorming em grupo.

Assim, todos saíram para pesquisar e esboçar algumas possíveis propostas.

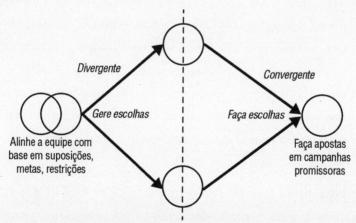

Figura II.3. *O processo de convergência-divergência*

Aposte em suas propostas mais promissoras

Voltamos a nos reunir na sexta-feira, e a equipe havia gerado cerca de dez propostas.

Ao contrário de antes, em vez de apenas apresentarem sua solução, todos foram solicitados a fornecer evidências do problema que haviam identificado e demonstrar como sua solução se encaixava.

O processo de avaliação foi eficiente, rápido e unânime: todos nós escolhemos a "Proposta do Quadro em Branco" submetida por nosso designer.

Ele havia passado os últimos dias fazendo testes rápidos de usabilidade com novos usuários e, depois de apenas sete testes, notou que quase todos hesitavam ao preencher os campos do Quadro Lean. A maioria perguntava se havia algum tipo de guia ou modelo que eles pudessem consultar.

É bem verdade que seria necessário fazer mais testes, mas foi um importante insight que nos permitiu postular a teoria a seguir:

> Nossa taxa de ativação foi tão alta imediatamente após o lançamento porque aqueles usuários eram os adotantes iniciais. Eles já conheciam o Quadro Lean, por meio do meu blog, meus workshops e/ou livro (*Comece sua startup enxuta*). Eles não precisavam de ajuda para preencher um Quadro Lean. Mas, com o tempo, nossa base de usuários foi se ampliando, e esse novo segmento de usuários não tinha esse conhecimento prévio. Eles se viram diante de um quadro em branco sem saber o que fazer.

Com base nessa tese de problema, a solução foi óbvia e simples: precisávamos de uma maneira de ajudar os novos usuários a preencher seu primeiro Quadro Lean.

Teste, teste e teste um pouco mais

Escolhida a campanha, discutimos ideias para a maneira mais rápida de testá-la. Que tal usar pop-ups com instruções, dar aos usuários acesso a um trecho do meu livro ou usar vídeos?

Decidimos criar um vídeo usando slides e conteúdos dos meus workshops para ajudar os novos usuários a preencher seu primeiro Quadro Lean.

Definimos um prazo de duas semanas e botamos as mãos na massa.

Em poucos dias, o vídeo estava pronto e o enviamos como um teste A/B visível apenas a um segmento de novos usuários. Somente metade dos usuários que se cadastraram teve acesso ao vídeo; a outra metade, não. Com isso, ficou fácil isolar e medir a eficácia da solução.

Decida as próximas ações

Ao fim das duas semanas, nos reunimos para analisar os resultados.

Houve uma melhoria mensurável na ativação e um bom engajamento dos novos usuários que assistiram ao vídeo.

O experimento conseguiu fazer uma diferença, e os primeiros resultados nos convenceram a dedicar mais esforços à campanha.

Como uma próxima ação, decidimos estender a campanha para 90 dias e disponibilizamos o vídeo a todos os usuários. Continuamos monitorando métricas para verificar os resultados nessa nova escala.

O vídeo continuou demonstrando sua eficácia: foi compartilhado e linkado por nossos usuários e alcançou centenas de milhares de visualizações no período. Com isso, validamos a eficácia da campanha de vídeo e investimos ainda mais na solução, produzindo outros vídeos e até criando alguns cursos completos.

O Modelo de Inovação Contínua estava começando a tomar forma.

A Parte II deste livro apresenta as etapas necessárias para colocar o Modelo de Inovação Contínua em prática usando ciclos de 90 dias, e mostra como alcançar seu primeiro importante marco de validação: o encaixe problema/solução. Os capítulos desta seção ensinarão você a:

- validar sua ideia usando ciclos de 90 dias (Capítulo 6);
- iniciar seu primeiro ciclo de 90 dias (Capítulo 7);
- conhecer seus clientes melhor do que eles mesmos (Capítulo 8);
- criar sua solução pensando em causar uma troca (Capítulo 9);
- entregar uma Oferta da Máfia que seus clientes não terão como recusar (Capítulo 10);
- fazer uma avaliação do ciclo de 90 dias (Capítulo 11).

CAPÍTULO **6**

VALIDE SUA IDEIA USANDO CICLOS DE 90 DIAS

Traduzir sua ideia em um modelo de negócio ajuda a estabelecer uma base sólida para ela. Contudo, é importante reconhecer que, por maior que seja o apelo do pitch da história de seu modelo de negócio, ele ainda se baseia em um conjunto de suposições não testadas.

A melhor maneira de transformar seu modelo de negócio *planejado* (Plano A) em um modelo de negócio *funcional* é por meio da validação do modelo de negócio.

Muitas equipes adotam uma abordagem do tipo dividir para conquistar ao testar seu modelo de negócio, diluindo seu foco com base nos pontos fortes de cada membro da equipe. No entanto, como no exemplo da Parte II, focar muitas prioridades dilui seus recursos já escassos e está longe de ser o ideal. A melhor maneira de alavancar todo o potencial da equipe é fazer com que todos se concentrem coletivamente no fator mais arriscado em qualquer momento do modelo de negócio (ou seja, sua restrição limitante ou elo mais fraco).

Como identificar corretamente o fator mais arriscado? Muitos empreendedores se limitam a tentar adivinhar suas restrições fazendo uma lista das suposições mais arriscadas e usando a intuição, ou pedindo a opinião de outros "especialistas" – mas essa abordagem é altamente subjetiva e propensa a vieses (seus, da equipe e dos conselheiros).

TOME NOTA

A priorização incorreta dos riscos é uma das maiores formas de desperdício.

Existe uma maneira melhor? A resposta é *sim*. Requer usar uma abordagem baseada em sistemas – especificamente, aplicar a Teoria das Restrições, uma abordagem orientada por restrições para otimizar o sistema, criada por Eliyahu Goldratt e descrita em seu livro revolucionário *A meta*.

A premissa básica da Teoria das Restrições é que, em qualquer dado momento, um sistema é sempre limitado por uma única restrição ou elo mais fraco. Imagine que você foi encarregado de melhorar o rendimento de uma fábrica. Você poderia conversar com os operários ou com os gerentes da linha de montagem para obter informações, mas isso provavelmente resultaria em uma longa lista de problemas e outra longa lista de possíveis soluções. Qual dessas listas você investigaria?

Uma abordagem melhor seria começar pensando na produção da fábrica como uma série de etapas. A ideia é identificar a máquina mais lenta da linha de montagem. A máquina mais lenta representa a restrição limitante atual do sistema. Uma máquina sempre vai ser a mais lenta, e é nela que você encontrará suas suposições mais arriscadas. Tentar melhorar quaisquer outras etapas não vai melhorar o rendimento da fábrica, porque é a máquina mais lenta que está limitando o rendimento do sistema. Tentar conduzir outras etapas é cair na armadilha de otimização prematura.

Quando as pessoas identificam uma restrição limitante, tendem a tentar eliminar a restrição obtendo mais recursos – por exemplo, contratando mais operários ou comprando mais máquinas. É verdade que essas soluções eliminarão a restrição, mas também podem ser um desperdício desnecessário. E se você pudesse eliminar a restrição apenas treinando seus operários atuais ou fazendo a manutenção da máquina mais lenta?

ABORDAGEM Nº 6
As restrições são uma oportunidade.

Do ponto de vista dos sistemas, as restrições constituem oportunidades e são a chave para praticar a abordagem da "ação certa na hora certa":

- definir o sistema como uma série de etapas ajuda a identificar a restrição limitante;
- identificar corretamente a restrição limitante direciona o foco;
- chegar às principais causas da restrição limitante indica possíveis maneiras de eliminar a restrição e aumentar o rendimento do sistema.

Essa mesma abordagem baseada em restrições pode ser usada para identificar as suposições mais arriscadas do modelo de negócio.

Estendendo um pouco essa ideia, assim que você consegue eliminar a restrição limitante de um sistema, essa restrição passa (muitas vezes de forma imprevisível) para uma parte diferente do sistema. Se você não ficar atento e não perceber a mudança, é muito fácil cair na armadilha da superotimização, que resulta em retornos decrescentes de seus esforços de otimização.

Também é inevitável o modelo de negócio mudar com o tempo, assim como o fator mais arriscado do modelo de negócio. A melhor maneira de otimizar e expandir sistematicamente o modelo de negócio é estabelecer uma cadência regular para rever continuamente os objetivos, as suposições e as restrições do modelo de negócio com sua equipe.

ABORDAGEM Nº 7
Nunca deixe de prestar contas externamente.

É aqui que entram os ciclos de 90 dias.

O CICLO DE 90 DIAS

Um ciclo de aproximadamente 90 dias representa a cadência certa para forçar você, a equipe e o modelo de negócio a prestar contas externamente. É um tempo longo o suficiente para assumir uma tarefa significativa e fazer progressos mensuráveis (obter tração) e curto o bastante para gerar um senso de urgência.

Usar uma cadência de 90 dias divide a jornada de três anos para atingir a meta de critério mínimo de sucesso em *apenas doze ciclos de 90 dias* (Figura 6.1). Cada ciclo de 90 dias se baseia em atingir uma meta de tração, capturada como seus objetivos e resultados-chave (OKRs, na sigla em inglês) e que é extrapolada com base em seu roteiro de tração. Ter um objetivo claro, aliado a seus modelos e métricas, alinha a equipe em torno de uma missão comum, mantendo-a aberta a explorar várias maneiras de atingir o objetivo, executadas por meio de uma ou mais campanhas.

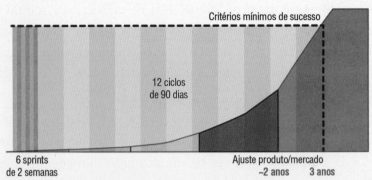

Figura 6.1. *Metas, ciclos e sprints*

―――― **TOME NOTA** ――――――――――――――――

Uma campanha é uma proposta para atingir ou se aproximar dos objetivos e dos resultados-chave de seu ciclo de 90 dias (meta de tração) dentro do prazo de 90 dias.

―――――――――――――――――――――――――

Considerando que uma única campanha pode não ser suficiente para atingir seu objetivo, você não raro terá que executar várias campanhas ao mesmo tempo, ou uma após a outra, no decorrer de um ciclo de 90 dias. Cada campanha é dividida em uma série de sprints de duas semanas. Os sprints não apenas propiciam mais estrutura, como também fornecem ciclos de feedback mais curtos para testar iterações em suas campanhas usando experimentos pequenos e rápidos. Recapitulando:

- As metas definem a missão.
- As campanhas definem as estratégias para atingir as metas.
- Os sprints testam essas estratégias.

Um típico ciclo de 90 dias

Um típico ciclo de 90 dias é organizado em três fases: modelagem, priorização e testes (Figura 6.2). As duas primeiras semanas do ciclo de 90 dias são reservadas para a modelagem e a priorização. É aqui que você alinha sua equipe em torno de objetivos e resultados-chave de 90 dias compartilhados e seleciona suas campanhas mais promissoras. As dez semanas restantes do ciclo de 90 dias são usadas para testar suas campanhas.

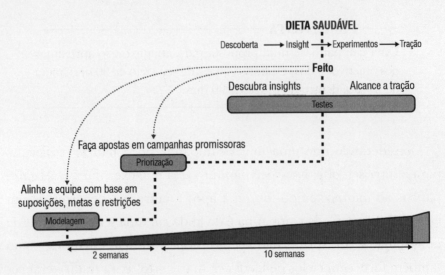

Figura 6.2. *Um típico ciclo de 90 dias*

O ciclo de 90 dias termina com uma avaliação na qual vocês olham para trás, analisam o que fizeram e o que aprenderam e decidem o que fazer a seguir, dando início ao próximo ciclo.

Vamos dar uma olhada nessas etapas em mais detalhes.

Modelagem

Na fase de modelagem, você alinha sua equipe em torno dos *principais objetivos, suposições e restrições*. No início de cada ciclo, você convoca uma *reunião de lançamento do ciclo de 90 dias* para dar o pontapé inicial e definir os objetivos e resultados-chave (OKRs) do ciclo. Esta é a etapa da *convergência* do processo de convergência-divergência.

Você começa com os modelos criados na fase de design do modelo de negócio. À medida que avança, é imprescindível manter esses modelos atualizados regularmente no decorrer dos ciclos, já que eles evoluem com o tempo. Ao contrário dos planos detalhados, como *business cases*, planilhas de projeção e roteiros de produto, esses modelos foram deliberadamente projetados para serem simples, de modo que você possa mantê-los atualizados com relativa rapidez e facilidade.

Além de manter seus modelos atualizados, você também precisará começar a fazer o benchmarking de seu modelo de negócio usando métricas. Quando começa a trabalhar em uma nova ideia, todas as métricas iniciais partem do zero. Seu primeiro objetivo é colocar a fábrica de clientes em funcionamento. As restrições seguirão uma ordem relativamente previsível, correspondendo às típicas etapas do ciclo de vida do cliente:

1. aquisição;
2. ativação;
3. retenção;
4. receita;
5. recomendação.

Entretanto, uma vez que sua fábrica de clientes estiver em funcionamento – ou seja, quando você começar a interagir com os clientes –, suas restrições passarão a evoluir de maneira bastante imprevisível. A única maneira de identificar com segurança as restrições (e as suposições mais arriscadas) é pela análise sistemática das métricas atuais. Lembre que tentar adivinhar as suposições mais arriscadas é um exercício sujeito a vieses, e um erro de diagnóstico é um caminho certo para o desperdício. Darei algumas orientações sobre como medir essas métricas mais adiante neste capítulo.

Priorização

A próxima fase é a priorização, quando você aposta nas campanhas mais promissoras. Depois do lançamento do ciclo de 90 dias, a equipe faz uma pausa para analisar individualmente a restrição e formular propostas de campanha para atingir os objetivos do ciclo.

Em seguida, todos apresentam suas propostas de campanha em uma *reunião de planejamento do ciclo de 90 dias*.

Um pitch de campanha deve:

- identificar possíveis causas para a restrição;
- resumir o problema apresentando evidências;
- propor uma possível solução;
- relacionar alguns resultados esperados.

Em geral, não é possível trabalhar em todas as campanhas propostas, de modo que a equipe escolhe, por votação, as campanhas mais promissoras a serem executadas durante cada ciclo de 90 dias.

ABORDAGEM Nº 8
Faça muitas pequenas apostas.

Pelas razões discutidas, faz muito sentido restringir o número de campanhas escolhidas. Uma boa regra para determinar quantas campanhas selecionar para um determinado ciclo de 90 dias é dividir o número de integrantes da equipe por dois. Por exemplo, uma equipe de cinco pessoas deve ter como objetivo executar até duas, não mais que três, campanhas por ciclo.

Ao contrário do planejamento de produto tradicional, o objetivo aqui não é elaborar planos detalhados e prontos para executar, mas identificar as campanhas mais promissoras, que são avaliadas em paralelo.

O restante do ciclo de 90 dias (10 semanas) é dividido em cinco sprints de duas semanas, a fim de testar e refinar ainda mais essas apostas de campanha.

ABORDAGEM Nº 9
Tome decisões baseadas em evidências.

Testes

Selecionadas as campanhas, vocês passam para a fase de testes. Os autores da campanha criam experimentos, formam subequipes e atribuem tarefas. Feito isso, o primeiro sprint é oficialmente lançado.

Quando as pessoas pensam em testes, elas normalmente só se referem a experimentos avaliativos. São experimentos nos quais testamos um conjunto de suposições de entrada (ou hipóteses) em relação a um resultado esperado, como "Se eu fizer X, espero obter/alcançar Y". Por exemplo:

1. se eu lançar meu produto, conseguirei 100 novos clientes pagantes;
2. se eu executar este anúncio, ele gerará 1.000 cadastros;
3. se eu construir este recurso, reduzirei a taxa de abandono em 40%.

Os experimentos avaliativos são *experimentos de tração* que associam os resultados esperados a uma das cinco etapas da fábrica de clientes (as "métricas do pirata"; veja o Capítulo 3). Mas se apressar para executar experimentos avaliativos não costuma ser a melhor abordagem. Isso acontece porque a utilidade dos resultados obtidos com esses experimentos é diretamente proporcional à qualidade de suas hipóteses de entrada. Em outras palavras, se você usar suposições de entrada ruins, vai obter um resultado ruim. Isso levanta a questão: Como você começa com suposições ou hipóteses melhores?

É aqui que entram os experimentos generativos. São *experimentos de descoberta* que ajudam a captar novos insights ou segredos. Esses insights não costumam ser muito claros no início e são cruciais para alcançar a inovação e impulsionar a tração.

ABORDAGEM Nº 10

Um avanço revolucionário requer resultados inesperados.

Os experimentos generativos ou de descoberta revelam informações importantes que ajudam a formular hipóteses melhores, as quais você deve verificar usando experimentos avaliativos ou de tração.

Essa descoberta antes da tração requer uma série de etapas, que chamo de "Arte da Testagem".

Boas campanhas de validação devem começar com problemas antes das soluções ou, em outras palavras, com a descoberta antes da tração. Como aumentar a tração é o objetivo final de toda campanha, cada campanha deve vincular os resultados a uma ou mais métricas da fábrica de clientes (as "métricas do pirata").

Ao criar o design de qualquer campanha, considere as sete perguntas a seguir.

1. Descoberta: Há um problema fundamental que vale a pena resolver?
2. Aquisição: Há um número suficiente de pessoas interessadas/impactadas?
3. Ativação: A campanha entrega valor?
4. Retenção: As pessoas voltam?
5. Receita: Qual é o impacto (sobre a receita ou alguma outra métrica significativa)?
6. Recomendação: As pessoas contam às outras?
7. Tração: A tração aumentou?

Como não costuma ser possível responder a todas essas perguntas em um único sprint de duas semanas, em geral as campanhas são testadas em uma série de sprints. Como veremos no próximo capítulo, a "Arte da Testagem" constitui um bom modelo para decidir o que testar em cada sprint de uma campanha.

Prepare-se para seu primeiro ciclo de 90 dias

Agora que já cobrimos o funcionamento dos ciclos de 90 dias, vamos falar sobre alguns pré-requisitos para executar ciclos eficazes.

Monte a equipe certa

Você pode começar a construir um produto sozinho, mas é importante ter em mente que, em geral, chega um ponto em que seu progresso será limitado pelo tempo que você tem disponível (afinal, o dia tem apenas 24 horas), por seu conjunto de habilidades (a maldição da especialização) ou por sua visão de mundo (outros vieses).

Pelas razões que já abordamos, é importantíssimo colocar como prioridade montar uma equipe com conjuntos de habilidades multifuncionais e visões de mundo multidisciplinares. No mínimo, tenha uma pessoa que possa ajudá-lo de tempos em tempos a cair na real caso você saia dos trilhos. O ideal seria essa outra pessoa ser um cofundador, mas conselheiros, investidores e até um conselho de administração improvisado composto de outros fundadores também podem exercer esse papel.

TOME NOTA

O sucesso do estágio inicial depende de boas equipes, não de boas ideias.

Uma boa equipe é capaz de reconhecer e eliminar rapidamente ideias ruins, além de encontrar boas ideias. Uma equipe ruim é incapaz de distinguir uma ideia boa de uma ruim e passa tempo demais tentando concretizar ideias ruins ou não sabe o que fazer com as boas.

Como montar uma boa equipe sempre leva mais tempo que o esperado, é bom começar assim que puder, contando a história de seu modelo de negócio a possíveis candidatos, como Steve fez.

Veja algumas orientações adicionais para levar em conta ao montar sua equipe.

Esqueça os departamentos tradicionais

Em uma startup em estágio inicial, departamentos tradicionais como "Engenharia", "Controle de Qualidade", "Marketing" e assim por diante podem acabar atrapalhando e gerando um atrito desnecessário. Além disso, quando os resultados são produzidos em silos e orientados por diferentes conjuntos de indicadores-chave de desempenho (KPIs) internos, o rendimento do negócio pode acabar comprometido à custa dessas métricas locais. Por exemplo, uma equipe de vendas incentivada por comissões costuma ser impulsionada pelo número de vendas fechadas, não pela aprendizagem ou pela descoberta.

É muito melhor ter uma única equipe fundadora organizada em torno da missão compartilhada de atingir as metas de tração.

Comece com uma equipe mínima viável

A lei de Metcalfe diz que "o valor de um sistema de comunicação cresce aproximadamente na razão do quadrado do número de usuários do sistema". Aplicando essa lei a equipes de projeto, temos que:

> A eficiência de uma equipe é de aproximadamente o inverso do quadrado do número de membros da equipe.
>
> – Marc Hedlund, diretor de produtos da Wesabe

À medida que uma equipe cresce, a comunicação se degrada e se transforma em pensamento de grupo. Não faltam argumentos em prol de desenvolver seu produto mínimo viável com a menor equipe possível, incluindo:

- a comunicação é mais fácil;
- você acaba minimizando as funcionalidades/recursos do produto;
- você mantém os custos baixos.

Uma boa regra para definir o tamanho ideal da equipe é instituir a "regra das duas pizzas":

> Qualquer equipe deve ser pequena o suficiente para ser alimentada com duas pizzas.
>
> – JEFF BEZOS, FUNDADOR DA AMAZON

Na prática, a maioria dos novos projetos começa com uma equipe mínima viável (equipe fundadora) de duas a três pessoas e cresce para uma equipe central de cinco a sete pessoas. A partir desse número, recomendo dividir as pessoas em pequenas equipes completas, mas ainda organizadas em torno da missão compartilhada de obter a tração.

Boas equipes são completas

Mais importante que o número de integrantes da equipe é ter os talentos certos para fazer iterações rapidamente. Se vocês dependerem de recursos externos compartilhados para realizar o trabalho, a velocidade de aprendizagem será afetada.

Gosto de visualizar uma equipe completa como uma combinação das funções a seguir: hacker, designer e vendedor. Se não gosta desses termos, pode usar estas alternativas:

- hacker, hipster, hustler;
- desenvolvedor, designer, negociador;
- construtor, designer, comerciante;
- ou o que você preferir.

Você não precisa necessariamente de três pessoas para formar uma equipe mínima viável. É possível encontrar essas três funções em apenas duas pessoas e às vezes até em uma pessoa só.

Veja a seguir como eu as defino.

Hacker

Se você estiver criando um produto, vai precisar de uma equipe com bons conhecimentos sobre desenvolvimento de produto. É imprescindível ter experiência na criação de produtos, bem como conhecimento na tecnologia específica que você estiver usando.

Designer

O design se refere a estética e usabilidade. Em mercados mais novos, a funcionalidade pode ser mais importante que a forma; contudo, vivemos em um mundo cada vez mais "design-cêntrico", de modo que é impossível ignorar a forma. Além disso, um produto não é uma mera coletânea de recursos e funcionalidades, mas uma série de fluxos de utilização. Você vai precisar de pessoas capazes de fornecer a experiência certa que corresponda à visão de mundo dos clientes.

Vendedor

Todo o resto é marketing (e vendas). O marketing orienta a percepção externa do produto (ou seja, o que as pessoas pensam sobre ele), e você precisa de pessoas capazes de se colocar na pele do cliente. É indispensável garantir que alguém da equipe tenha experiência com redação publicitária e comunicação, bem como conhecimento de métricas, precificação e posicionamento.

Boas equipes têm superpoderes que se sobrepõem

Uma equipe completa precisa de uma boa combinação dos conjuntos de habilidades do hacker, do vendedor e do designer (Figura 6.3).

Veja como mapear a sobreposição. Peça que cada membro da equipe diga quais são seus dois principais superpoderes. Por exemplo, meu maior superpoder é vendedor e o segundo maior é hacker, o que pode ser descrito como *vendedor-hacker*. Se eu quisesse incluir um cofundador, completaria minha equipe convidando um *hacker-designer* ou um *designer-hacker*.

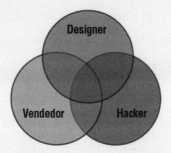

Figura 6.3. *A equipe central*

Tome cuidado para não terceirizar seus principais conjuntos de habilidades

Muitas equipes tentam terceirizar uma ou mais dessas três áreas, o que costuma ser uma péssima ideia. Você até pode conseguir terceirizar um protótipo inicial ou demo, mas tome cuidado ao se colocar à mercê da agenda de terceiros, porque isso pode reduzir sua capacidade de fazer iterações e aprender com rapidez.

DICA

Uma coisa que você nunca deve terceirizar é a aprendizagem.

Boas equipes prestam contas

Sua equipe central precisa ser empoderada no sentido de fazer o que for necessário para atingir a meta. Se ela for forçada a viver pedindo autorização para testar ideias, isso afetará a velocidade. No entanto, o outro extremo – dar total autonomia a uma equipe, sem que as pessoas precisem prestar contas a ninguém – também é perigoso. Esse é o modelo tradicional do *skunk work* ou de P&D, no qual a equipe recebe uma grande verba e é encarregada de "inovar". Uma coisa é certa: não vai sobrar nem um centavo.

Essas equipes, em geral, trabalham isoladas em um ambiente mais criativo para não serem contidas pela mentalidade do negócio legado. A princípio, a ideia pode parecer boa, mas, quando esse tipo de autonomia é deixado sem restrições, as paixões individuais (ou vieses) também podem mostrar seu lado mais danoso.

A analogia do intraempreendedorismo no espaço sideral

Pense no intraempreendedorismo como o lançamento de uma sonda exploratória no espaço. Se a sonda for longe demais, ela se perderá, acabará ficando sem recursos e terá uma morte silenciosa.

Mesmo que você consiga trazer a sonda de volta, o que voltará provavelmente será tão diferente do negócio central que você corre o risco de ser demitido.

Para ter sucesso, você não deve almejar o espaço profundo, mas orbitar em um alvo específico (apesar de vago) e manter uma comunicação frequente com um patrocinador executivo no planeta natal.

O alvo estabelece uma meta que vale a pena tentar atingir. A comunicação periódica e a prestação de contas administram as expectativas e garantem um retorno seguro.

Adaptado de uma conversa com Manish Mehta, um dos primeiros intraempreendedores da Dell.

O equilíbrio certo é a semiautonomia, ou seja, estabelecer um sistema de prestação de contas que dê à equipe autonomia para explorar soluções, ao mesmo tempo que a ancora em determinadas restrições e metas do modelo de negócio central.

É fundamental garantir o engajamento dos stakeholders internos e externos durante a implementação do Modelo de Inovação Contínua.

Se você trabalhar em uma startup, esses stakeholders podem ser conselheiros externos e/ou investidores. Em um ambiente corporativo, podem ser especialistas ou executivos patrocinando o projeto. Mesmo se você for um empreendedor autofinanciado, recomendo enfaticamente criar algum tipo de conselho improvisado para esse fim.

Boas equipes usam bons coaches

Além dos stakeholders, a maioria das equipes que não têm experiência com o Modelo de Inovação Contínua também obterá vantagens da ajuda de um coach/facilitador externo que não faz parte da equipe central nem é um dos principais stakeholders. Ao contrário dos stakeholders e dos especialistas na área (conselheiros), um coach se concentra em *fazer as perguntas certas, não em dar as respostas certas*. Isso é crucial para manter os vieses sob controle e identificar objetivamente as restrições certas a serem eliminadas. Até Steve Jobs, Larry Page e Eric Schmidt tiveram um coach.* Todas as metodologias convencionais de hoje – incluindo o Scrum, a Metodologia Ágil e o Lean Six Sigma – se popularizaram e evoluíram por meio do trabalho de incontáveis coaches. O mesmo pode ser dito do Modelo de Inovação Contínua.

Montar a equipe certa é o primeiro passo. O próximo é estabelecer uma cadência regular de relatórios.

Estabeleça uma cadência regular de relatórios

Embora o Quadro Lean e o roteiro de tração sejam os modelos simplificados perfeitos para definir, medir e comunicar o progresso em relação ao modelo de negócio e garantir a prestação de contas, eles só funcionam se você for motivado a reavaliar seus modelos regularmente.

---

* Bill Campbell, ex-jogador de futebol americano e treinador. Conhecido como o Treinador de um Trilhão de Dólares, Campbell ajudou a construir algumas das empresas de maior sucesso do Vale do Silício, incluindo o Google, a Apple e a Intuit.

O problema é que não basta ter motivação. Quando você mergulha fundo no produto, é natural entrar em um estado de fluxo e perder a noção do tempo. Semanas se transformam em meses e anos em um piscar de olhos, como aconteceu com Steve.

Você precisa de algum mecanismo que o force a reavaliar seus modelos e não o leve a depender apenas da motivação. Por isso, é fundamental estabelecer uma cadência regular de relatórios – implementada como um conjunto de cerimônias realizadas durante o ciclo de 90 dias.

O conceito de cerimônias não é novo. Elas também são muito usadas nas metodologias Ágil, Scrum e Design Thinking para promover a comunicação entre a equipe e forçar a prestação de contas. Se você já segue uma dessas metodologias, vai ser fácil adaptar suas cerimônias existentes para incluir os artefatos usados nos ciclos de 90 dias. Caso a sua equipe ainda não realize nenhuma cerimônia, esta é a hora de estabelecer essa estrutura.

Há seis cerimônias em um ciclo de 90 dias (Figura 6.4):

Reunião de lançamento do ciclo de 90 dias

Usada para alinhar a equipe em torno das metas, suposições e restrições mais importantes.

Reunião de planejamento do ciclo de 90 dias

Usada para fazer apostas nas campanhas mais promissoras.

Reunião de planejamento do sprint

Usada para definir experimentos e atribuir tarefas para o próximo sprint.

Reunião diária rápida

Usada como atualização rápida para colocar os membros da equipe a par do andamento das tarefas diárias e levantar quaisquer obstáculos que requeiram atenção.

Reunião de revisão do sprint

Usada para compartilhar os principais aprendizados do sprint.

Reunião de revisão do ciclo de 90 dias

Usada para fornecer um relatório de progresso do ciclo de 90 dias e decidir o que fazer em seguida: pivotar, perseverar ou pausar.

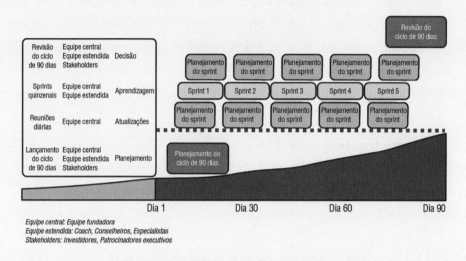

Figura 6.4. *Cadência de relatórios em um ciclo de 90 dias*

OS SETE HÁBITOS PARA REALIZAR EXPERIMENTOS ALTAMENTE EFICAZES

Durante a fase de design do modelo de negócio, você fez experimentos mentais para moldar sua ideia. À medida que se prepara para passar à fase de validação do modelo de negócio, você poderá fazer experimentos reais com os clientes para moldar sua ideia.

Apresentarei a seguir algumas regras básicas que elaborei para criar e executar bons experimentos. Antes de cobrir isso, gostaria de abordar a diferença entre realizar experimentos científicos e experimentos de negócios.

Para começar, os objetivos são diferentes. Os cientistas buscam verdades definitivas para desvendar os mistérios do universo, enquanto os empreendedores buscam verdades temporais para desvendar os segredos (insights) que fazem um modelo de negócio funcionar.

Em segundo lugar, as timelines diferem. Os empreendedores têm um tempo limitado, de modo que precisam priorizar a velocidade da aprendizagem acima de tudo.

Por essas razões, conduzir uma investigação de negócios com o mesmo nível de rigor de uma investigação científica pode ser um exagero em muitos casos. Não faz sentido, nos negócios, aprender apenas por aprender. Nos negócios, o objetivo é gerar resultados (ou seja, tração). A ideia é identificar rapidamente o sinal certo em meio ao ruído e alavancar esse sinal.

Às vezes, testar alguns atalhos intuitivos (ou palpites) pelo caminho é a maneira mais rápida de encontrar esses sinais em meio ao ruído. Como equilibrar esses dois fatores, velocidade e aprendizagem? Adotando sete hábitos para realizar experimentos altamente eficazes nos negócios.

1. Declare seus resultados esperados de antemão

> Se o seu plano for apenas ver o que acontece, sempre terá sucesso em ver o que acontece porque é garantido que algo vai acontecer.
>
> – Eric Ries, *A startup enxuta*

Assim como um cientista não entra no laboratório e começa a misturar um monte de compostos a torto e a direito só para "ver o que acontece", você não pode fazer um experimento sem ter uma ideia do que procura.

Veja como podemos cair nessa armadilha: digamos que você tenha lançado um produto em dezembro e ele não está vendendo porque todo mundo está de férias. Se, dois meses depois, seu produto continuar não vendendo, deve ser porque as pessoas acabaram de voltar de férias e ainda não estão prontas para comprar. Depois vem o Carnaval, e ninguém está pensando em comprar seu produto nesse período. Seguindo esse raciocínio, nunca é um bom momento para vender nada.

TOME NOTA

Basta ser um pouco inteligente para conseguir racionalizar qualquer coisa, mas os empreendedores têm um talento especial nesse sentido.

Para evitar cair nesse tipo de armadilha da racionalização, você precisa adotar uma abordagem mais empírica. Em vez de simplesmente ver o que acontece, é importante comunicar os resultados esperados antecipadamente e levar em conta fatores como a sazonalidade. Entretanto, como muita coisa na vida, é mais fácil dizer do que fazer. Em geral, duas razões nos impedem de declarar nossos resultados esperados de antemão:

- nós odiamos constatar que estávamos errados;
- é difícil fazer suposições bem fundamentadas sobre o desconhecido.

Os próximos dois hábitos ajudarão você a superar essas razões.

2. Faça da declaração de resultados um esporte de equipe

Se você for o fundador ou o CEO de uma empresa, pode não querer fazer declarações ousadas sobre os resultados esperados por querer parecer infalível e no controle de tudo. Você nem precisa ser o CEO para ter esse comportamento: se for um designer propondo um novo design, é muito mais seguro ser vago ao falar sobre os resultados esperados do que declarar um aumento específico nas taxas de conversão e correr o risco de se revelar equivocado nas suas suposições.

A maioria das pessoas evita declarar antecipadamente os resultados esperados porque tendemos a atrelar nosso ego ao nosso trabalho. O ego nos ajuda a prestar contas pelos nossos resultados, mas é um entrave para o aprendizado empírico.

Sei que não é fácil desvincular conscientemente seu ego de seu produto. Afinal, você deve passar a maior parte do tempo trabalhando em seu produto. Contudo, mais cedo ou mais tarde, você chegará a um ponto em que será mais importante construir o produto certo do que estar sempre certo. Essa mudança de mentalidade é essencial para criar uma cultura saudável de experimentação.

Você pode demonstrar seu medo de declarar os resultados esperados de outra maneira: fazendo apenas declarações seguras. Todavia, não fará grandes avanços seguindo sempre o caminho seguro. Você precisa construir uma cultura que permita que as pessoas tenham opiniões fortes, palpites incomuns e instintos bizarros que possam ser testados com rigor.

Veja como eu sugiro começar. Não imponha o ônus de declarar os resultados esperados a uma única pessoa. É melhor fazer da declaração dos resultados uma atividade em equipe, mas com um toque especial.

Buscar o consenso da equipe cedo demais pode levar ao pensamento de grupo. As declarações de resultados esperados são particularmente vulneráveis a serem influenciadas pelos HiPPOs (pessoas com mais autoridade).

É muito melhor pedir primeiro para os membros da equipe pensarem nos resultados individualmente e depois comparar as estimativas de todos.

Por exemplo, se um designer quiser propor uma nova página de destino, ele apresenta sua proposta à equipe e cada membro estima individualmente o potencial aumento do rendimento na taxa de conversão. Depois de alguns dias, eles voltam a se reunir para comparar suas estimativas e discutem como chegaram a esses números.

Recomendo fazer outra reunião com a equipe toda depois de executar um experimento e comparar as estimativas com os resultados reais assim que forem disponibilizados. Se quiser se divertir um pouco, você pode transformar esse exercício em um jogo, dando um prêmio simbólico para a pessoa que deu a estimativa mais próxima. A questão não é estar certo ou errado, mas acostumar a equipe com esse exercício de declarar os resultados esperados. Só isso já pode ajudar muito a melhorar o discernimento da equipe com o tempo.

Se você for um fundador solo, é ainda mais importante anotar os resultados esperados antes de realizar experimentos.

3. Enfatize a estimativa, não a precisão

As pessoas também evitam declarar antecipadamente os resultados esperados quando sentem que não têm informações suficientes para fazer boas previsões. Se você nunca lançou um aplicativo para iPhone, como pode prever a taxa de downloads esperada?

Você precisa aceitar o fato de que nunca terá informações perfeitas – e que precisa fazer esse tipo de previsão mesmo assim.

Veja três maneiras de fazer isso.

Pesquise análogos

Em um mundo ideal, seria possível encontrar as taxas de conversão esperadas para qualquer métrica. Contudo, a maioria das empresas prefere, por razões competitivas, manter em sigilo o funcionamento de suas fábricas de clientes.

Alguns desses números podem ser coletados com um pouco de pesquisa, como fizemos no exercício da estimativa de Fermi no Capítulo 3. No entanto, as estimativas mais precisas resultarão de investir em melhorar o próprio discernimento ao longo do tempo. Você precisa se tornar um especialista nos padrões de comportamento dos clientes. A única maneira de fazer isso é declarar os resultados antecipadamente e ir aprendendo com cada um deles.

Quando começar a declarar esses resultados, esteja preparado para errar feio em suas previsões. Por exemplo, você pode esperar obter 100 downloads por dia com o lançamento de seu aplicativo para iPhone, mas descobre que consegue obter apenas 10. Sua primeira estimativa pode ter sido otimista demais; porém, se você perceber que está sempre errando em uma magnitude de 10, será natural começar a ajustar suas expectativas para corresponder à realidade.

Use seu roteiro de tração e seu modelo da fábrica de clientes

É importante ter em mente que a ideia não é apenas chutar um número aleatório, como 100 downloads por dia. Esses números devem vir do roteiro de tração e do modelo da fábrica de clientes. O objetivo de construir um modelo é usá-lo a fim de prever como seus clientes precisam se comportar para seu negócio funcionar (ou seja, calcular as consequências). Com isso, você pode validar ou invalidar essas previsões usando experimentos.

Comece com intervalos, não com previsões absolutas

As pessoas também tendem a evitar fazer previsões porque acham que devem ser precisas.

DICA

Qualquer estimativa é melhor que nenhuma estimativa.

Vamos dar uma olhada em outra técnica de estimativa, proposta por Douglas Hubbard. Esse método se baseia em pesquisas que mostram que avaliar a incerteza é uma habilidade que pode ser aprendida com melhorias mensuráveis. A técnica de Hubbard baseia-se em fazer previsões em intervalos, não em termos de números absolutos. Ele ilustra essa técnica com um exercício de estimativa que tenho usado com bastante eficácia em meus workshops, apresentado no quadro a seguir.

> **Exercício: Qual é a envergadura de um Boeing 747?**
>
> A menos que você trabalhe na aviação, há grandes chances de não ter ideia de como responder a uma pergunta como esta. Em vez de tentar dar uma única resposta, você pode dividir o problema em dois, abordando primeiro o limite superior para um intervalo de confiança de 90% e depois fazendo o mesmo com o limite inferior. Vamos aplicar esse método para estimar a envergadura de um Boeing 747.
>
> A envergadura pode ser inferior a 6 metros? Não, essa medida claramente seria muito baixa.
>
> Temos 100% de certeza disso. Que tal 9 metros?
>
> Vá aumentando esse número até ficar na dúvida. Você deve almejar 90% de certeza.
>
> Anote esse número. Agora repita para o limite superior. A envergadura pode ser maior que 150 metros? Não, essa estimativa claramente seria alta demais.
>
> Também temos 100% de certeza disso.
>
> Que tal 90 metros? Ainda é demais – é o comprimento de um campo de futebol.
>
> Vá diminuindo esse número até ficar na dúvida. Também nesse caso, almeje 90% de certeza e anote o número.
>
> Quais foram as medidas que você anotou?
>
> A resposta correta é 64 metros.

Quando dou esse exercício em meus workshops, os participantes sempre começam afirmando que não fazem ideia de como estimar um intervalo entre 1,5 e 6 metros da resposta certa. Você pode aplicar essa mesma técnica a seus experimentos para determinar sua taxa de rendimento. Os limites inferior e superior das taxas de conversão já têm pisos e tetos definidos. Vamos usar o exemplo da taxa de aquisição (ou cadastramento). Sabemos que não pode ser 100% – ninguém consegue tudo isso. E não pode ser 0% – não teria sentido fazer o experimento. Ao ajustar progressivamente seus limites inferior e superior, você pode chegar a uma taxa de cadastramento de 20% a 40% com um intervalo de confiança de 90%.

Estamos progredindo. Com o tempo, você ficará mais confiante e seus intervalos diminuirão.

4. Mensure ações, não palavras

Todos os experimentos avaliativos precisam definir os resultados esperados em termos de uma ou mais ações da fábrica de clientes ("métricas do pirata"). Já os experimentos de descoberta podem ser um pouco mais difíceis, porque o aprendizado qualitativo pode ser subjetivo. Pergunte a qualquer empreendedor como foi uma conversa com um cliente e, em geral, ele dirá que tudo correu bem. Esse é um efeito do viés de confirmação, segundo o qual tendemos a nos lembrar seletivamente apenas daquilo que está de acordo com nossa visão de mundo e ignorar o resto. Em vez de tentar avaliar qualitativamente o que os usuários dizem, mensure o que eles fazem (ou fizeram).

5. Transforme suas suposições em hipóteses falsificáveis

Não basta declarar os resultados antecipadamente. Você precisa torná-los falsificáveis ou, em outras palavras, passíveis de serem provados errados. Falei rapidamente sobre isso quando discuti o método científico. É muito difícil invalidar uma teoria vaga. Uma suposição falsificável é crucial para não cair na armadilha indutivista, quando coletamos apenas informações suficientes para nos convencer de que estamos certos. Você já deve conhecer essa armadilha no famoso exemplo dos "cisnes brancos". Se todos os cisnes que você viu na sua vida são brancos, é fácil declarar que todos os cisnes são brancos. Basta, porém, um cisne negro para refutar essa teoria.

Vamos ver como esse problema surge com uma suposição de modelo de negócio declarada nos seguintes termos: "Acredito que ser considerado um especialista levará os adotantes iniciais a comprar meu produto". Para testar essa declaração, você pode mencionar seu produto em palestras, tuitar um link ou escrever um post de blog. Todas essas coisas podem começar a gerar cadastramentos. Em que ponto você pode afirmar que essa declaração foi validada? Quando você obtém 10 cadastros, 100 cadastros ou 1.000 cadastros? O resultado esperado é vago.

O outro problema dessa abordagem é a dificuldade de separar as atividades da causalidade quando você mistura um monte de atividades. Seus cadastros podem realmente ser atribuídos igualmente a todas essas atividades ou uma delas está impulsionando a maioria dos cadastros?

A declaração acima é uma boa primeira tentativa de assumir um risco calculado, mas ainda não é uma hipótese falsificável. Ela precisa ser ainda mais refinada para ser mais específica e testável. Veja uma versão muito melhor:

- Um post de blog levará a mais de 100 cadastros.

Agora você tem uma maneira de executar esse experimento e medir claramente se ele passa ou não no teste. Lembre que esse número de 100 cadastros não veio do nada – precisa ser derivado do roteiro de tração e do modelo da fábrica de clientes. O resultado mais importante desse exercício é perceber que, em geral, as suposições do Quadro Lean não começam como hipóteses falsificáveis, mas como riscos calculados. Para transformar os riscos calculados em hipóteses falsificáveis, você deve reescrevê-las nos seguintes termos:

- [A ação testável específica] levará a [resultado mensurável esperado].

Até agora, vimos dois hábitos que você deve cultivar para criar bons experimentos: declarar os resultados antecipadamente e torná-los falsificáveis. Só que isso não basta – ainda falta alguma coisa na declaração do resultado esperado. Você consegue descobrir o que é?

6. Estabeleça um prazo fixo para seus experimentos

Digamos que você decidiu executar o experimento e verificar os resultados em uma semana. Depois de uma semana, tem 20 cadastros. Você pode decidir que é um bom ponto de partida e deixar o experimento rodando por mais uma semana. Agora tem 50 cadastros, exatamente a metade da meta desejada de 100 cadastros. O que você deveria fazer?

Os empreendedores, eternos otimistas, muitas vezes caem na armadilha de deixar o experimento rodando "só mais um pouco", na esperança de obter resultados melhores. O problema é que, quando um experimento é executado por tempo indeterminado, essas semanas facilmente se transformam em meses.

Do mesmo modo como a armadilha indutivista nos permite declarar o sucesso antes da hora, deixar de estabelecer um prazo nos permite estender indefinidamente os experimentos. Lembre que o recurso mais escasso que temos é o tempo – não o dinheiro nem o número de pessoas. A solução é *estabelecer um prazo para o experimento*. Desse modo, podemos reescrever o resultado esperado como:

- Escrever um post de blog levará a mais de 100 cadastros em duas semanas.

Estabelecer um limite de tempo como esse cria um gatilho não negociável para uma conversa com sua equipe, independentemente dos resultados – a não ser, é claro, que o mundo acabe.

Recomendo ir ainda mais longe ao estabelecer o prazo: em vez de tentar estimar quanto tempo levará para executar um determinado tipo de experimento, restrinja todos os experimentos ao mesmo prazo. Em outras palavras, defina um prazo fixo no qual todos os seus experimentos precisam se encaixar, não importa qual seja o tipo de experimento. Não há problema algum em reduzir a meta para o experimento se encaixar ao prazo estabelecido. No nosso exemplo, se você não acha que consegue atingir 100 cadastros em duas semanas, mas acha que consegue em quatro semanas, divida a meta em dois experimentos:

- Experimento 1: escrever um post de blog levará a mais de 50 cadastros em duas semanas.
- Experimento 2: o post de blog levará a mais de 50 cadastros nas duas semanas seguintes.

Se, depois do primeiro experimento de duas semanas, você tiver apenas 10 cadastros, saberá que tem poucas chances de compensar a diferença nas próximas duas semanas se não tomar alguma ação corretiva. Pense no estabelecimento de prazos fixos como uma maneira de forçar tamanhos de lote menores em seus experimentos. Quanto menor for o lote, mais rápido será o ciclo de feedback do experimento.

Apliquei essa técnica em equipes pequenas e grandes com a mesma eficácia. Antes de impor uma restrição de tempo, as equipes estavam revendo seus experimentos no intervalo de algumas semanas para pequenos experimentos a vários meses para grandes experimentos. Para os experimentos mais longos, o único monitoramento do progresso era a velocidade de construção da equipe, que, como já vimos, não é um indicador de progresso confiável.

Instituímos um prazo fixo de duas semanas e preagendamos reuniões de atualização do progresso com os supervisores do projeto. Desse modo, as equipes precisariam encontrar uma maneira de construir, medir, aprender e se preparar para comunicar os resultados de negócios a cada duas semanas. Como num passe de mágica, as pessoas se mostraram à altura do desafio, encontrando maneiras criativas de dividir seus "grandes" experimentos em experimentos menores. Com esses ciclos de feedback mais rápidos, as equipes conseguiram invalidar antecipadamente várias grandes iniciativas e ter mais confiança em outras iniciativas. Esses dois resultados representaram um grande avanço para as equipes.

7. Sempre use um grupo de controle

Todo progresso é relativo. Para saber se um experimento está funcionando, você precisa ter como compará-lo com um estado anterior. O equivalente no mundo da ciência seria estabelecer um grupo de controle.

Descreverei as etapas para fazer um benchmarking de sua fábrica de clientes em termos de lotes (ou coortes) semanais mais adiante neste livro. Esses lotes semanais são um bom ponto de partida para criar uma medida de referência para tentar superar em seus experimentos. É como fazer testes A/B em série e, em geral, é aceitável quando você ainda não tem muitos usuários ou não está executando experimentos sobrepostos simultâneos.

Dito isso, o padrão ouro para criar um grupo de controle é por meio de testes A/B paralelos. Em um teste A/B paralelo, você expõe apenas um subgrupo selecionado da população de usuários a um experimento e compara o grupo A com o restante da população (o grupo de controle) para determinar o progresso (ou não). Isso também é chamado de "teste de comparação".

Por fim, se houver tráfego suficiente e mais de uma possível solução conflitante para testar, você pode executar um teste A/B/C (ou mais), comparando várias ideias umas com as outras.

Steve estabelece uma estrutura de prestação de contas

Steve convence Josh e Lisa a se comprometer a trabalhar 20 horas por semana na startup. Ele conta a novidade a Mary.

"Parabéns, Steve! Seria muito legal retomar o contato com Josh e Lisa", diz Mary.

"Posso convidá-los para as nossas sessões?", pergunta Steve.

"Claro que sim! Eu chegaria a dizer que isso seria um requisito para eu continuar aconselhando vocês", acrescenta Mary.

Ela faz uma pausa por um segundo. "Uma equipe fundadora precisa estar 100% alinhada, principalmente nas mentalidades. Você avançou muito mudando sua mentalidade de uma abordagem de construir primeiro a uma abordagem de tração primeiro nas últimas semanas. A última coisa que você quer é que os membros de sua equipe o puxem de volta ao mundo antigo."

"Pois é... Eu fico me perguntando como vou colocá-los em dia com tudo o que você me ensinou", comenta Steve.

"Uma grande vantagem desses modelos é que eles são simples de entender. O mais difícil é transformá-los em hábitos. A melhor maneira de envolver sua equipe é dando o exemplo, colocando a teoria em prática. Sugiro lançar oficialmente um ciclo de 90 dias, bloquear a agenda para as cerimônias e seguir o processo estruturado. Josh e Lisa são muito inteligentes. Eles vão assimilar essa maneira de trabalhar em pouco tempo."

"Você tem razão sobre os modelos serem simples. Nenhum deles me interrompeu quando lhes contei minha história do modelo de negócio. Eles entenderam de primeira, e Josh até me pediu para mandar meu Quadro Lean e o roteiro de tração."

"Isso prova meu ponto. Mas não deixe de bloquear a agenda agora. Muitos empreendedores só se reúnem para falar sobre as coisas boas, mas é nas coisas ruins que você costuma encontrar os maiores avanços. Agora se prepare, Steve, porque as coisas estão prestes a ficar interessantes…"

Depois dessa conversa, Steve coordena com Josh e Lisa e bloqueia na agenda datas e horários para todas as cerimônias.

CAPÍTULO 7

INICIE SEU PRIMEIRO CICLO DE 90 DIAS

Como vimos no capítulo anterior, as duas primeiras semanas do ciclo de 90 dias são reservadas à modelagem e à priorização. Você dá início ao ciclo colocando os modelos em ordem e convocando uma reunião de lançamento do ciclo de 90 dias, na qual alinha a equipe com metas, suposições e restrições (Figura 7.1).

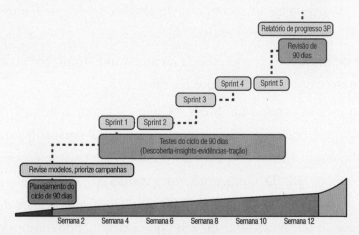

Figura 7.1. *Lançamento do ciclo de 90 dias*

Steve convoca uma reunião de lançamento do ciclo de 90 dias

Como Steve já vem trabalhando em seus modelos, consegue atualizá-los rapidamente. Ele convoca uma reunião de lançamento do ciclo de 90 dias, na qual passa alguns minutos apresentando brevemente a Josh, Lisa e Mary seus Quadros Lean e roteiros de tração voltados aos dois principais segmentos de clientes: Desenvolvedores Software e Arquitetos.

"Até agora, eu e você falamos principalmente sobre o modelo para Desenvolvedores de Software e nada mudou, mas reparei que você parece muito mais animado com o modelo para os Arquitetos. O que aconteceu?", pergunta Mary.

"Bem", diz Steve, "mantive o modelo para os Desenvolvedores de Software principalmente porque conheço mais esse espaço e tenho algumas empresas em mente com as quais posso entrar em contato. Mas, assim que comecei a aplicar o Dom do Inovador para definir preços justos para o modelo para os Arquitetos, me caiu a ficha de que poderíamos ancorar os preços no custo das soluções de renderização 3D que os arquitetos oferecem aos clientes dele e de que temos aí um potencial de cobrar muito mais."

Lisa pergunta: "É porque você está ancorando os preços no quanto um arquiteto cobra por hora dos clientes?".

"Isso mesmo", responde Steve. "Cheguei à conclusão de que nossos adotantes iniciais seriam arquitetos de casas personalizadas que normalmente cobram US$ 250/hora e têm clientes que esperam ver renderizações em 3D. Criar uma única renderização leva pelo menos 12 horas, o que equivale a US$ 3.000. Se eles fizerem mais de uma renderização por mês, o que eu acho que é o caso, poderíamos cobrar entre US$ 3 mil e 5 mil/mês, especialmente porque podemos ajudá-

-los a obter um resultado muito melhor, em realidade aumentada/virtual, em muito menos tempo."

Josh toma a palavra. "Então... não acho que os arquitetos usem esses modelos depois da fase de projeto, que costuma levar uns três meses. E não sabemos ao certo quantas renderizações eles criam em média por cliente. Isso pode afetar suas suposições de valor do tempo de vida do cliente."

"Hummm... você tem razão", diz Steve. "Se presumirmos que cada arquiteto terá seis clientes por ano e criará renderizações para todos eles, se pudermos cobrar US$ 1.000 por renderização, estamos falando de US$ 6.000/ano, ou US$ 500/mês. Por coincidência, esse é o mesmo valor que pressupus para as empresas de software."

Mary comenta: "Acho que seria melhor manter o preço-alvo de US$ 500/mês para os dois segmentos por enquanto. É o preço mínimo para fazer o seu roteiro de tração funcionar e, se vocês acharem que podem aumentar esse preço, nada os impede de ajustar o roteiro depois".

Steve retoma a pauta da reunião. "Boa ideia! Então, com esses Quadros Lean, acho que ficou claro quais são nossas suposições de negócio iniciais. Para os nossos objetivos e resultados-chave de 90 dias, nossa principal meta é concluir o estágio 1 – o encaixe problema/solução – e, como estamos almejando o mesmo preço para os dois segmentos, precisaríamos garantir dois períodos de teste (arredondando para cima) a US$ 500/mês até o fim do estágio 1."

"Muito bom. Ficou bem claro", diz Mary. "E as restrições? O que vocês acham?"

Eles trocam olhares entre si, depois se voltam para Mary. "Vocês sabem a resposta", diz ela, com um sorriso.

Steve arrisca uma resposta. "Bom, em uma das nossas conversas, você disse que seria fácil identificar as restrições usando métricas. Achei que faria sentido começar coletando algumas métricas antes de decidirmos as restrições… mas isso seria só depois de lançar nosso produto mínimo viável, não é?"

"Vocês não precisam lançar seu produto para começar a coletar métricas", declara Mary. "Lembrem-se da abordagem Demonstrar--Vender-Construir. Qual é o primeiro passo?"

"Certo. Como nossa fábrica de clientes ainda não está em funcionamento, o primeiro passo seria conseguir leads. Isso quer dizer que a aquisição é que seria a restrição limitante?"

"Isso mesmo, Steve", confirma Mary. "A aquisição, ou a geração de demanda, é a restrição limitante atual de vocês. E, enquanto vocês não conseguirem leads ou, melhor ainda, enquanto não conseguirem ter vendas fluindo, não adianta otimizar nenhuma das outras etapas. Lembrem que vocês precisam ser capazes de gerar clientes suficientes primeiro, sem ter que construir um produto."

"Como assim, gerar clientes sem um produto?", pergunta Josh, com um olhar confuso.

Steve e Mary se entreolham, e Mary gesticula para Steve explicar. Steve passa os próximos quinze minutos explicando por que é melhor usar um processo Demonstrar-Vender-Construir do que um processo Construir-Demonstrar-Vender. Ele chega a explicar os estudos de caso do food truck e da Tesla.

"Demonstrar-Vender-Construir… Gostei da simplicidade da coisa. Se ninguém quiser comprar o demo, para que construir o produto?", acrescenta Lisa, com uma risada.

Josh diz: "Então acho que o próximo passo é construir uma demonstração e fazer algumas ligações…"

Steve acrescenta: "Acho que também poderíamos criar uma página de destino e usar anúncios para direcionar algum tráfego a ela…"

Mary interrompe novamente: "Pessoal, lembrem que esta é só uma reunião de alinhamento, não um brainstorming ou uma reunião de design de solução. Se vocês estão de acordo com a restrição, é melhor encerrarmos a reunião aqui. Agora vocês precisam passar alguns dias pensando e formular individualmente algumas propostas de campanha para atingir seus objetivos e resultados-chave para o ciclo de 90 dias. Vamos marcar outro encontro até sexta-feira para dar uma olhada nas propostas e apostar nas campanhas mais promissoras. Vou mandar algumas informações adicionais sobre o processo de encaixe problema/solução que devem ajudá-los a começar".

Com isso, a reunião é concluída.

O ROTEIRO PARA O ENCAIXE PROBLEMA/SOLUÇÃO

O primeiro estágio do ciclo de vida do produto (o "agora" do plano de implantação "agora-em seguida-depois" que discutimos no Capítulo 4) é alcançar o encaixe problema/solução. O objetivo desse estágio é demonstrar demanda suficiente para seu produto *antes de construí-lo*.

Como conseguir clientes pagantes sem antes construir o produto? A resposta a essa pergunta pode poupar meses na timeline de seu produto. E, ainda mais importante, ao final dessa etapa, você terá um produto que *sabe* que os clientes querem e não apenas espera que eles queiram.

Os clientes não compram produtos, eles compram a promessa de algo melhor

Pense no lançamento de um grande produto inovador, como o iPhone. Comprar o primeiro iPhone exigiu um salto de fé dos clientes, porque não havia nada remotamente parecido com ele. Se você foi um dos adotantes iniciais, como eu, que cheguei a ficar na fila para comprar o primeiro iPhone, não teve a chance de fazer um test drive antes. Você deve ter visto o Steve Jobs *fazendo uma demonstração* no palco, se apaixonou pela *promessa do produto* e *decidiu compr*á-lo.

Segue-se a isso que o que os clientes compram na verdade não é um produto, mas uma promessa de algo melhor. Você não precisa de um produto funcional para prometer algo melhor; você precisa de uma oferta.

Uma oferta é composta de três elementos:

- uma proposta única de valor;
- uma demonstração;
- uma clara chamada para ação (Call to Action ou CTA).

Como discutimos, chamar a atenção do cliente é a primeira batalha. É o trabalho de sua proposta única de valor, que você usa para explicar por que você é melhor que as alternativas existentes.

Uma vez que chamou a atenção de seu cliente, o próximo passo é convencê-lo de que você realmente tem condições de entregar a proposta única de valor (sua promessa). O grande lance é que esse também não é o trabalho de um produto funcional, mas de uma demonstração. A arte da demonstração é mostrar apenas o mínimo possível para convencer seus clientes de que você tem condições de cumprir sua proposta única de valor e garantir o comprometimento deles.

Quando um cliente se convence de sua demonstração, o terceiro e último passo é a chamada para uma ação específica que você quer que seus clientes realizem. O objetivo aqui é aproximar-se ao máximo de conquistar um cliente pagante.

Na verdade, os clientes não compram produtos funcionais, mas uma oferta. Esse insight é a chave para adquirir clientes sem ter que construir um produto. Isso nos leva à estratégia Demonstrar-Vender-Construir.

E aí? Ainda não está convencido?

- Se já apoiou uma campanha de crowdfunding, você comprou uma oferta, não um produto acabado.
- Vender uma oferta em vez de um produto acabado não é uma boa estratégia apenas para compras menores, como um celular. A Tesla vendeu seus carros iniciais usando uma oferta que exigia o pagamento de uma entrada de US$ 5.000 e uma transferência bancária de US$ 45.000 em dez dias para reservar o produto.
- Vender uma oferta também não é apenas para produtos B2C. Por mais que você queira fechar um grande negócio B2B imediatamente, quanto mais complexa for a venda, mais complexo será o processo de venda. Primeiro você precisa vender a proposta única de valor, em seguida fazer demonstrações para vários leads e só depois conversar sobre os preços com o comprador certo. Isso pode levar de várias semanas a vários meses. Se você não conseguir vender a oferta, seu produto nunca chegará ao estágio piloto.

Ao contrário do que se costuma acreditar, *você nunca precisa de um produto acabado para fechar uma venda com um adotante inicial.* Dependendo do nível de risco técnico (viabilidade) do produto, você até pode precisar de um protótipo funcional para a demonstração, mas só presuma isso se os clientes pedirem especificamente por algo assim.

Como fazer uma promessa de algo melhor

Há várias maneiras diferentes de montar e testar ofertas. Veja algumas campanhas de oferta muito utilizadas.

Teste de fumaça (smoke test)

Use uma página de prévia (*teaser page*) para coletar endereços de e-mail.

Página de destino

Use uma página de oferta para apresentar uma chamada para ação específica (por exemplo, fazer um cadastro).

Webinar

Use um webinar para aumentar a conscientização.

Pré-venda

Use uma campanha de pré-venda para impulsionar as vendas antecipadas.

Crowdfunding

Use uma plataforma de crowdfunding, como o Kickstarter, para financiar um projeto.

Vendas diretas

Use um processo de vendas "Explorar Leads-Demonstrar-Fechar" para impulsionar as vendas.

Oferta da Máfia

Use entrevistas com clientes meticulosamente roteirizadas para descobrir problemas, projetar uma solução e construir uma oferta que seus clientes não terão como recusar.

Com base em minha experiência, mapeei a eficácia de cada campanha, plotando a escalabilidade/alcance em relação à taxa de conversão (veja a Figura 7.2).

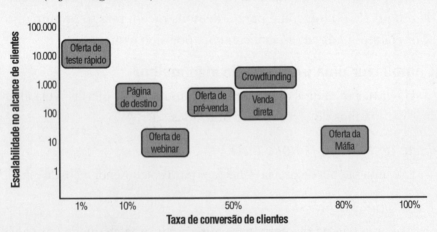

Figura 7.2. *Eficácia de diferentes campanhas de oferta*

Dependendo de seus objetivos e dos resultados-chave de 90 dias, você pode escolher uma única campanha ou tentar várias.

Como saber quando você alcançou o encaixe problema/solução?

No fim do estágio 1, você deve ser capaz de tomar uma decisão baseada em evidências para avançar ou não com seu modelo de negócio para o estágio 2 (encaixe produto/mercado).

Mais especificamente, você deve ter construído uma fábrica de clientes capaz de:

- repetidamente atrair, ativar e levar seus adotantes iniciais a fazer uma troca (desejabilidade);
- garantir um número suficiente de compromissos tangíveis (por exemplo, pagamentos antecipados, cartas de intenção) de adotantes iniciais, conforme definido em seu roteiro de tração (viabilidade);
- definir com clareza a menor coisa que você precisa construir (seu produto mínimo viável) para entregar valor a seus adotantes iniciais.

Alcançar o encaixe problema/solução costuma levar de um a dois ciclos de 90 dias (3 a 6 meses).

STEVE CONVOCA UMA REUNIÃO DE PLANEJAMENTO DO CICLO DE 90 DIAS

A equipe se reúne na sexta-feira para analisar suas propostas para a campanha de oferta. Josh e Lisa querem adotar uma abordagem de Vendas Diretas, enquanto Steve sugere usar uma Página de Destino a fim de convencer usuários a se cadastrar para um período de teste.

Mary opina: "Apressar-se para apresentar uma oferta sem dúvida é mais rápido e melhor que começar criando um produto mínimo viável, mas ainda não é o próximo passo ideal, considerando o ponto em que vocês estão".

Todos parecem confusos.

"Mas você não sugeriu, no nosso último encontro, que começássemos com uma oferta?", pergunta Steve.

"Sim, eu disse para começar com uma oferta. Só que o próximo passo mais eficaz não é tentar vender uma oferta, mas aprender como montar a oferta certa", explica Mary.

Ao ver que eles ainda estão confusos, ela elabora mais.

"Vamos pegar o exemplo da campanha da página de destino. É bem verdade que vocês podem usar anúncios para direcionar o tráfego para a página, mas e se ninguém se cadastrar? Como vocês vão saber o que consertar? Uma página de destino pode ter um defeito no título, nos gráficos, no texto, no preço, no design e em incontáveis outros fatores. Sem o feedback dos clientes, isso se torna um problema de otimização multivariável e uma receita para andar em círculos sem sair do lugar."

Steve reflete: "Acho que entendi... É como a armadilha da construção sobre a qual falamos no outro dia, que resulta da pressa de construir um produto mínimo viável...".

"Exatamente", diz Mary. "Lembrem-se de que uma oferta, apesar de mais rápida que um produto mínimo viável, ainda não passa de um substituto para sua solução. Se vocês saírem apenas dando tiros no escuro, terão grandes chances de fracassar. Pior ainda, sem o feedback dos clientes, vocês correm um grande risco de cair na armadilha da otimização."

Lisa sugere: "E as Vendas Diretas? Não seria uma maneira instantânea de obter o feedback dos clientes?".

Mary responde: "Sim. Seria possível coletar o feedback dos clientes assim. Um pitch presencial que dá certo é espetacular. O problema é que um pitch que não convence cria uma situação desconfortável e não leva a lugar nenhum. Neste momento, tudo o que vocês têm é uma teoria do que poderia ser um pitch convincente, mas essa teoria, em grande parte, ainda se baseia em uma série de suposições não testadas, que são mais como riscos calculados do que suposições. Por exemplo, ainda nem sabemos quantos projetos de realidade aumentada/virtual as empresas de software fazem ou a diferença que as renderizações 3D e, mais especificamente, de realidade aumentada/virtual, podem fazer no espaço de construção residencial. Se qualquer uma das suas suposições básicas sobre os problemas do cliente, alternativas existentes etc., estiver errada, o pitch será um fracasso e posicionará o produto como uma solução fraca e meramente 'interessante de ter', em vez de uma solução robusta e indispensável".

Lisa acena com a cabeça e diz: "Entendi. Mas, mesmo se errarmos algumas partes do pitch, ainda não poderemos aprender com os clientes potenciais e fazer iterações para melhorar o pitch?".

"Pode ser", responde Mary. "Depende muito do relacionamento que vocês já têm com o cliente potencial e de como vocês posicionam a conversa. Se o cliente potencial ainda não conhecer vocês, gostar de vocês e confiar em vocês, ele tenderá a não revelar as razões para não ter se convencido com o pitch. Na maioria das vezes, tudo o que vocês aprendem é que a oferta errou o alvo – pode ser difícil se aprofundar e aprender o suficiente para melhorar a oferta. Vocês só ficam sem saber para onde ir, agradecem o cliente potencial pelo tempo e encerram a conversa educadamente. É uma oportunidade de aprendizado perdida."

"Hummm... você tem razão. Não seria interessante começar com o pitch, considerando que ainda não conhecemos ninguém nesse espaço", Josh diz. "Então, qual é o melhor caminho a seguir?"

"Aprender antes de fazer o pitch", responde Mary. "Para elaborar um pitch convincente, é melhor começar dedicando o tempo necessário para entender profundamente os problemas do cliente. Pode parecer estranho, mas é possível entender os problemas de um cliente ainda melhor que eles mesmos. Munidos desse conhecimento, vocês estarão mais bem posicionados para projetar a solução certa e montar um pitch convincente – um pitch com muito mais chances de atingir o alvo, porque se baseia em um problema que vocês sabem que seus clientes querem resolver."

"'Aprender sobre os nossos clientes' é algo que devemos fazer antes de executar uma das campanhas de oferta que você nos apresentou?", pergunta Lisa.

Mary responde: "Não, um dos tipos de campanha daquela lista já incorpora todas essas etapas como parte da própria campanha: a Oferta da Máfia".

Steve toma a palavra. "No começo, a campanha que achei mais interessante foi a Oferta da Máfia. Mas, quando vi que era a menos escalável de todos os tipos de oferta, optei por uma campanha mais adequada ao número de clientes que precisaríamos obter..."

Mary interrompe: "Sim, a campanha da Oferta da Máfia é a menos escalável, mas gera o maior aprendizado por unidade de tempo. Também tem a maior taxa de conversão de todos os tipos de oferta por ser entregue aos clientes potenciais, presencial e individualmente. Pode parecer que leva mais tempo que os outros tipos de campanha, mas, pela minha experiência, é a maneira mais rápida de alcançar vendas repetíveis. A partir do momento em que vocês conseguirem vender sua ideia repetidamente a pelo menos dez pessoas, fica bem mais claro como escalar a partir daí".

"Qual é a diferença entre isso e as vendas diretas?", questiona Lisa.

"A campanha da Oferta da Máfia vai ser muito parecida com as vendas diretas quando vocês começarem a fazer o pitch", explica Mary, "mas é muito mais estratégica para ajudá-los a definir como usar as conversas de descoberta para aprender *antes* de fazer o pitch. Vocês só fazem o pitch depois de descobrir os critérios de seus adotantes iniciais, identificar sua verdadeira concorrência e entender profundamente os problemas. Vocês se lembram do Dom do Inovador? Na fase do design do modelo de negócio, Steve usou o Dom do Inovador para testar os modelos usando experimentos mentais. Aqui, vocês executarão experimentos de descoberta reais para revelar e testar esses insights."

"Tudo isso faz muito sentido", Steve comenta, "mas ainda não sei como vamos convencer as pessoas a se abrir e nos fornecer todas essas informações se não apresentarmos nosso pitch antes."

"É uma pergunta válida", reconhece Mary. "As táticas iniciais de prospecção podem ser um desafio para muitos fundadores. Tenho muitos materiais que vou mandar a vocês sobre como iniciar essas conversas, conduzir entrevistas e obter insights. Reservem alguns dias para processar essas informações, e vamos nos encontrar de novo para lançar o primeiro sprint de vocês."

A campanha da Oferta da Máfia

A *Oferta da M*áfia é uma oferta que seus clientes não têm como recusar – não porque você os força, mas porque cria uma oferta atraente que:

- identifica com precisão os principais problemas de seus clientes;
- demonstra uma solução para superar esses problemas;
- fornece uma maneira clara para eles começarem.

Construa uma Oferta da Máfia

Apressar-se para montar um pitch ou construir uma página de destino não é a melhor maneira de criar uma Oferta da Máfia. Essas ofertas costumam basear-se em um monte de suposições não validadas (palpites), que normalmente levam a baixas taxas de conversão. Além disso, tentar solucionar problemas de sua oferta quando os clientes não estão comprando é um desafio multivariado. O que levou ao abandono dos clientes: a proposta única de valor, a demonstração, o preço, o design, o texto ou algum outro fator?

Por essas razões, sugiro usar uma abordagem mais sistemática de três passos, mostrada na Figura 7.3.

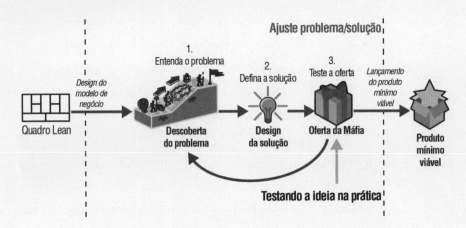

Figura 7.3. *Os três passos para construir uma Oferta da Máfia*

Vamos percorrer as etapas.

1. Descoberta do problema

Considerando-se que quase todas as suposições iniciais sobre o cliente/problema no Quadro Lean não passam disso – suposições – e mal conseguem arranhar a superfície dos problemas, construir uma Oferta da Máfia começa com um exercício para desenvolver um profundo entendimento dos problemas do cliente.

A maneira mais rápida de entender profundamente o cliente é por meio de entrevistas presenciais e individuais – não criando páginas de destino, lançando código ou coletando dados para análises, mas conversando com as pessoas.

O objetivo da descoberta de problemas é encontrar problemas que vale a pena resolver com as alternativas existentes. Você não faz isso tentando vender sua solução, mas estudando como as pessoas usam as alternativas existentes para realizar a tarefa (Figura 7.4).

Figura 7.4. *Etapa 1: Descoberta do problema*

2. Design da solução

Um problema bem definido já está a meio caminho de ser resolvido.
– Charles Kettering, inventor americano

Se você conseguir encontrar uma dificuldade grande o suficiente no fluxo de trabalho atual do cliente (o status quo), encontrará oportunidades para causar uma troca (problemas que vale a pena resolver). O próximo passo é criar o design de seu produto ou aperfeiçoá-lo para resolver esse problema e causar uma troca (Figura 7.5).

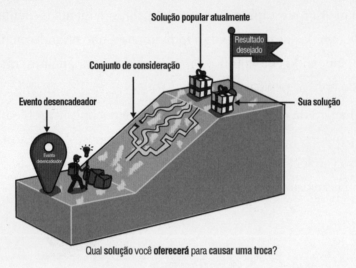

Figura 7.5. *Etapa 2: Design da solução*

3. Entrega da oferta

O último passo é montar a solução transformando-a em uma Oferta da Máfia, que você entregará aos clientes na forma de um pitch, experimentará e fará iterações. É aqui que você testa sua ideia na prática.

Se um número suficiente de clientes se convencer de sua oferta, você alcançará o encaixe problema/solução. A partir desse momento, você pode dar início ao processo de construção do produto mínimo viável. Quantos clientes são "suficientes"? Isso depende do roteiro de tração.

Execute uma campanha de Oferta da Máfia

A campanha de Oferta da Máfia foi pensada para caber em um ciclo de 90 dias. Isso é possível porque você não constrói um *produto funcional* (produto mínimo viável) durante esse estágio, mas sim uma *oferta*, que é uma maneira muito mais rápida de validar a demanda por seu produto.

A Figura 7.6 mostra uma campanha de Oferta da Máfia padrão em um ciclo de 90 dias. Reserve até dois sprints para a descoberta de problemas, um sprint para o design da solução e até dois sprints para a entrega da oferta. Note que essas são apenas recomendações, e sua divisão pode variar de acordo com seu produto específico e seu segmento de clientes.

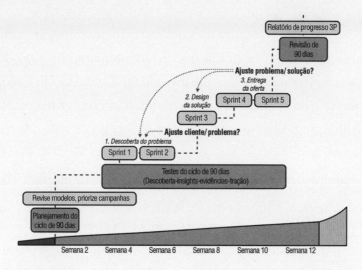

Figura 7.6. *Exemplo de um ciclo de 90 dias para alcançar o encaixe problema/solução usando uma Oferta da Máfia*

Quando usar uma campanha de Oferta da Máfia

Em razão do número de interações presenciais e personalizadas necessárias para implementar esse tipo de campanha, é tentador descartá-la em favor de outras campanhas aparentemente escaláveis, como o crowdfunding ou o direcionamento de tráfego a uma página de destino.

Essa decisão costuma levar a resultados abaixo do ideal, pelas razões que descrevi. Pode parecer um contrassenso, mas a realidade é que você tem mais chances de avançar muito mais rápido se começar devagar, dedicando um tempo para se concentrar nas coisas certas.

A campanha de Oferta da Máfia, embora não seja a mais escalável, é a que gera o maior aprendizado – o que também se traduz em taxas de conversão mais altas.

---------- **TOME NOTA** ----------
Com uma Oferta da Máfia, você pode esperar uma taxa de conversão de 60% a 80% de leads qualificados a clientes pagantes.

Por essas razões, recomendo com veemência começar com uma campanha de Oferta da Máfia, independentemente do tipo de produto. Os insights que você descobrirá aqui facilitarão muito o empilhamento de uma oferta mais escalável mais adiante, seja uma campanha de crowdfunding, uma página de destino ou a contratação de uma força de vendas.

Por exemplo, usei a campanha de Oferta da Máfia para lançar a primeira edição deste livro (que eu mesmo publiquei) em 2010. Minha meta de critério mínimo de sucesso inicial foi vender 10.000 exemplares em três anos. Usando uma taxa de crescimento de 10x, traduzi isso em vender 100 exemplares ou coletar 1.000 endereços de e-mail (leads qualificados) de pessoas interessadas em comprar o livro como meus critérios de atingimento do encaixe problema/solução.

Veja como empilhei minhas ofertas para lançar o livro:

- usei uma campanha de Oferta da Máfia para garantir 25 vendas (4 semanas);
- usei o que aprendi com a Oferta da Máfia para criar uma campanha de oferta de teste de fumaça com uma página inicial para coletar endereços de e-mail e garantir 1.000 leads qualificados (8 semanas).

Depois de atingir meus critérios de encaixe problema/solução, comecei a escrever o livro, que levou nove meses para ser concluído. Enquanto isso, continuei executando várias campanhas para aumentar a tração do livro. Elas incluíram:

Uma campanha de workshops

Ensinei conceitos do livro e incluí um exemplar futuro da publicação na taxa de matrícula.

Uma campanha de palestras

Dei palestras com um exemplar futuro do livro a todos os participantes.

Uma campanha de pré-venda

Permiti que os usuários iniciais comprassem o livro e recebessem os capítulos aos poucos à medida que eram escritos.

Essas campanhas me ajudaram a fazer iterações com meus adotantes iniciais para escrever e lançar o livro. O resultado foi um livro que os leitores queriam, o que converteu-se em vendas que superaram meu roteiro de tração. Vendi 10.000 exemplares em 18 meses após o início do projeto e aumentei minha meta de critério mínimo de sucesso para 100.000 exemplares.

STEVE TENTA PEGAR UM ATALHO

Steve lê o material que Mary enviou sobre a campanha de Oferta da Máfia. "A maneira mais rápida de entender profundamente seu cliente é por meio de entrevistas presenciais."

Entrevistas presenciais? Vai levar uma eternidade!, Steve pensa consigo mesmo. Em vez disso, ele decide fazer uma pesquisa.

Steve encontra um serviço na internet capaz de atingir seu público específico por um valor fixo e passa o resto do dia elaborando um questionário, que ele lança no dia seguinte.

As respostas começam a chegar quase imediatamente; um dia depois, ele tem mais de cem respostas tabuladas e alguns gráficos. Ele sorri ao descobrir que mais de 85% dos respondentes classificaram como "indispensável" a solução que ele apresentou para o principal problema proposto.

Steve imediatamente esboça um e-mail para Mary:

> Sei que você disse que o estágio de descoberta do problema pode levar até quatro semanas. Fiz uma pesquisa para acelerar as coisas e obtive fortes indícios que validam meu problema (85/100). Será que deixei de ver alguma coisa, ou você acha que podemos passar para a fase de design da solução?

Ele recebe uma mensagem de texto dois minutos depois de mandar o e-mail: "Vamos nos encontrar para um café assim que possível. Estarei livre em meia hora. No lugar de sempre".

Mary joga um balde de água fria em Steve (de novo)

"Sei que o engenheiro em você anseia por eficiência", começa Mary. "Eu também era assim. Mas as pesquisas não são a ferramenta certa para descobrir problemas."

"Por que não?", interpela Steve.

"Por várias razões. Para começar, os questionários partem da premissa de que você sabe quais são as perguntas certas a fazer. E, como as perguntas são de múltipla escolha, você também precisa saber as possíveis respostas corretas para apresentar na pesquisa. Nos estágios iniciais de um produto, é impossível saber o que você ainda não sabe."

Ela faz uma pausa e continua: "É verdade que os levantamentos podem ser usados para a validação de problemas depois que você souber as perguntas e as respostas certas para validar, mas eles não são uma boa ferramenta para descobrir problemas".

Steve não se contém e interrompe: "Mas o objetivo dessa etapa não era validar as suposições do problema no Quadro Lean?".

"Sim, mas a maioria dos problemas que os empreendedores relacionam inicialmente em seus quadros não são os problemas certos."

"Por quê?", indaga Steve.

"Porque a maioria dos empreendedores já tem uma solução em mente, que eles não conseguem simplesmente descartar. Em vez de perguntar 'Qual é o principal problema dos meus clientes?', muitos empreendedores perguntam 'Quais são os principais problemas que eu posso resolver com a minha solução?'"

Steve parece confuso.

Mary explica: "Lembre que, depois que você já decidiu fazer um martelo, tudo começa a parecer um prego e você força os problemas a se encaixar no Quadro Lean para justificar sua solução. Quando você lista esses mesmos problemas em um questionário e pede para as pessoas classificá-los em ordem de importância, é verdade que elas vão ter como classificá-los em relação às outras opções de sua pesquisa. Mas, se o principal problema delas não estiver na lista, elas não têm como lhe dizer, e *você nunca descobrirá esse problema*".

Mary dá um tempo para Steve processar a informação e acrescenta: "Mesmo se as pessoas responderem que têm um problema, você não tem como chegar ao verdadeiro 'porquê' com uma pesquisa. O verdadeiro 'porquê' costuma ser muito mais profundo, e a única maneira de chegar a ele requer uma conversa. Você não tem como saber quais soluções eles tentaram até agora, por que essas soluções não funcionaram, e por aí vai. É impossível construir uma Oferta da Máfia mais adiante sem conhecer esses detalhes".

"Poxa, agora entendi... Mas então qual é o sentido de começar com um Quadro Lean?", questiona Steve.

"A ideia é tirar uma foto instantânea do seu modelo de negócio e distinguir fatos de opiniões. Por maior que seja o apelo da história de seu modelo de negócio, a menos que você tenha evidências para embasar suas suposições, elas ainda não passam de uma opinião. *Os maiores riscos iniciais de qualquer modelo de negócio decorrem das suposições que o empreendedor faz sobre os clientes e sobre os problemas dos clientes.* Se as suas suposições forem equivocadas, é fácil ver como o resto do Quadro Lean não se sustenta. É por isso que o primeiro passo do processo de encaixe problema/solução é a descoberta do problema."

"Então, o objetivo é fazer com que as pessoas reconheçam os próprios vieses em relação à solução que estão propondo?", pergunta Steve.

Mary sorri. "De certa forma, sim. Conceitos como o Viés do Inovador e o Presente do Inovador são fáceis de entender e podem parecer óbvios, mas requerem muita autoconsciência para serem detectados na prática. É importantíssimo desenvolver essa autoconsciência com o tempo, porque os vieses cognitivos são sorrateiros e operam em um nível inconsciente. Pode acreditar que você vai ver o Viés do Inovador em ação muitas outras vezes pelo caminho."

Steve ri, nervoso.

"Neste estágio", continua Mary, "encontrar evidências de um problema monetizável é sua maior prioridade, e o melhor a fazer é ter conversas individuais para descobrir o problema. As entrevistas individuais podem não parecer eficientes, mas você não pode pular essa etapa se quiser sentir na pele o que eu quero dizer quando digo que elas contêm mais aprendizagem por unidade de tempo do que qualquer outra coisa que você pode fazer. Você também vai ver que não vai precisar de muitos pontos de dados para começar a encontrar padrões acionáveis."

"Quantas entrevistas costumam ser suficientes?"

"Você vai começar a ver padrões entre 5 e 10 entrevistas, mas é sempre recomendável ir um pouco além, para evitar conclusões precipitadas. Quando começar a prever o que as pessoas vão dizer antes que elas digam, você sabe que não precisa fazer mais entrevistas. Descobri que são necessárias umas 20 entrevistas para chegar a esse ponto."

Steve acena com a cabeça. "Tudo bem, eu prometo. Chega de atalhos. Vou terminar de ler todo o material que você nos enviou sobre a campanha de Oferta da Máfia, e vamos reunir a equipe para dar o pontapé inicial no nosso primeiro sprint."

Deixe de lado os levantamentos e os grupos de foco

Muitos fundadores acham que a menor ação que pode ser realizada para aprender com os clientes é conduzir um monte de levantamentos ou grupos de foco. Apesar de levantamentos e grupos de foco poderem parecer mais eficientes que entrevistar clientes, é melhor não começar por aí. Veja as razões para isso:

Os levantamentos partem da premissa de que você sabe quais são as perguntas certas a fazer

É difícil, se não impossível, elaborar um questionário que inclua todas as perguntas certas. A razão para isso é simples: você ainda não sabe quais são essas perguntas. Durante uma entrevista com o cliente, você pode pedir esclarecimentos e explorar áreas que desconhecia até então.

TOME NOTA

A descoberta com o cliente tem o objetivo de explorar o que você não sabe que não sabe.

Pior ainda, os levantamentos presumem que você também sabe as respostas certas

Em um questionário, além de fazer as perguntas certas, você também precisa propor aos clientes as respostas certas para eles escolherem. Quantas vezes você respondeu a uma pesquisa na qual sua melhor resposta a uma pergunta foi "Outro"?

DICA

A melhor aprendizagem inicial provém de perguntas "abertas".

Você não tem como ver o cliente em um levantamento

A linguagem corporal pode ser um indicativo do encaixe problema/solução tão revelador quanto as próprias respostas.

Fazer grupos de foco é simplesmente um erro

O problema dos grupos de foco é que eles se transformam rapidamente em pensamento de grupo e apenas trazem à tona as opiniões da minoria mais eloquente, que não é representativa do grupo todo.

Os levantamentos servem para alguma coisa?

Embora os levantamentos não sejam eficazes como ferramenta de aprendizagem inicial, eles podem ser muito úteis para confirmar o que você aprendeu com as entrevistas com os clientes. Uma entrevista com o cliente constitui uma forma de validação qualitativa que ajuda a revelar indicativos fortes a favor ou contra as hipóteses usando uma amostra "razoavelmente" pequena. Depois de fazer uma validação preliminar das hipóteses, você pode usar o que aprendeu para criar um questionário e verificar quantitativamente as constatações. O objetivo não é mais aprender, mas demonstrar a escalabilidade (ou a significância estatística) dos resultados.

Ataques preventivos e outras objeções (ou "por que eu não preciso entrevistar clientes")

O conselho "Vá falar com um cliente" é quase tão útil quanto "Crie algo que as pessoas queiram". Conversar com os clientes é especialmente difícil quando você precisa entrevistá-los sem ter como lhes apresentar seu produto.

- Com quais clientes você deve conversar?
- O que você deve dizer a eles?
- O que, especificamente, você está tentando aprender?

Essas são algumas das questões que abordarei no próximo capítulo, mas, primeiro, acho importante falar de algumas objeções comuns à ideia de entrevistar clientes.

"Os clientes não sabem o que querem."

É comum acreditar que falar com clientes é inútil, muitas vezes citando Henry Ford: "Se eu tivesse perguntado às pessoas o que elas queriam, elas teriam dito que queriam cavalos mais rápidos". No entanto, por trás dessa citação, esconde-se uma declaração de problema do cliente: se os clientes tivessem dito "cavalos mais rápidos", na verdade estariam pedindo algo mais rápido que a alternativa existente, que, na época, eram cavalos.

Dado o contexto certo, os clientes são capazes de articular seus problemas com clareza, mas cabe a nós pensar em uma solução. Ou, como disse Steve Jobs: "Não é o trabalho do cliente saber o que quer".

"Conversar com 20 pessoas não é estatisticamente significativo."

Uma startup tem como objetivo criar algo novo e ousado. Seu maior desafio no começo será chamar a atenção das pessoas:

Quando dez em cada dez pessoas dizem que não querem seu produto, essa amostra é bastante significativa.

– ERIC RIES

Apesar de conversar com os clientes não ser estatisticamente significativo, para conseguir que dez pessoas diferentes digam *sim* e alcançar a significância estatística, procure padrões (insights) nas pessoas que dizem *sim* e nas que dizem *não*. Você pode testar esses insights em sprints subsequentes, com o objetivo de verificá-los com dados adicionais.

"Eu só confio em métricas quantitativas."

Outra tática muito utilizada é usar apenas métricas quantitativas. O primeiro problema dessa abordagem é que, no começo, você provavelmente não terá tráfego suficiente nem condições de gerar esse tráfego. Ainda mais importante, porém, é que as métricas só podem mostrar as ações que seus visitantes estão (ou não) realizando, e não têm como dizer por que isso está (ou não) acontecendo. Os visitantes saíram do site porque não gostaram do texto, do design gráfico, do preço ou de alguma outra coisa? Você pode tentar infinitas combinações ou, simplesmente, perguntar aos clientes.

"Sou o meu próprio cliente e não preciso falar com mais ninguém."

Resolver o próprio problema é uma excelente maneira de começar a trabalhar em uma ideia – muitos dos meus próprios produtos (como o Quadro Lean) começaram assim –, mas não é uma desculpa para não falar com os clientes. Para começo de conversa, será que você realmente pode ser tão objetivo sobre o problema e o preço quando está interpretando o papel tanto do empreendedor quanto do cliente?

"Meus amigos adoraram a ideia."

Recomendo falar com toda e qualquer pessoa no começo, mas a família e os amigos podem ser mais favoráveis (ou menos) que o normal, dependendo da opinião deles sobre empreendedorismo. É melhor usar os amigos para praticar seu roteiro e encontrar desconhecidos para entrevistar, os quais tenderão a ser mais imparciais.

"Para que gastar semanas inteiras conversando com os clientes quando eu posso construir algo em um fim de semana?"

"Lançar logo, lançar muito" foi um mantra adotado pelos desenvolvedores de software, vários anos atrás, como maneira de acelerar o feedback, mas investir qualquer tempo criando até mesmo esse "pequeno" lançamento pode acabar sendo um desperdício de tempo.

Para começar, esses "pequenos" lançamentos quase nunca são "pequenos" o suficiente. Ainda mais importante, você não precisa terminar de construir uma solução para testá-la.

"Não preciso testar o problema porque o problema é óbvio."

Os problemas podem ser óbvios para você por várias razões, às vezes válidas:

- você já tem um domínio e muita experiência na área;
- você está se propondo a resolver problemas "clássicos", como melhorar as vendas ou as taxas de conversão de uma página de destino;
- você está se propondo a resolver problemas conhecidos, porém difíceis, como encontrar a cura para o câncer ou combater a pobreza.

Nesses casos, os maiores riscos podem não ter relação com a tarefa de *testar* o problema, mas de *entender* o problema – em outras palavras, quais clientes são os mais afetados (adotantes iniciais), como eles estão resolvendo os problemas hoje (alternativas existentes) e o que você terá a oferecer de diferente (proposta única de valor). Mesmo nesses casos, eu ainda recomendaria conduzir algumas entrevistas de descoberta de problemas para validar o que você sabe sobre o problema antes de definir/validar a solução.

"Não tenho como testar o problema, porque o problema não está claro."

Você pode achar que o produto que está construindo não foi feito para resolver um problema – por exemplo, um videogame, um curta-metragem ou um romance de ficção. Eu diria que até esses casos têm problemas fundamentais, só que são mais motivados pelo desejo do que pela dor. Em vez de perguntar aos clientes sobre os problemas, é mais interessante se concentrar nos trabalhos maiores que eles estão tentando realizar e depois procurar obstáculos ou dificuldades no caminho deles. Veremos como fazer isso no próximo capítulo.

"Alguém pode roubar minha ideia."

As entrevistas iniciais são totalmente focadas no problema: a ideia é descobrir os problemas enfrentados pelos clientes que já têm esses problemas. Você ainda não tem nada para as pessoas roubarem. Mesmo quando começa a apresentar seu produto, você só revela sua proposta única de valor e sua demonstração (sem revelar nenhum segredo) aos adotantes iniciais qualificados que preferem pagar por seu produto a construí-lo por conta própria.

CAPÍTULO **8**

CONHEÇA SEUS CLIENTES MELHOR DO QUE ELES MESMOS

Se você puder descrever os problemas de seus clientes melhor do que eles mesmos, haverá uma transferência automática de expertise – em outras palavras, seus clientes começarão a acreditar que você deve ter a solução certa para eles. O especialista em marketing Jay Abraham chama esse fenômeno de "Estratégia de Preeminência".

Você já deve ter passado por isso com algum médico: depois de receber um diagnóstico, acreditou que ele descobriu sua doença como se fosse mágica e correu para comprar o remédio que ele prescreveu – ainda que o médico tenha apenas seguido um processo sistemático de eliminação, usando seus sintomas como dados de entrada para fazer suposições.

───── **TOME NOTA** ─────────────
Entender os problemas de seu cliente lhe dá superpoderes.

Este capítulo mostra como usar sprints de descoberta de problemas para entender profundamente seus clientes (Figura 8.1).

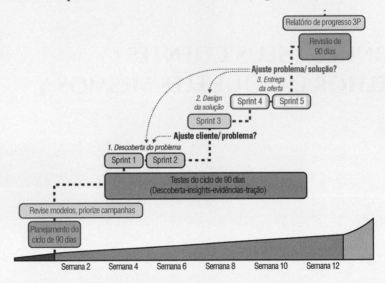

Figura 8.1. *O sprint de descoberta de problemas*

O PROBLEMA DOS PROBLEMAS

Embora a ideia de conversar com os clientes para descobrir problemas seja simples, fazer isso com eficácia pode ser bastante difícil. Você não pode simplesmente pedir aos clientes uma lista de seus principais problemas, por razões como as que se seguem.

Eles podem não saber quais problemas têm

Não é por acaso que as pessoas fazem terapia. Muitas vezes, é preciso um olhar de fora para ir além dos problemas superficiais e chegar às causas profundas.

Eles podem não querer revelar seus problemas a você

Se os seus clientes se sentirem vulneráveis ou desconfortáveis admitindo que têm um problema, a não ser que conheçam você, gostem de você e confiem em você, eles negarão ter o problema.

Você vai influenciar as respostas

Quando você começa com um problema, dá destaque a questões específicas, o que tende a exagerar a resposta do cliente. É fácil deixar de ver a floresta em meio a tantas árvores.

Eles podem apontar para uma solução sem revelar um problema

Saiba que até os clientes são vulneráveis ao Viés do Inovador. Quando questionados sobre um problema, eles tenderão a falar sobre uma ideia de como resolvê-lo, em vez de explorar o problema com você. Um diagnóstico errado neste ponto é uma receita para se perder em um labirinto sem fim.

É por essas razões que recomendo nem mencionar a palavra "problema" durante uma entrevista de descoberta de problemas. Seu objetivo nessas conversas não é *validar* problemas, mas *descobri-los*. Você faz isso não perguntando aos clientes sobre os problemas, mas indagando como eles usam as alternativas existentes. Você descobre problemas que vale a pena resolver encontrando pontos de atrito nas histórias dos clientes (dificuldades, soluções alternativas e chateações) e/ou lacunas entre os resultados desejados e reais.

Antes de mergulharmos nos detalhes da execução de um sprint de descoberta de problemas, vamos dar uma olhada no processo de descoberta de problemas com um estudo de caso.

Estudo de caso: uso de entrevistas de descoberta de problemas para impulsionar vendas de casas

Imagine que você seja um construtor de casas procurando melhorar as vendas e considerando a possibilidade de anunciar. Quando seria a pior época do ano para veicular anúncios para as casas que você está vendendo?

A maioria das pessoas diria que é na época do Natal e Ano-Novo, quando as pessoas estão de férias e não querem ficar pesquisando e comparando ofertas de imóveis. A lógica é que, se apenas algumas pessoas estão procurando casas no fim do ano, para que anunciar? Não seria melhor deixar para usar a verba de publicidade alguns meses depois, quando o tráfego aumenta? E se eu dissesse que o fim de ano é uma época excelente para veicular anúncios, embora de um tipo diferente?

Um construtor de imóveis residenciais usou com eficácia entrevistas de descoberta de problemas para encontrar informações importantes que o ajudaram a construir um pipeline constante de leads qualificados. Veja o que ele fez: começou identificando a época do ano na qual a maioria das casas é vendida (entre março e maio) e entrevistou algumas pessoas que compraram casas nesse período. É importante manter em mente que a ideia não era vender uma casa para essas pessoas (elas tinham acabado de comprar), mas sim aprender com elas. Especificamente, ele queria entender a série de eventos que as *levou* a comprar a casa, começando com o *gatilho de troca*, o que o levou de volta ao período de fim de ano.

Ao ouvir algumas histórias diferentes, um grupo específico se destacou. Vários entrevistados disseram que tiveram *a primeira ideia* de comprar uma casa nova na manhã seguinte a uma festa de fim de ano que haviam dado em casa (digamos, o jantar de Ação de Graças, no fim de novembro). Na manhã seguinte à festa, a casa estava uma bagunça e, no café da manhã, o casal falou sobre a possibilidade de fazer um upgrade para uma casa maior. A casa deles, que parecia perfeita antes da festa, agora parecia pequena (violação da expectativa). Eles conversaram sobre como a família cresceu e falaram sobre o desejo de organizar mais encontros familiares no futuro, o que demandaria mais espaço.

A festa de fim de ano atuou como o *gatilho de troca*, que "quebrou" a alternativa existente (a casa atual) e levou esses compradores a procurar passivamente uma casa nova. Usando o gatilho de troca para ancorar a conversa, o construtor pediu a esses compradores que o conduzissem pela série detalhada de etapas que eles seguiram para pesquisar, encontrar, comprar e mudar para a casa nova. Ele fez muitas anotações e depois as processou em um conjunto de insights acionáveis.

No fim do ano seguinte, o construtor já tinha preparado uma campanha de marketing de conteúdo. Ele escreveu vários artigos esclarecendo as dúvidas mais comuns (pontos de atrito) que seus entrevistados tiveram ao longo da jornada de compra de uma casa. Ele deu dicas sobre onde encontrar as melhores taxas de juros de financiamento de imóveis, os bairros com as melhores escolas, armadilhas a evitar ao contratar serviços de mudança, tendências arquitetônicas etc.

Ele linkou esses artigos a anúncios hiperlocais que veiculou no fim de ano, com ótimos resultados. No início de janeiro, enquanto seus concorrentes estavam começando a aumentar os gastos com publicidade para atrair novos leads, ele já tinha um pipeline contínuo de leads qualificados.

Concentre-se no contexto mais amplo:
A tarefa a ser realizada

Como vimos no Capítulo 2, os produtos competem em um contexto mais amplo, no qual diferentes *categorias* disputam pelas mesmas tarefas a serem realizadas. Chegar ao contexto mais amplo durante uma entrevista com o cliente é a chave para descobrir os problemas que vale a pena resolver. Vamos ver como isso é feito com outro estudo de caso.

Estudo de caso: uso de entrevistas de descoberta de problemas para construir brocas melhores

> As pessoas não querem uma broca de um quarto de polegada, elas querem um furo de um quarto de polegada.
>
> – Theodore Levitt

Theodore Levitt, professor da Harvard, argumentou que devemos priorizar os benefícios finais em vez dos recursos do produto. Em outras palavras, os clientes não querem sua solução; eles querem o que sua solução faz por eles – alcançar um resultado ou realizar uma tarefa.

Suponha que você seja um fabricante de brocas procurando construir uma broca melhor. Em vez de explorar recursos aleatórios para seu produto, você decide estudar como as pessoas usam as brocas. Um dos problemas que encabeçam a lista é que as brocas quebram com frequência. Em vista disso, você apresenta uma nova broca revestida de titânio com a seguinte proposta única de valor: "40% mais resistente".

Você passa um tempo vendendo bem até que, um dia, um novo produto aparece na prateleira das lojas ao lado de sua broca. O novo produto parece deslocado ao lado de furadeiras e brocas, mas os clientes migram em massa para ele, e as vendas de suas brocas começam a cair. Esse produto são ganchos adesivos fabricados pela 3M que permitem que as pessoas realizem a tarefa sem ter que furar a parede.

O que acabou de acontecer?

Embora o insight de Levitt tenha tido um profundo impacto mudando nossa perspectiva de recursos para resultados, o exemplo que ele deu não foi longe o suficiente. Um buraco de um quarto de polegada representa um resultado funcional e não é o que as pessoas querem, mas sim o que elas precisam para realizar uma tarefa. Uma maneira fácil de ver a diferença é perceber que "um buraco de um quarto de polegada" é, na verdade, um resultado indesejado. As pessoas não querem um buraco de um quarto de polegada, mas algo que vem depois dele. É aí que reside o resultado desejado: no contexto mais amplo.

---- **TOME NOTA** ----
Os recursos vivem no contexto do produto, enquanto os resultados e as tarefas vivem no contexto mais amplo.

Para chegar a esse contexto mais amplo, é necessário, primeiro, estreitar o foco. A citação de Levitt faz referência às pessoas em geral, mas essa perspectiva é ampla demais. O uso doméstico de uma furadeira tem razões muito diferentes do uso na construção de casas.

Assim, o primeiro passo é dividir o público-alvo em dois segmentos de clientes mais específicos, como pessoas comuns e trabalhadores da construção de casas. Em seguida, você se põe a estudar como esses segmentos de clientes usam brocas. Em vez de aceitar que os furos de um quarto de polegada são o resultado desejado, porém, você procura o contexto mais amplo olhando além desses furos para obter um resultado mais desejável.

---- **DICA** ----
É buscando resultados desejáveis que você sai do espaço do contexto do produto e entra no contexto mais amplo.

No caso das pessoas comuns, um desses resultados desejáveis pode ser pendurar um quadro. Elas fazem um buraco para afixar um parafuso e pendurar um quadro. Um quadro na parede é claramente mais desejável que um buraco ou um parafuso na parede. Representa um resultado desejado.

Desse modo, a pergunta mais interessante sobre a inovação passa a ser: como você pode ajudar os clientes a realizar a tarefa (pendurar um quadro) sem as etapas indesejadas (como fazer furos na parede e afixar parafusos)? É aí que entram os ganchos adesivos da 3M. Essa solução não requer furar a parede nem fazer sujeira, de modo que pendurar um quadro acaba sendo mais simples e barato que usar a alternativa.

Enfocar o furo de um quarto de polegada pode ajudar um fabricante de brocas a vencer a batalha de construir uma broca melhor que outros fabricantes de brocas. Contudo, esse fabricante ainda pode perder a guerra, que é travada no campo de batalha de um contexto mais amplo.

Encontre o contexto mais amplo

Uma maneira eficaz de chegar rapidamente ao contexto mais amplo é aplicar o exercício a seguir, proposto pela escritora Kathy Sierra:

- Não construa um (x) melhor. Gere um usuário melhor de (x).
- Veja alguns exemplos:
- Não construa uma (câmera) melhor. Gere um (fotógrafo) melhor.
- Não construa um (Quadro do Modelo de Negócio) melhor. Gere um (empreendedor) melhor.
- Não construa uma (broca) melhor. Gere um (adepto do "faça você mesmo") melhor.

Concentrar-se em tornar seus clientes melhores em vez de melhorar sua solução é uma maneira de transcender o contexto do produto. Você vai além dos recursos e benefícios imediatos de seu produto e, em vez disso, concentra-se nos resultados que seus clientes desejam ou nas tarefas a serem realizadas. O desafio, é claro, é que estender a perspectiva pode levá-lo a identificar um número muito maior de tarefas do cliente do que você tem como ajudá-los a realizar. Pensando assim, qual é o foco ideal? A verdade é que a maioria dos empreendedores fica presa no contexto restrito de seu próprio produto e nunca pensa além de tarefas ou recursos. Isso é um erro.

DICA

É melhor ampliar seu foco até correr o risco de sair do escopo do que ficar preso nos detalhes.

Se você definir um escopo de tarefa estreito demais, corre o risco de ser substituído por um concorrente que resolve melhor um escopo de tarefa mais amplo. Se definir um escopo de tarefa amplo demais, corre o risco de diluir seus esforços. Como definir o escopo de tarefa certo?

Defina o escopo para incluir o contexto mais amplo

O escopo de tarefa certo fica em algum ponto entre encontrar o benefício funcional imediato de sua solução e gerar clientes melhores.

1. Comece com o benefício ou resultado funcional imediato que seus clientes obterão depois de usar sua solução.
2. Se esse resultado ainda estiver no espaço de sua solução e/ou ainda não for desejável, continue estendendo o escopo explorando o que vem em seguida.
3. Pare quando as respostas saírem do escopo.

Aplicando esses passos aos resultados da broca de um quarto de polegada (Figura 8.2)...

1. Por que os adeptos do "faça você mesmo" compram uma broca de um quarto de polegada?

Para obter um buraco de um quarto de polegada (etapa funcional, ainda não desejável).

2. Por que ele quer um buraco de um quarto de polegada?

Para afixar um parafuso (etapa funcional, ainda não desejável).

3. Por que ele quer afixar um parafuso?

Para pendurar um quadro (tarefa, desejável).

4. Por que ele quer pendurar um quadro?

Para decorar a casa (tarefa, desejável).

5. Por que ele quer decorar a casa?

Para se expressar (tarefa, desejável).

6. Por que ele quer se expressar?

Estamos começando a entrar no âmbito do metafísico.

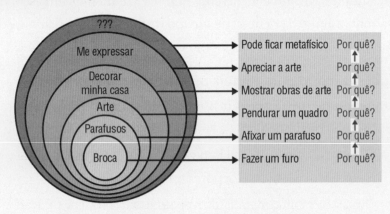

Figura 8.2. *O contexto mais amplo*

—— **TOME NOTA** ——————————————

É no contexto mais amplo que você encontra espaços para inovar.

Aprofunde-se em um contexto mais amplo e mais específico

Depois de identificar os contextos mais amplos que se sobrepõem, escolha um para explorar mais a fundo. O ideal é escolher um contexto limitado por suas restrições específicas de viabilidade e praticabilidade.

Defina sua restrição de viabilidade em termos do tamanho do problema que você precisa encontrar para fazer seu modelo de negócio funcionar. Lembre que essa resposta provém de seu roteiro de tração. No nosso exemplo, o contexto "pendurar um quadro" é um problema de US$ 10 a US$ 20, mas, quando você passa para o contexto da exposição de obras de arte ou da decoração de uma casa, pode encontrar problemas que valem centenas ou milhares de dólares.

Defina sua restrição de praticabilidade em termos de suas principais restrições de competência. Em outras palavras, existem áreas nas quais você não gostaria de competir? Se você for um fabricante de brocas, por exemplo, vai querer entrar no negócio de cola?

Definido o contexto mais amplo certo para você, mergulhe ainda mais para explorar como a tarefa está sendo realizada e procure dificuldades (problemas que vale a pena resolver).

Execute um sprint de descoberta de problemas

Um sprint de descoberta de problemas é executado em um prazo fixo de duas semanas e utiliza entrevistas individuais para entender por que e como os clientes escolheram uma alternativa existente para realizar uma tarefa.

Durante a entrevista, é sempre bom adotar a atitude de um jornalista ou um detetive e ser verdadeiramente curioso. Seu trabalho é descobrir uma série de eventos, começando com o gatilho de troca que levou o entrevistado a sair em busca da alternativa existente escolhida e terminando com sua interação mais recente com a alternativa existente.

Anote esses insights depois de cada entrevista em um Quadro de Forças do Cliente. Veremos como fazer isso mais adiante neste capítulo.

Ao contrário do que se costuma acreditar, não são necessárias muitas entrevistas para começar a ver padrões. Em geral, com apenas 10 a 15 entrevistas focadas, você poderá descobrir 80% dos insights. Como Mary explicou a Steve no capítulo anterior, você sabe que conseguiu quando não tem mais nada de novo a aprender com as entrevistas – em outras palavras, você sabe que atingiu seu objetivo quando é capaz de prever com precisão o que o entrevistado vai dizer apenas fazendo algumas perguntas de qualificação.

Sprints de descoberta de problemas de correspondência ampla versus correspondência restrita

Pode ser tentador direcionar-se imediatamente a seus adotantes iniciais para conduzir entrevistas, mas você corre o risco de estreitar demais o escopo, fazer isso rápido demais e cair vítima da armadilha do máximo local (que discutimos no Capítulo 1). Uma abordagem melhor seria executar dois lotes de entrevistas (em dois sprints): um sprint de descoberta de problemas de correspondência ampla e um de correspondência restrita.

No sprint de descoberta de problemas de correspondência ampla, você se direciona a pessoas que compraram e/ou usaram recentemente uma alternativa existente. Como vimos no estudo de caso do construtor de casas, ele não começou se direcionando a seus adotantes iniciais, mas a pessoas que haviam comprado uma casa recentemente.

Só depois de processar os insights iniciais coletados no sprint de descoberta de problemas de correspondência ampla é que você poderá se direcionar a seus adotantes iniciais ideais. É quando você executa o sprint de descoberta de problemas de correspondência restrita para verificar seus insights.

Em geral, esteja preparado para executar dois sprints de descoberta de problemas (de correspondência ampla e de correspondência restrita) e entrevistar entre 20 e 30 pessoas no decorrer de quatro semanas. Isso equivale mais ou menos a conversar com 5 a 8 pessoas por semana, reservando um tempo para processar o que aprendeu.

Ao final dos sprints de descoberta de problemas, você deve ser capaz de demonstrar o encaixe cliente/problema (com evidências). Você sabe que alcançou o encaixe cliente/problema quando identificou um problema *grande o suficiente* do cliente que vale a pena resolver. Apresentarei critérios mais detalhados para determinar o encaixe cliente/problema no fim deste capítulo.

Executar um sprint de descoberta de problemas – de correspondência ampla ou de correspondência restrita – envolve três passos:

- encontrar clientes potenciais;
- conduzir entrevistas;
- capturar insights.

Vamos dar uma olhada em cada um deles.

Encontre clientes potenciais

Considerando-se que o objetivo da descoberta de problemas é entender como as pessoas realizam uma tarefa usando as alternativas existentes, você deve direcionar-se a pessoas que recentemente tentaram usar uma ou mais das alternativas populares existentes listadas em seu Quadro Lean. Se não souber ao certo quais alternativas existentes seus clientes estão usando, concentre-se nos eventos desencadeadores:

- quando um cliente encontra [um evento desencadeador], ele [usa uma alternativa existente possível];
- por exemplo: quando os empreendedores têm uma ideia, eles vão a conferências e encontros específicos de startups.

Com esse exercício, você pode acabar com soluções indiretas e até complementares, e tudo bem. Você pode usar essa abordagem para encontrar pessoas para entrevistar e, nas entrevistas, descobrir as alternativas existentes que competem diretamente com o produto vislumbrado.

Veja a seguir algumas outras orientações para manter em mente ao prospectar candidatos para entrevistas.

Direcione-se a clientes potenciais com base em quão recentemente eles fizeram a troca para uma alternativa existente (ou a usaram)

Como a memória tem meia-vida curta, faz mais sentido entrevistar pessoas que compraram ou usaram uma alternativa existente nos últimos 90 dias. Esse período é curto o suficiente para permitir que as pessoas se lembrem de detalhes importantes, mas longo o bastante para que elas tenham usado a alternativa existente quantas vezes fossem necessárias para avaliar se a tarefa foi realizada.

Concentre-se em aprender, não em vender sua ideia

Ao tentar vender uma ideia, quem acaba falando mais é você, o que facilita para os clientes fingir que concordam com o que você está dizendo ou até mentir. O problema de começar vendendo uma ideia (com um pitch) é que você parte do pressuposto de que já sabe qual é o produto "certo" para o cliente. Antes de poder vender a ideia da solução "certa", é preciso saber qual é o problema "certo" do cliente.

Ao conversar com os clientes para aprender com eles, os papéis são invertidos: você define o contexto, mas deixa o cliente falar por mais tempo. Você não precisa conhecer todas as respostas, e cada conversa se transforma em uma oportunidade para aprender. Adotar uma abordagem de aprendizagem, buscando aprender com o cliente sem tentar lhe vender nada, também é uma técnica eficaz para tirar o cliente potencial da defensiva, o que lhe permite baixar a guarda e falar com mais liberdade.

Comece com pessoas que você conhece

Pode ser difícil, no começo, encontrar pessoas para entrevistar. Comece com conhecidos que se encaixam no perfil de seu cliente-alvo. Algumas pessoas se preocupam com a possibilidade de os conhecidos tenderem a dar um feedback tendencioso. Acredito que falar com qualquer pessoa é melhor que não falar com ninguém. Em seguida, peça que indiquem outras pessoas para entrevistar. Isso não só ajuda a ganhar prática e ficar mais à vontade com o seu roteiro, como também é interessante porque os outros clientes potenciais já vão chegar sabendo alguma coisa sobre você.

Peça indicações

O próximo passo é pedir para os seus conhecidos indicarem pessoas que se encaixem no grupo demográfico dos seus clientes-alvo. É uma boa ideia incluir um modelo de mensagem que os seus conhecidos podem simplesmente copiar, colar e encaminhar para lhes poupar tempo. Veja um exemplo que usei no passado:

> Oi, [amigo],
> Tudo bem com você? Eu queria te pedir um favor...
> Estou tentando validar uma ideia de produto com fotógrafos de casamento. A ideia é bater um papo com fotógrafos da região para conhecer melhor o trabalho deles e ver se vale mesmo a pena criar o produto.
> Seria ótimo se você pudesse enviar esta mensagem aos fotógrafos que você conhece.
> (Fique à vontade para mudar um pouco a mensagem se quiser.)
> ---
> Olá,
> Somos uma empresa de software de Austin e estamos trabalhando na criação de um novo serviço para simplificar a maneira como os fotógrafos exibem e vendem suas imagens na internet. Mais especificamente, esta-

mos criando ferramentas melhores e mais rápidas para exibir, arquivar e vender imagens.

Seria ótimo se você tivesse meia horinha para nos ajudar a entender o seu fluxo de trabalho. Não estou vendendo nada, só quero saber o que você acha.

Muito obrigado,

Ash

Mostre que você é da região

As pessoas geralmente topam participar se puderem se identificar com você. O e-mail visto enfatiza a cidade de "Austin" e foi bastante eficaz para marcar reuniões com fotógrafos locais.

Dê algo em troca

Transforme a entrevista em uma "entrevista de verdade" e ofereça um artigo, um episódio de podcast, post de blog ou vídeo em troca. Isso cria um incentivo para que seus entrevistados falem com você, em troca de insights que você compartilhará com eles ou em troca de publicidade.

Não há problema em compensar os clientes potenciais por essas entrevistas

Como as entrevistas de descoberta são voltadas apenas para a coleta de informações factuais e a ideia não é vender sua solução, não há problema em oferecer uma compensação para facilitar o recrutamento. Um vale-presente de US$ 25 a US$ 75 pode ser uma compensação razoável para uma entrevista de 30 a 45 minutos, dependendo do segmento de clientes que almeja.

Steve dá início ao primeiro sprint de descoberta de problemas

Steve convoca Mary, Lisa e Josh a uma reunião de lançamento do sprint. Todos concordam em começar com a campanha de Oferta da

Máfia. Eles planejam fazer dez entrevistas de descoberta de problemas em duas variantes de modelo de negócio no decorrer do próximo sprint: Desenvolvedores de Software e Construção de Casas.

"Então, como saber quem entrevistar?", pergunta Josh.

"Bom, vai ser mais fácil com os desenvolvedores de software", responde Steve. "Conheço um monte de desenvolvedores e agências que trabalham com realidade aumentada/virtual, e vai ser fácil marcar dez entrevistas amigáveis com eles. Não tenho tanta certeza sobre os arquitetos. Algum de vocês conhece algum arquiteto com quem possamos falar?"

"Não diretamente, mas posso perguntar por aí. Mesmo se eu não conseguir nenhuma indicação, posso bater em algumas portas...", segue Lisa.

"Com a construção de casas, pode ser interessante adotar uma abordagem em duas frentes", acrescenta Mary. "Sem dúvida seria bom tentar marcar algumas conversas com arquitetos, mas eu priorizaria, se possível, conversar com eles por indicação, e não simplesmente bater à porta deles sem serem anunciados, por todas as razões que discutimos na última reunião. Além disso, acho que seria muito mais fácil e útil falar com os clientes desses arquitetos – pessoas que acabaram de construir suas casas."

"É uma ideia interessante. É para obter a perspectiva do cliente final também?", pergunta Josh.

"Exatamente", responde Mary. "Vocês precisam ver uma ideia de várias perspectivas, e sempre tento me aproximar ao máximo do usuário final e trabalhar de trás para a frente. Garanto que os problemas que um arquiteto vê ao construir uma casa personalizada serão muito diferentes da perspectiva da pessoa para quem o arquiteto está projetando essa casa."

"É verdade. Posso imaginar o arquiteto pensando em eficiência e processos, enquanto o dono da casa, a pessoa que vai morar nela, tem um apego muito mais emocional ao projeto – o contexto mais amplo", acrescenta Josh.

"Também gosto dessa abordagem. Mary, por que você disse que seria muito mais fácil falar com os proprietários?", indaga Steve.

Mary sorri. "Porque todo mundo gosta de falar sobre si mesmo, especialmente se acabou de construir algo de que se orgulha. Também neste caso, se vocês tiverem amigos ou conhecidos que acabaram de construir uma casa, conversem com eles primeiro. Em seguida, visitem os sites dos arquitetos na internet, procurem casas que tiverem sido concluídas recentemente e abordem diretamente os proprietários. Basta bater à porta deles, elogiar a casa e informar que vocês estão fazendo uma pesquisa de marketing para a construção de casas novas. Peçam entre 30 e 45 minutos do tempo deles e ofereçam um vale-presente de US$ 50 a US$ 75. Acho que deve bastar."

"Você faz parecer tão fácil...", Steve ri.

"Entrevistar pessoas é simples, mas acabamos achando que é mais difícil do que realmente é", diz Mary. "Lembrem que não é um pitch. Saiam um pouco da zona de conforto, sejam curiosos e deixem o entrevistado falar mais. Quando eles começarem a falar, vocês ficarão surpresos ao ver como pode ser difícil fazê-los parar."

"Se você está dizendo...", Steve comenta com um sorriso cético. "Então vamos entrevistar três grupos de pessoas: desenvolvedores de software, arquitetos e proprietários. Tínhamos combinado de fazer as entrevistas em duplas, com cinco entrevistas para cada. Todo mundo ainda concorda com isso?"

Josh e Lisa concordam com a cabeça.

Conduza as entrevistas

Como qualquer habilidade que vale a pena desenvolver, conduzir entrevistas pode ser um pouco desconfortável no começo. Com um pouco de prática (e algumas diretrizes), é uma habilidade inestimável que será útil durante todo o ciclo de vida do produto. Lembre-se de que a Inovação Contínua requer construir um ciclo de aprendizado contínuo com os clientes – e saber como falar com os clientes é a maneira mais eficaz de aprender.

Veja algumas orientações para ajudar você a começar.

Prefira entrevistas presenciais

Além de poder ver a linguagem corporal do entrevistado, conversar pessoalmente dá um senso de proximidade que não é possível recriar por telefone. Essa proximidade é crucial para desenvolver relacionamentos com os clientes. Se não for possível fazer uma entrevista presencial, prefira fazer videochamada sempre que houver oportunidade.

Escolha um local neutro

Gosto de conduzir a primeira entrevista em um café, para criar um ambiente mais casual. Fazer a entrevista no escritório do cliente potencial faz com que a conversa pareça mais "profissional" e dá a impressão de se tratar de um pitch. Dito isso, aceito me encontrar com o cliente potencial onde ele preferir.

Reserve tempo suficiente

As entrevistas de descoberta de problemas costumam levar uns 45 minutos, sem pressa. Eu sugeriria pedir uma hora e terminar antes, se for possível.

Considere terceirizar o agendamento de entrevistas

A maior fonte de desperdício nesta etapa é o tempo de espera – esperar as pessoas retornarem seu contato, coordenar as agendas, fazer malabarismos com fusos horários e assim por diante. Com um pouco de esforço no começo, você poderá delegar essa tarefa a um assistente virtual ou a uma ferramenta de agendamento na internet.

Veja como eu faço isso:

- roteirizo todos os meus e-mails pedindo entrevistas;
- bloqueio minhas tardes para facilitar o agendamento das entrevistas;
- peço para ser copiado em todos os e-mails para poder intervir caso necessário.

Conduza as entrevistas em duplas

Se não estiver trabalhando sozinho, é sempre bom conduzir essas entrevistas em duplas. Desse modo, vocês podem se revezar, um fazendo as perguntas enquanto o outro faz anotações e pensa em outras perguntas. É sempre interessante comparar notas mais tarde, e é uma excelente maneira de manter seus vieses de confirmação sob controle.

Faça perguntas, não afirmações

Seu objetivo com essas entrevistas é aprender, não fazer um pitch. Como você sabe quando um empreendedor está fazendo um pitch? Os lábios dele estão se movendo. Evite essa armadilha, falando menos e ouvindo mais durante essas entrevistas. Uma boa técnica é começar ou terminar cada frase (assim que a entrevista estiver em andamento) com uma pergunta.

- Você poderia elaborar um pouco mais?
- O que você esperava que acontecesse?
- Em que dia isso ocorreu?

Concentre-se em fatos, não em hipóteses

Uma regra de ouro para as entrevistas de descoberta é focar o que os clientes realmente fizeram no passado, em vez de perguntar o que eles podem (ou não) fazer no futuro.

Evite fazer perguntas como:

- Você teria feito X se Y?
- Planeja comprar X no futuro?
- No futuro, você acha que faria Y?

Faça de conta que é um jornalista. Seu trabalho é descobrir a história nua e crua e averiguar fatos, não ficção.

Não pergunte aos clientes sobre problemas

Pelas razões que já mencionei, evite perguntar a seus clientes potenciais sobre os problemas. Se falar sobre isso, você corre o risco de acabar apenas com descrições superficiais de problemas ou com a lista errada de problemas. É melhor levar seus clientes potenciais a falar sobre como usam as alternativas existentes e procurar pontos de atrito. Por exemplo, se você tivesse lhes perguntado sobre os problemas que tinham com táxis quinze anos atrás, eles poderiam ter dito "taxistas grosseiros" e "táxis sujos". Nenhum desses problemas teria levado à invenção dos serviços de compartilhamento de viagens.

Se, em vez disso, você se concentrasse em estudar como as pessoas *usavam* os táxis, você poderia ter notado que, quando tinham um avião para pegar, elas:

- reservavam um táxi na noite anterior ao voo;
- faziam a reserva (e acordavam) duas horas antes do necessário para compensar o atraso do táxi;
- ligavam várias vezes para a empresa de táxi para confirmar se o carro realmente viria.

Chateações e soluções alternativas como essas teriam revelado problemas que valeria a pena resolver.

Aprofunde-se, seja curioso

Ao entrevistar clientes potenciais, você perceberá que, enquanto não quebrar o gelo, eles só lhe darão respostas curtas que abordam os problemas superficiais. A melhor maneira de se aprofundar é ser naturalmente curioso, não presumir nada e fazer perguntas abertas de qualificação, como:

- Como você fez isso?
- O que quer dizer com X?
- Acho que não entendi direito... podemos voltar um pouco para você me esclarecer o ponto Y?

O contexto mais amplo

Como vimos neste capítulo, você precisa buscar os resultados desejados para sair do contexto do produto e entrar no contexto mais amplo onde estão as tarefas a serem realizadas.

Grave a entrevista (se possível)

Se o cliente potencial aceitar ser gravado, é muito útil gravar uma entrevista para ouvir de novo, compartilhar com os membros de sua equipe e até passar por um serviço de transcrição, o que facilita muito o pós-processamento.

Recrie a cronologia dos eventos

Ajuda começar a entrevista ancorando a conversa em torno do evento de seleção/compra da alternativa existente que você está estudando. A partir daí, percorra o caminho inverso para descobrir a série de eventos desencadeadores que levaram à seleção dessa alternativa existente específica. Por fim, percorra a timeline em sentido cronológico, a fim de explorar o uso da alternativa existente até o uso mais recente.

A Figura 8.3 mostra um exemplo da timeline de uma entrevista com um cliente que entrou recentemente em uma academia.

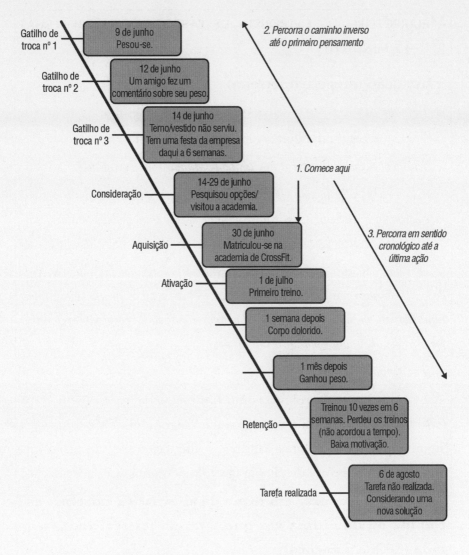

Figura 8.3. *Timeline do cliente de uma academia*

Use um metarroteiro

Como seu tempo é limitado, é importante manter o foco em seus principais objetivos durante uma entrevista para maximizar a aprendizagem. É aqui que ajuda ter um metarroteiro.

Metarroteiro da entrevista de descoberta de problemas (30-45 minutos)

Introdução (prepare o terreno)

(2 minutos)

Explique resumidamente como será a entrevista:

Muito obrigado por reservar este tempo para falar com a gente hoje.

Estamos fazendo algumas pesquisas iniciais sobre como e quando as pessoas fazem [tarefa a ser realizada]. Eu gostaria de deixar claro que não estamos vendendo nada. Nosso objetivo é aprender com você, não tentar vender alguma coisa.

A melhor maneira de pensar sobre esta entrevista é que não há respostas erradas. Nós só queremos saber o que aconteceu. Às vezes ajuda pensar que estamos filmando um documentário. Somos o produtor e o diretor e gostaríamos de saber todos os detalhes para conhecer a sua história.

Faz sentido?

Use o restante do roteiro como um metarroteiro. O melhor roteiro para a descoberta é não ter roteiro algum. Dito isso, ajuda ter algumas perguntas prontas. Mas não se esqueça de ser curioso e tentar entender a história do cliente fazendo perguntas curtas e abertas.

Ancore a conversa em torno da alternativa existente escolhida ou da última vez que a tarefa foi realizada/tentada (defina a âncora)

(5 minutos)

Faça algumas perguntas específicas para levar o entrevistado de volta ao evento da compra (ou contratação).

Quando você se inscreveu na [alternativa existente]? Quando você usou [a alternativa existente] pela última vez?

Como a memória tem vida curta, peça detalhes específicos para ajudar a refrescar a memória do entrevistado. Isso tem o efeito adicional de desarmá-lo ainda mais e abri-lo para suas perguntas.

Você se lembra de que dia da semana foi?

Você estava sozinho ou levou alguém com você?

Você disse que pesquisou na internet... Você se lembra das palavras que usou para fazer a busca?

Procure eventos desencadeadores (do primeiro pensamento ao gatilho de troca)

(5 minutos)

Volte ao início da timeline e tente determinar a série de eventos desencadeadores que levaram o entrevistado a contratar a alternativa existente escolhida.

Certo, então você comprou o produto no [dia]. Você se lembra do que motivou a compra?

O que você fez depois?

Quando foi a primeira vez que você percebeu que precisava de um novo [produto]?

O que teria acontecido se você não tivesse feito nada?

Você disse que queria algo melhor. Consegue definir o que achou que seria melhor na ocasião?

Explore o processo de seleção (aquisição)

(5 minutos)

Aprofunde-se para entender como o entrevistado selecionou a alternativa existente escolhida.

O que aconteceu depois? Pode nos contar como foi seu processo de seleção?

Que outros fatores você considerou?

Onde ouviu falar sobre a [alternativa existente]? Por que escolheu a [alternativa existente escolhida]?

Poderia nos dizer quanto pagou pela [alternativa existente escolhida]?

Peça ao entrevistado para esclarecer termos vagos:

O que você quer dizer com "simples"?

Você disse que era a alternativa mais saudável. Poderia me ajudar a entender como sabe se algo é saudável?

Explore o uso inicial (ativação)

(5 minutos)

Desacelere o tempo para logo após a contratação e peça ao entrevistado para contar quais foram suas primeiras impressões de uso. Se você detectar uma dificuldade ou um atrito potencial, aprofunde-se na investigação.

Gostaria de voltar para logo depois que você se inscreveu/recebeu a [alternativa existente]. Conte como foi o processo de desembalar o produto.

Quanto tempo você levou para configurar a [alternativa existente]? O que fez em seguida?

Poderia nos dizer como o produto funcionou?

Explore o uso recorrente (retenção), se aplicável

(5 minutos)

Continue explorando o uso contínuo e procure dificuldades e/ou atritos.

Então, com que frequência você usa a [alternativa existente escolhida]?

Quando foi a última vez que você usou a [alternativa existente escolhida]?

E agora? (próxima colina)

(5 minutos)

Determine se a tarefa foi realizada com sucesso e quais são os próximos passos para o entrevistado.

Quer dizer que, no começo, você queria um produto que fizesse [resultado desejado]. Como você acha que foi o desempenho da [alternativa existente escolhida] nesse sentido?

E agora, o que vem depois?

Conclusão (próximos passos)

(3 minutos)

Agradeça ao entrevistado por seu tempo. Antes de se despedir, você ainda pode fazer mais uma coisa e mais duas perguntas.

Mesmo se ainda não estiver pronto para falar sobre sua solução, se o entrevistado corresponder a seus critérios de adotante inicial potencial, você pode deixar um gancho para manter o interesse. Seu conceito de alto nível, ou proposta única de valor, é perfeito para fazer isso.

Em seguida, peça permissão para voltar a entrar em contato com o entrevistado. Por fim, peça indicações de outros entrevistados potenciais.

Como mencionamos no início, só estamos fazendo uma pesquisa inicial, mas, com base nas suas respostas, achamos que o produto que estamos desenvolvendo pode ser uma boa opção. O objetivo do nosso produto é [proposta única de valor].

Podemos entrar em contato com você em algumas semanas para fazer uma demonstração?

Além disso, como estamos nos estágios iniciais, queremos conversar com o maior número possível de pessoas para aprender. Você teria mais [pessoas como você] para nos apresentar?

Steve cria um metarroteiro para suas entrevistas

Como nunca conduziu entrevistas como essas antes, Steve decide escrever um metarroteiro para usar com os proprietários de casas. Seu objetivo não é criar uma lista exaustiva de perguntas, mas organizar o fluxo da entrevista e anotar algumas perguntas de aprendizagem para consultar durante a entrevista.

Introdução (prepare o terreno)

(2 minutos)

Muito obrigado por reservar um tempo para conversar com a gente hoje.

Estamos fazendo algumas pesquisas iniciais de marketing para uma grande empresa de arquitetura da região, para estudar o processo de design arquitetônico personalizado. Vimos a sua casa em destaque no [site do arquiteto] – por falar nisso, sua casa ficou linda – e queríamos saber se você gostaria de nos contar como foi sua experiência com o processo de design.

A entrevista deve durar uns 45 minutos. Sabemos que seu tempo é valioso e podemos lhe oferecer um vale-presente de US$ 75 da loja que você preferir pelo seu tempo.

Se a pessoa aceitar ser entrevistada:

Eu gostaria de deixar claro que não estamos vendendo nada. Nosso objetivo é aprender com você, não vender nada a você.

A melhor maneira de pensar sobre esta entrevista é que não há respostas erradas. Só queremos saber como foi a história da sua experiência. É como se estivéssemos fazendo um documentário. Somos o produtor e o diretor e gostaríamos de saber todos os detalhes para conhecer a sua história.

Faz sentido?

Ancore a conversa na alternativa existente escolhida (defina a âncora)

(5 minutos)

Quando sua casa terminou de ser construída?

Quando você se mudou?

Essa foi a primeira vez que você construiu uma casa?

Quanto tempo demorou a construção?

Procure eventos desencadeadores (do primeiro pensamento ao gatilho de troca)

(5 minutos)

Quer dizer que a construção demorou [X tempo]. Eu gostaria de voltar no tempo, para a primeira vez que você pensou em construir uma casa. O que o levou a ter essa ideia?

Como você soube que queria construir e não comprar uma casa pronta?

O que você pretendia obter ou alcançar?

Explore o processo de seleção (aquisição)

(5 minutos)

O que aconteceu depois? Você pode contar como foi seu processo de seleção?

Como escolheu seu arquiteto?

O que mais você considerou?

Explore o uso inicial (ativação)

(5 minutos)

Depois de escolher o arquiteto, qual foi o próximo passo?

Quanto tempo durou a fase do design arquitetônico?

Que artefatos você usou para escolher um projeto?

Explore o uso recorrente (retenção), se aplicável

(5 minutos)

Como você escolheu os materiais de construção?

Quanto tempo levou para escolher?

E os custos de construção?

Quando isso aconteceu?

Quais foram as idas e vindas entre o projeto arquitetônico e os custos, se for o caso?

E agora? (próxima colina)

(5 minutos)

Então, você começou querendo construir a casa dos seus sonhos... Você acha que atingiu seu objetivo inicial?

Você está pensando em fazer alguma alteração ou reforma na sua casa?

Conclusão (próximos passos)

(3 minutos)

Muito obrigado por aceitar falar com a gente. Aqui está seu vale-presente. É só um gesto simbólico, mas agradecemos muito por nos convidar para sua linda casa.

Uma última pergunta: por acaso, você tem algum amigo que também construiu uma casa? Estamos tentando falar com o maior número possível de pessoas, e ajudaria muito se você pudesse nos apresentar a outras pessoas.

Capture os insights

Depois de cada entrevista, você acabará com muitas informações brutas, que podem ser difíceis de processar. O problema só piora à medida que você conduz mais entrevistas.

O objetivo dessas entrevistas não é criar um relatório de 20 páginas, mas resumir seus aprendizados em insights acionáveis que descrevem as histórias de jornada do cliente mais comuns. Em qualquer mercado, não há um número infinito de histórias de jornada do cliente. Os padrões não demoram a surgir, e a maioria dos mercados tem algo entre três e cinco histórias recorrentes.

Como você encontra esses padrões? Por um lado, seu cérebro busca padrões naturalmente e procurará automaticamente pontos em comum nas entrevistas. O problema é que seu cérebro pode ser enganado com facilidade.

O primeiro princípio é que você não deve enganar a si mesmo, e você é a pessoa mais fácil de enganar.

– RICHARD P. FEYNMAN, FÍSICO TEÓRICO AMERICANO

Isso se deve à ação de nossos vieses cognitivos. Dois dos vieses mais comuns que precisamos evitar neste caso são o *viés de confirmação* e o *viés de recência*.

Com o viés de confirmação, tendemos a prestar mais atenção às coisas que se alinham com nossas próprias visões de mundo (como problemas que justificam nossa solução) e menos atenção às coisas que não se alinham.

Com o viés de recência, damos mais peso a coisas que acabaram de acontecer (como ouvir sobre um determinado problema três vezes seguidas) do que a coisas que, quando consideradas como um todo, podem ser discrepantes, saindo do padrão.

A melhor maneira de evitar esses vieses é adotar uma abordagem empírica para capturar e classificar seus insights em um Quadro de Forças do Cliente (Figura 8.4).

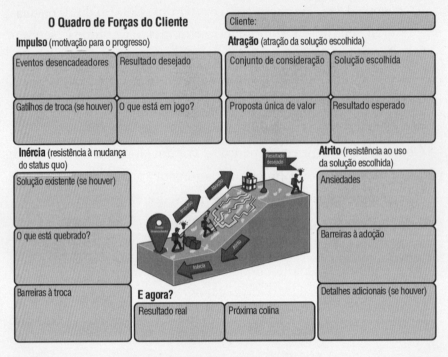

Figura 8.4. *O Quadro de Forças do Cliente*

Veja a seguir algumas orientações para capturar os insights de suas entrevistas.

Resuma seus insights imediatamente depois de cada entrevista

Reserve entre 5 e 10 minutos após cada entrevista para fazer o pós-processamento de suas anotações em um Quadro de Forças do Cliente. Eu costumo bloquear uma hora na minha agenda para uma entrevista e planejo concluí-la em 45 minutos, deixando 15 minutos para o pós-processamento.

Evite o pensamento de grupo

Se estiver conduzindo entrevistas em dupla, o ideal é criar individualmente suas próprias versões da história do cliente e depois comparar seus insights para evitar o pensamento de grupo.

Preencha o Quadro de Forças do Cliente em ordem cronológica

O fluxo de entrevistas de descoberta de problemas não costuma seguir uma linha do tempo cronológica, mas seu objetivo é reconstruir a história do cliente como uma série de eventos causais em ordem cronológica.

Resuma os insights da entrevista na ordem mostrada no quadro a seguir. Essa é uma excelente prática para desenvolver um pitch com base na história do cliente, que abordaremos no Capítulo 10.

> ## Preenchimento do Quadro de Forças do Cliente
>
> ### IMPULSO (motivação para o progresso)
>
> Identifique o que mudou nas circunstâncias do entrevistado que o impeliu a realizar uma tarefa.
>
> *Eventos desencadeadores*
>
> Comece identificando o primeiro pensamento e quaisquer eventos subsequentes que o levaram de não fazer nada a procurar passivamente e, depois, procurar ativamente uma solução.
>
> *Gatilho de troca (se houver)*
>
> Se o entrevistado passou de uma maneira antiga para uma maneira nova de realizar uma tarefa, destaque o evento causal que o levou a fazer a troca. Pode ter sido:
>
> - uma experiência ruim com a solução atual;
> - uma mudança nas circunstâncias;
> - um evento de conscientização, como ser diagnosticado com pressão alta no check-up médico anual.
>
> *Resultado desejado*
>
> Qual foi o resultado desejado no início da jornada do cliente? Quais métricas específicas ele usou para medir o sucesso?

O que está em jogo

Quais foram as consequências (se existiram) de ignorar os eventos desencadeadores e não fazer nada?

ATRAÇÃO (apelo da solução escolhida)

Identifique o que atraiu o entrevistado à solução escolhida.

Conjunto de consideração

Que outras alternativas existentes foram consideradas para realizar a tarefa?

Solução escolhida

Anote a solução escolhida que foi contratada para realizar a tarefa. Anote onde o entrevistado encontrou a solução escolhida (canal) e quanto pagou (se aplicável).

Proposta única de valor (resultado prometido)

Qual foi o apelo específico da solução escolhida? Em outras palavras, por que o entrevistado escolheu essa solução em detrimento de outras alternativas?

Resultado esperado

O que o entrevistado esperava alcançar com a solução escolhida? Quais métricas específicas ele usou para medir o sucesso?

INÉRCIA (resistência à mudança do status quo)

Relacione as forças resistivas da maneira antiga do entrevistado de realizar a tarefa. Essas forças podem ser provenientes de uma solução existente que ele já está usando para realizar a tarefa ou, se for a primeira vez que ele está tentando realizar essa tarefa, de hábitos existentes que o estão impedindo de realizá-la.

Solução existente (se houver)

Se o entrevistado estiver usando uma solução (maneira antiga) para realizar a tarefa, anote-a aqui. Caso contrário, deixe este campo em branco.

O que está quebrado?

Quais problemas específicos surgiram com a solução existente como resultado do gatilho de troca?

Barreiras à troca

Identifique quaisquer hábitos existentes ou custos de troca que estejam impedindo o cliente de trocar de solução.

ATRITO (resistência ao uso da solução escolhida)

Relacione as forças resistivas que estão atrapalhando quando o entrevistado usa a solução escolhida. Essas forças costumam ser causadas pela ansiedade gerada pela mudança e outras barreiras à adoção, como problemas de usabilidade.

Ansiedades

Relacione quaisquer temores ou preocupações que o entrevistado disse que teve quando começou a usar a solução escolhida.

Barreiras à adoção

Relacione quaisquer desafios que o entrevistado encontrou com a solução escolhida durante o uso.

Detalhes adicionais (se houver)

Use este campo para anotar quaisquer informações adicionais sobre a solução escolhida.

E AGORA?

Resuma a situação atual do entrevistado.

Resultado real

Qual foi o resultado real que o entrevistado obteve depois de usar a solução escolhida?

Próxima colina

Quais são os próximos passos para o entrevistado? A tarefa foi realizada a contento? O entrevistado continuará usando a solução escolhida ou considerará o uso de uma nova solução?

Pratique resumir a história da jornada do cliente

Ao preencher seu Quadro de Forças do Cliente, anote os principais insights gerados em cada entrevista usando o modelo de história a seguir.

> Quando os clientes encontraram um gatilho de troca, experimentaram uma violação de expectativa. (O que está em jogo)
> Em vista disso, começaram a considerar algumas novas soluções. (Conjunto de consideração)
> Escolheram uma nova solução porque... (Proposta única de valor)
> O que os impediu de fazer a troca foi... (Inércia)
> O que os levou a fazer a troca foi... (Atração)
> Quais ansiedades eles experimentaram? (Atrito)
> Onde estão agora? (Próxima colina)

Categorize seus Quadros de Forças do Cliente em segmentos de clientes com base nas tarefas

À medida que você preenche cada Quadro de Forças do Cliente, procure padrões em eventos desencadeadores, resultados desejados e alternativas existentes e crie um ou mais grupos de segmentos de clientes com base em tarefas (Figura 8.5).

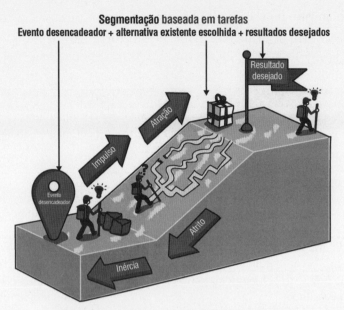

Figura 8.5. *Critérios de segmentação baseada em tarefas*

As pessoas que compartilham eventos desencadeadores, resultados desejados e alternativas existentes parecidos tendem a se comportar de maneira mais semelhante e podem ser agrupadas em um segmento (Figura 8.6).

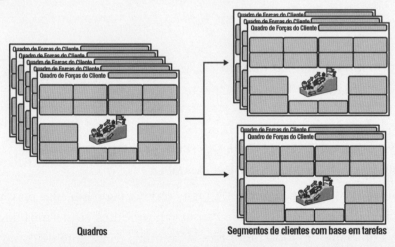

Figura 8.6. *Criação de segmentos de clientes com base em tarefas*

Por exemplo, no estudo de caso do construtor de casas, o empreendedor descobriu os principais grupos de histórias de clientes mostrados na Tabela 8.1.

Gatilho de troca	Resultado desejado	Solução escolhida
Festa de fim de ano	Quer uma casa maior para ter mais espaço para receber as pessoas (a família está crescendo)	Escolheu uma casa de 280 metros quadrados
Festa de fim de ano	Quer uma casa menor porque não quer mais receber muita gente (os filhos já saíram de casa)	Escolheu um apartamento de 100 metros quadrados
Esperando um bebê	Quer dois quartos a mais e um quintal	Mudou-se para um condomínio fechado
Mudou-se por causa do trabalho	Quer morar perto do trabalho	Escolheu uma casa a cinco quilômetros do trabalho

Tabela 8.1. *Principais grupos de histórias de clientes do estudo de caso do construtor de imóveis residenciais*

Agora é a sua vez

Visite o site LEANSTACK (https://runlean.ly/resources) para:

- baixar um modelo em branco do Quadro de Forças do Cliente;
- fazer o upload da transcrição de sua entrevista e criar seu Quadro de Forças do Cliente on-line.

STEVE AVALIA OS RESULTADOS DO SPRINT DE DESCOBERTA DE PROBLEMAS DE CORRESPONDÊNCIA AMPLA

Steve dá início à reunião. "Quem teria imaginado que entrevistar clientes seria tão divertido? Pensar em produtos em termos dessas forças do cliente mudou tudo! Fiquei até mais consciente de como eu compro produtos."

"Estou vendo que você superou seu medo de falar com desconhecidos", comenta Mary.

"Com certeza. O metarroteiro foi uma boa rede de segurança, mas, como você disse, depois de começar, foi muito fácil manter a pessoa falando. Mesmo quando eu parava para pensar, talvez por ver que eu não estava entendendo, as pessoas continuavam falando para preencher as lacunas."

Mary ri. "Vejo que você encontrou por acaso uma das táticas de entrevista mais avançadas. Temos muito a aprender sobre as entrevistas com as táticas de negociação. Chris Voss escreveu um livro excelente, *Negocie como se sua vida dependesse disso*, que recomendo muito ler. Então, o que vocês aprenderam com as entrevistas?"

Josh gesticula para Steve apresentar a atualização.

"Bom, parece que o modelo para Desenvolvedores de Software é um beco sem saída. A demanda por aplicativos de realidade aumentada/virtual ainda é muito incipiente. Só uma das cinco agências com as quais conversamos concluiu recentemente um grande projeto de realidade virtual para uma empresa de mídia. Eles nos disseram que, embora esse espaço seja bastante promissor, muitos de seus clientes só estão brincando com a tecnologia e ainda não se sentem confiantes a ponto de arriscar sua marca com um aplicativo para as massas. Acho que a indústria primeiro precisa ver um aplicativo revolucionário para abrir caminho para os outros."

"Esse costuma ser o caso de novas tecnologias como essa, que são radicalmente diferentes", diz Mary. "E os projetos arquitetônicos? Como foram essas conversas?"

"Essas foram bem interessantes", responde Steve, "mas acho que ainda não temos a história toda. Você tinha razão quando disse que temos duas perspectivas muito diferentes aqui. Só conseguimos falar com três escritórios de arquitetura. Os três oferecem renderizações 3D como parte do pacote de design para residências de alto padrão, que usam para ajudar os clientes a visualizar o espaço. Outros clientes podem solicitar renderizações por uma taxa que se mostrou bem próxima da nossa estimativa de US$ 3 mil a US$ 5 mil. O curioso é que eles mostram as renderizações aos clientes no escritório usando um computador, mas só entregam algumas impressões coloridas. Os clientes não têm acesso aos modelos depois disso."

"Algum deles usa a realidade aumentada/virtual?", pergunta Mary.

"Não. Um deles mencionou ter visto uma demonstração em uma conferência uma vez e também achou que a tecnologia tinha muito potencial, mas disse que ainda era caro e complicado demais. Quase não me contive e fiz uma demonstração a eles, mas Josh me chutou por baixo da mesa."

Josh ri e dá um tapinha nas costas de Steve. "Não deveríamos falar sobre a solução. Eu também quase perguntei se eles fariam mais renderizações se o processo fosse mais fácil, mas também me contive."

Mary sorri. "Você fizeram a coisa certa. E qual foi a história das pessoas que construíram suas casas?"

"Nessas conversas, a energia foi insana", responde Steve. "Conversamos com cinco pessoas que construíram suas casas – três receberam renderizações no pacote-padrão e uma pagou à parte. Todos disseram que a primeira vez que viram as renderizações foi o momento em que realmente viram sua casa 'tomar forma a partir de um projeto no papel'. Essas foram as palavras exatas de um deles."

"Sim, eles estavam muito empolgados, e alguns ainda guardam o projeto em papel", diz Josh. "O que achei interessante é que foi quando eles conseguiram visualizar sua casa que eles começaram a pedir mais alterações, o que atrasou o cronograma do projeto em pelo menos duas semanas. Em um caso, levou três meses para chegar ao projeto final."

"Eles viram renderizações atualizadas a cada revisão?", indaga Mary.

"Não em todos os casos, o que com certeza foi uma decepção", responde Josh. "Um deles chegou a pedir o arquivo do modelo para criar as próprias renderizações."

"Que interessante. Ele era arquiteto ou designer?"

"Nem um nem outro. Só entendia de tecnologia. Aprendeu sozinho a usar o software de modelagem, e acho que até o comprou para poder visualizar o projeto e fazer alterações."

"Isso é um excelente sinal. E o que aconteceu?", questiona Mary.

Josh e Steve se olham. Então Steve começa: "Foi nesse ponto que terminamos nossas conversas. Acho que, se pudermos criar um aplicativo que os clientes consigam usar para visualizar o projeto no celular, isso aceleraria muito o processo de design".

"Não tenho dúvida disso, mas gostaria que vocês explorassem como o acesso dos clientes finais a esses modelos poderia afetar o processo, inclusive indo além do processo de design", diz Mary. "Os modelos afetaram o custo, a seleção de materiais ou a seleção de móveis? E, se foi o caso, como?"

Lisa responde: "Um dos clientes finais mencionou por alto que usou o projeto arquitetônico para comprar móveis na IKEA no fim da nossa conversa. Parece que a IKEA tem uma oferta de design de interiores, na qual eles usam o projeto arquitetônico para sugerir móveis para diferentes cômodos da casa".

"É exatamente esse o tipo de exploração que vocês precisam fazer na próxima rodada de entrevistas de correspondência restrita – descobrir o contexto mais amplo desses modelos arquitetônicos", diz Mary. "Meu palpite é que eles são usados para realizar várias tarefas."

Como saber quando você concluiu a descoberta de problemas?

Ao fim de cada sprint de descoberta de problemas, revise seus grupos de Quadros de Forças dos Clientes e determine se descobriu todas as principais histórias de jornada do cliente.

Como vimos, qualquer segmento de clientes tem entre três e cinco histórias principais. Se você ainda estiver descobrindo novas informações em cada entrevista, planeje conduzir outro lote de entrevistas e executar outro sprint de descoberta de problemas.

Se, por outro lado, suas últimas entrevistas soaram parecidas com as que você já fez e já deu para identificar alguns padrões claros, isso sugere que você provavelmente descobriu todas as principais histórias. Nesse caso, teste seus grupos de histórias principais em relação ao encaixe cliente/problema – ou seja, verifique se eles representam um problema grande o suficiente que vale a pena resolver.

Teste o encaixe cliente/problema com as duas perguntas a seguir:

Você descobriu um problema grande o suficiente com as alternativas existentes para causar uma mudança?

Procure evidências de atrito e/ou insatisfação nas alternativas existentes. Essas evidências podem transparecer nas entrevistas na forma de chateações, soluções alternativas, problemas de usabilidade, necessidades ou desejos não atendidos e/ou lacunas entre os resultados desejados, os resultados prometidos e os resultados reais.

As pessoas estão gastando tempo, dinheiro e esforço suficientes na alternativa existente?

É aqui que você testa se vale a pena resolver os problemas. Compare com as suposições de estimativa de Fermi (preço e tempo de vida do cliente) de seu roteiro de tração.

Se a resposta para as duas perguntas for *sim*, você está pronto para passar para o sprint de design da solução, no qual criará o design de uma solução para causar uma troca.

A equipe da Altverse descobre várias tarefas adicionais a serem realizadas

A equipe volta a se reunir ao fim de seu sprint de descoberta de problemas de correspondência estreita para repassar o que foi aprendido. Steve começa: "Conversamos de novo com aquele proprietário de imóvel que gostava de tecnologia e, curiosamente, ele usou o modelo na semana passada para definir a melhor disposição dos móveis em seu escritório. Ele chegou a nos mostrar o modelo. Também contou que usou a ferramenta com seu paisagista para projetar a jardinagem. Admitiu que os modelos são rudimentares, mas estão sendo usados por ele e sua família para tomar muitas decisões".

Lisa aproveita a deixa. "Também conversamos com mais dez pessoas que acabaram de construir suas casas, e um padrão está começando a surgir. Há um grande ponto problemático em torno do tempo de ciclo do design. Eles contaram várias histórias de como esperavam ter o design arquitetônico em três meses e, apesar de ter sido rápido chegar ao primeiro conceito, chegar a um design final que também estivesse dentro do orçamento levou o dobro do tempo."

Josh acrescenta: "Os arquitetos também apontaram esse problema. Como eles cobram um valor fixo pelo design, quando o estágio de design leva duas vezes mais tempo, isso afeta diretamente seus lucros".

"Então vocês acham que visualizações sincronizadas melhores os ajudariam a chegar a um design final com mais rapidez?", pergunta Mary.

Steve toma a palavra. "Sei que não deveríamos estar pensando na solução, mas, além de uma visualização melhor, já que nosso modelo incluirá todas as seleções de materiais, também poderíamos gerar uma estimativa aproximada de custo em tempo real."

"É uma ideia interessante, Steve", observa Mary. "E não há nada de errado em pensar em soluções para novas tarefas como essa. Só não quero que vocês corram para construir a solução. Pelo menos não por enquanto. Dito isso, parece que vocês encontraram pelo menos três tarefas a serem realizadas: visualizar o projeto, precificar o design e planejar os espaços. Parece que há um problema grande o suficiente que vale a pena resolver, o que é a prova de fogo para o encaixe cliente/problema."

"Legal! E agora, quais são os próximos passos?", pergunta Steve.

"O próximo passo é executar um sprint de design da solução no qual vocês projetarão um produto mínimo viável capaz de causar uma troca."

CAPÍTULO **9**

CRIE SUA SOLUÇÃO PENSANDO EM CAUSAR UMA TROCA

> Para as pessoas contratarem seu produto, elas precisam demitir alguma outra solução.
>
> – Clayton Christensen

Ao fim de seus sprints de descoberta de problemas, você deve ter identificado um ou mais grupos de histórias de clientes que representam um ou mais problemas grandes o bastante para valer a pena resolver. Nos dias de hoje, com tempo, dinheiro e esforço suficientes, é possível construir praticamente qualquer coisa. O desafio, é claro, é que os recursos nunca são suficientes. Mesmo assim, você precisa construir algo notável – e fazer isso rápido. Lembre-se de que a velocidade da aprendizagem é a nova vantagem injusta. É aqui que entra o produto mínimo viável (MVP, na sigla em inglês).

TOME NOTA

A arte do produto mínimo viável é apressar-se para entregar a menor solução que cause uma troca.

É normal querer resolver todos os problemas que você encontrou no processo de descoberta de problemas, mas fazer isso leva facilmente à armadilha do aumento indefinido do escopo. Não presuma automaticamente que tudo precisa ser incluído em seu produto mínimo viável. É melhor começar do zero e usar o próximo sprint de duas semanas para projetar uma solução que cause uma troca (Figura 9.1).

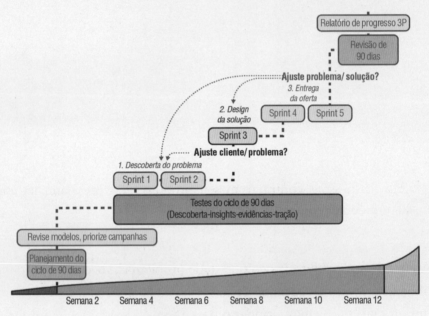

Figura 9.1. *O sprint de design da solução*

Steve aprende sobre o Concierge MVP

"Mapeei o conjunto mínimo de recursos dos quais acho que precisaremos para o caso de uso de construção residencial. Nossa solução será capaz de pegar uma planta baixa em 2D e renderizar um modelo 3D totalmente imersivo em menos de cinco minutos. Em seguida, os arquitetos poderão especificar materiais que serão renderizados a partir de um catálogo. O catálogo virá com alguns materiais mais utilizados, mas qualquer pessoa pode adicionar novos materiais com um celular apenas tirando algumas fotos do material real. O modelo resultante poderá ser visualizado em um celular ou tablet. É provável que tenhamos que incluir mais recursos, mas isso seria o mínimo para começar."

"Parece bem impressionante", diz Mary. "Quanto tempo vai levar para construir?"

Steve solta um pequeno suspiro. "Podemos demonstrar uma versão funcional em duas ou três semanas, mas eu levaria no mínimo quatro a seis meses para construir um produto mínimo viável funcional."

"Seis meses!", exclama Lisa. "Será que não dá acelerar as coisas se conseguirmos alguns desenvolvedores terceirizados?"

Steve responde: "Acho que não. Grande parte da solução é tão nova que pode levar uns três meses só para explicar a um desenvolvedor o que fazer. E eu não quero compartilhar o código com ninguém de fora da empresa".

"Concordo com vocês dois", diz Mary. "A terceirização raramente é eficaz para produtos como esses, e seis meses é muito tempo. Precisamos encontrar uma maneira de ter um produto mínimo viável funcional em menos de dois meses."

"Impossível!", exclama Steve.

Mary levanta uma mão. "Calma... Quero retomar uma coisa que você disse antes. Você disse que poderia demonstrar uma versão funcional nas próximas duas ou três semanas. Por que isso não pode ser o produto mínimo viável?"

"O mecanismo de renderização básico já está pronto", diz Steve, "mas ainda não tenho nenhuma interface de usuário. Posso renderizar esses modelos para a demonstração, mas vou precisar conduzir todo o processo usando scripts na linha de comando. Eu estava procurando maneiras de automatizar esses etágios e ver se poderíamos criar um Produto Mínimo Viável do Mágico de Oz, mas ainda há muitas etapas manuais necessárias. Construir uma boa interface de usuário é a especialidade do Josh. Também vamos precisar construir um monte de coisas como funções de usuário e permissões para realmente produzir o mecanismo…"

Mary volta a interromper Steve: "Se os passos para renderizar o modelo são manuais, por que não visualizar a renderização em um celular?"

Steve responde: "Essa parte já está pronta. É o mesmo aplicativo que mostrei quando você começou a me ajudar".

"Não vejo por que não lançar seu produto mínimo viável agora. Você é o produto, Steve."

Um olhar confuso surge no rosto de Steve.

"Este é o momento perfeito para aplicar a receita do Concierge MVP, que é outra receita de validação popularizada pelo movimento da Startup Enxuta. Acho que foi Manuel Rosso que cunhou o termo depois de aplicá-lo à sua startup, a Food on the Table."

"Como funciona?", pergunta Josh.

Mary explica: "No fim das contas, os clientes querem um resultado, não um produto. A ideia por trás do Concierge MVP – lembrem que MVP é a sigla em inglês para 'produto mínimo viável' – é usar um modelo de serviços ou de consultoria para agregar valor aos clientes. A menos que eu não esteja entendendo nada do que você está me dizendo, Steve, vocês já têm todos os elementos para renderizar e visualizar modelos de realidade aumentada/virtual, menos a embalagem do produto para o usuário final. Como a embalagem não é a parte mais arriscada, vocês podem pular essa etapa por enquanto e entregar apenas os modelos na forma de um serviço."

"Faz muito sentido", diz Josh. "Como os arquitetos já reservam alguns dias para construir seus modelos 3D atuais, pode dar certo, considerando que eles não esperam um produto totalmente automatizado."

Steve toma a palavra. "Não estou dizendo que não poderia funcionar, mas não vai ser escalável. Acho que posso adaptar cada modelo em umas quatro horas. Os mais complexos podem levar um dia."

"Seu roteiro de tração requer apenas dois novos clientes por mês", comenta Mary. "Acho que vocês vão ficar bem por um tempo."

Steve acena com a cabeça. "Sim, isso é fácil."

Mary continua: "Lembrem que um Concierge MVP não foi feito para ser seu produto final; é só uma tática para acelerar a entrega de valor e testar suas suposições mais arriscadas. Mais adiante, ao contrário da consultoria tradicional, o objetivo é substituir a si mesmo como o produto por algo mais automatizado e escalável. A melhor maneira de chegar a esse objetivo é fazer investimentos incrementais para acelerar sua eficiência. Seu objetivo seria reduzir o tempo de renderização do modelo de um dia para cinco minutos."

Uma lâmpada se acende na cabeça de Steve. "Acho que agora ficou claro! Essa é outra maneira de alavancar o taco de hóquei e aumentar a tração nos estágios."

"Você entendeu a ideia."

"Essa é a única receita de produto mínimo viável ou tem mais?", indaga Steve.

Mary responde: "Há mais algumas outras receitas que também poderiam ser aplicadas aqui. Mas acho que o Concierge é a chave para reduzir o tempo de entrega de vocês".

"Como precificaríamos o Concierge MVP", pergunta Lisa, "já que as pessoas estão acostumadas a pagar mais por serviços do que por um produto de software? Cobramos mais agora e reduzimos os preços depois?"

"Boas perguntas, Lisa", diz Mary. "A primeira coisa é determinar um preço justo para seu produto com base no valor que vocês podem entregar. Com o Concierge MVP, vocês têm a opção de cobrar honorários de consultoria agora e reduzir o preço com o tempo à medida que transformam sua solução em um produto, ou também podem começar com o preço do produto desde o início. Em geral, isso depende do tipo de cliente. Os clientes B2B, por exemplo, estão acostumados a pagar muito mais por serviços."

"Faz muito sentido", observa Lisa. "Você tem alguma dica para nos ajudar a definir preços justos?"

Mary responde: "Sim, essa é uma das coisas que vocês farão no sprint de design da solução. Além das restrições de viabilidade, que acabamos de discutir, vocês vão precisar resolver a desejabilidade e a viabilidade. Depois eu envio a todos alguns materiais sobre isso".

EXECUTE UM SPRINT DE DESIGN DA SOLUÇÃO

Um sprint de design de solução é executado dentro de um prazo fixo de duas semanas, nas quais você usa os insights coletados em seus sprints de descoberta de problemas para projetar a primeira iteração de sua solução (produto mínimo viável) que possa causar uma troca.

Embora os produtos mínimos viáveis enfatizem apenas a viabilidade, talvez por esse costumar ser o aspecto mais negligenciado ao projetar produtos, a solução certa precisa equilibrar simultaneamente a desejabilidade, a viabilidade e a praticabilidade para causar uma troca e fazer seu modelo de negócio funcionar.

Nas próximas seções, apresentarei um processo passo a passo para analisar os insights coletados em seus sprints de descoberta de problemas através das lentes da desejabilidade, viabilidade e praticabilidade. Lembre que as diferentes lentes podem puxar em direções opostas. A arte está em encontrar o equilíbrio certo, onde as três perspectivas se cruzam. Isso pode exigir várias repetições das etapas.

Aborde a desejabilidade

A desejabilidade, no contexto de causar uma troca, se resume ao *problema* e à *promessa*. A promessa é sua proposta única de valor, e a melhor maneira de elaborar uma proposta única de valor atraente é resolver um problema com o qual seus clientes já estão familiarizados.

---- **TOME NOTA** ----
Um produto que causa uma troca promete aos clientes uma maneira melhor de realizar uma tarefa sem os problemas eles estão enfrentando.

Além disso, como já vimos, para causar uma troca, sua promessa precisa ser significativamente melhor que as alternativas existentes. Uma melhora incremental (de 20% a 30%) não é suficiente – você precisa ser de 3 a 10 vezes melhor.

Como seu objetivo com o produto mínimo viável é acelerar a entrega de valor, o produto mínimo viável certo precisa abordar o menor subconjunto de problemas que, quando resolvidos, ainda criam uma promessa atraente o suficiente para justificar a troca para seu produto.

No restante desta seção, você encontrará orientações sobre como pensar nesse processo.

Etapa 1: Identifique a principal dificuldade

Problemas podem surgir em qualquer ponto da jornada do cliente, mas repasse seus Quadros de Forças dos Clientes para identificar a principal dificuldade.

A principal dificuldade geralmente provém de:

- insatisfação (ou seja, uma tarefa não realizada bem o suficiente);
- atrito durante o uso da solução escolhida;
- atrito durante a seleção de uma solução.

Para identificar a principal dificuldade que seu produto resolverá:

Encontre e resolva a insatisfação

Lembre que todas as tarefas a serem realizadas começam com um evento desencadeador que, como o próprio nome diz, desencadeia uma necessidade ou desejo não satisfeito – ou seja, cria uma lacuna entre o resultado atual e o resultado desejado. O primeiro fator a avaliar é o tamanho da lacuna entre o resultado desejado pelo cliente e o resultado real. Em outras palavras, comece verificando se a tarefa foi bem realizada.

Se a tarefa não foi bem realizada e a diferença entre os resultados desejados e reais for grande o bastante, essa pode ser a base para a proposta única de valor. Um resultado desejado não satisfeito é o tipo mais eficaz de gatilho de troca, desde que você consiga prometer e entregar um resultado melhor.

Se descobrir que a tarefa está sendo bem realizada, não se desespere. Muitos produtos causam uma troca não por oferecer um resultado melhor, mas por facilitar a realização da tarefa, que é o próximo ponto crítico a ser abordado.

Encontre e resolva o atrito durante o uso

O atrito durante o uso terá se manifestado em suas conversas com os clientes na forma de chateações, soluções alternativas e/ou problemas de usabilidade. Não subestime esse tipo de problemas – eles podem ser igualmente eficazes para causar uma troca.

Veja alguns exemplos:

- O Uber não conduz ao aeroporto necessariamente mais rápido. A solução começou facilitando o processo de chamar um carro/táxi e depois passou para outras partes da experiência, como pagamentos.
- Os CDs não forneciam necessariamente uma qualidade de som notadamente melhor; eles possibilitaram tocar instantaneamente as músicas que as pessoas queriam ouvir.

Encontre e resolva o atrito durante a seleção

Se perceber que as pessoas ficam paralisadas no processo de seleção de soluções, isso pode representar um possível mercado de não consumo. As pessoas podem não estar encontrando a solução certa para realizar a tarefa em razão do custo, da complexidade e/ou do posicionamento do produto.

Por exemplo:

- O uso de soluções de videoconferência explodiu em 2020 em decorrência da pandemia de Covid-19, tanto que hoje usamos essa tecnologia no dia a dia sem pensar duas vezes – mas você sabia que a tecnologia de videoconferência remonta a 1870?! Foi apenas cem anos depois que a empresa de telecomunicações AT&T lançou o primeiro serviço comercial de videoconferência, que custava US$ 160/mês por 30 minutos de chamada (o equivalente a US$ 950/mês em valores de hoje) mais US$ 0,25 para cada minuto adicional. Nas décadas seguintes, a tecnologia evoluiu, a internet foi disponibilizada ao público e os custos despencaram até o uso se popularizar. Ao longo dessa timeline, podemos identificar muitos segmentos de clientes que poderiam ter interesse no recurso de videoconferência, mas que foram excluídos devido ao custo.
- Em 2001, uma vinícola australiana lançou o primeiro vinho produzido em grande escala e a baixo custo, o Yellow Tail, e se tornou uma das marcas mais lucrativas do setor. Trata-se de um clássico estudo de caso da Estratégia do Oceano Azul, descrita no livro de mesmo nome de W. Chan Kim e Renée Mauborgne, que também aborda o atrito durante a seleção. No caso, a empresa constatou que havia um grande segmento de clientes que queriam consumir vinho, mas se frustravam com o processo

de seleção de um vinho, cheio de regras complicadas envolvendo variedades de uvas, safras, preços etc. Assim, a Yellow Tail lançou um vinho que era fácil de selecionar (tinto ou branco), fácil de beber (dispensando a necessidade de um saca-rolhas e que tinha bom sabor direto da garrafa) e a menos de US$ 10 (posicionado para competir com um fardo com seis cervejas, não com um vinho premium).

Etapa 2: Elabore uma promessa convincente

Depois de identificar a principal dificuldade, volte a atenção para a elaboração de uma promessa diferente e melhor. Você pode seguir algumas orientações:

Lembre-se de não se preocupar em ser apenas funcionalmente melhor

A emoção tem um papel importante na percepção e na ponderação de "melhor". É por isso que focamos os resultados *desejados* e buscamos o contexto mais amplo – nos alinhando com os desejos do cliente, e não com suas necessidades.

Identifique seus eixos para apresentar uma solução melhor

Com base nos problemas ou nas dificuldades que encontrou na última seção, identifique os principais atributos que você melhoraria. Se fosse fazer uma matriz 2x2 mapeando seu produto em relação às alternativas, quais seriam os eixos x e y (por exemplo, velocidade *versus* qualidade)?

Não precisa fazer uma lista exaustiva, mas inclua elementos suficientes para fornecer um ponto de partida para seus eixos x e y.

- Velocidade
- Desempenho
- Saudável

- Sustentabilidade
- Simplicidade
- Escalabilidade
- Orgânico
- Praticabilidade
- Segurança
- Na moda
- Privacidade
- Profissionalismo
- Exclusividade

Exemplos:

a. LEANSTACK: simples e praticável (a prática é mais importante que a teoria)

b. Tesla: sustentabilidade e desempenho

c. iPhone: prático (sem teclado físico) e fácil de usar

Vá aos extremos

Ao identificar seus eixos para apresentar uma solução melhor, é tentador escolher características que também são populares. O espaço do popular, porém, também costuma estar lotado. A ideia é ir para as franjas.

Alinhe com seu propósito

Não trate a identificação desses eixos apenas como um exercício de posicionamento que você faz uma vez e depois esquece. Os eixos certos também devem estar alinhados com seus valores e seu propósito. Devem orientar tudo o que você faz. É assim que você cria uma diferenciação contínua que se reforça com o tempo.

Não tente adivinhar

Por fim, não tente tirar essas respostas da sua cabeça. Os eixos devem ser definidos com base nas entrevistas de descoberta com os clientes. Devem ser coisas com as quais os clientes se preocupam profundamente. Os resultados desejados e os *trade-offs* com as alternativas atuais costumam ser bons lugares para encontrar essas coisas.

Aborde a viabilidade

Não basta encontrar um problema que justifique a troca – o problema também precisa representar uma oportunidade de modelo de negócio que valha a pena perseguir. Essa oportunidade se resume a *preço* e *pessoas*. Como já vimos, os dois estão relacionados: o preço determina seus clientes e vice-versa.

Uma vez que a viabilidade do modelo de negócio já é restrita pela meta de critério mínimo de sucesso e por suposições da estimativa de Fermi (veja o Capítulo 3), comece impondo essas restrições a seus problemas e sua proposta única de valor.

Especificamente, lembre que, para uma determinada meta de critério mínimo de sucesso, o maior alavancador de ação que impulsiona a viabilidade é a receita anual média por usuário. Esta é a hora de rever a receita média por usuário almejada e ver quais grupos de histórias podem atingir essa meta.

Etapa 1: Defina um preço justo

Como antes, seu objetivo não é o preço ideal, mas o preço justo, com base nas alternativas existentes e em sua proposta única de valor. Veja a seguir algumas recomendações.

Escolha a alternativa existente certa

Como as alternativas existentes costumam estabelecer a âncora para seu preço, procure substituir as opções mais caras sempre que possível. No próximo capítulo, você aprenderá como usar a ancoragem de preços para fazer um pitch mais eficaz. Não há problema algum em agrupar várias alternativas em uma categoria mais ampla.

Defina um preço para uma solução melhor

A melhor evidência de um problema monetizável é um problema que as pessoas já estão gastando dinheiro para resolver. Além disso, descubra quanto tempo e esforço estão sendo gastos, pois essas informações também podem ser usadas para atribuir um valor à proposta única de valor. A partir daí, explore a possibilidade de aumentar ou diminuir o preço com base em sua promessa de uma solução melhor.

Não se esqueça da retenção

A receita média por usuário é uma função do preço e da frequência de uso. Explore a frequência na qual o evento desencadeador ocorre. Eventos desencadeadores que se repetem pelo menos mensalmente se prestam bem a serviços de assinatura, o que é uma excelente tática para estabelecer seu produto como o novo status quo.

Verifique suas suposições de estimativa de Fermi

Utilize as informações de preço e frequência de uso para calcular sua receita média por usuário esperada. Se esses dados não estiverem alinhados com a receita média por usuário almejada calculada a partir da estimativa de Fermi, você precisará repensar seus problemas e buscar uma promessa maior.

Etapa 2: Identifique seus adotantes iniciais ideais

Impor a alternativa existente e as restrições da estimativa de Fermi pode ter reduzido suas opções de grupos viáveis de histórias de clientes. Neste ponto, você deve aperfeiçoar ainda mais os critérios de seleção dos adotantes iniciais.

Lembre que o objetivo da descoberta de problemas não foi direcionar-se aos adotantes iniciais, mas aos clientes ativos (usuários das alternativas existentes). Os adotantes iniciais ideais podem ser um subconjunto desse segmento de clientes ativos, mas também podem ser uma versão passada ou futura desses clientes ativos.

---- **TOME NOTA** ----
Um insight importante é reconhecer que identificar os adotantes iniciais ideais é mais uma questão de quando do que de quem.

Em que ponto da timeline o cliente tem mais chances de considerar fazer a troca para seu produto? Esse é o ponto de entrada ideal.

---- **DICA** ----
O melhor momento para oferecer um analgésico é quando seu cliente está com dor.

Você pode estar inclinado a presumir que o melhor ponto de entrada seria quando a dificuldade do cliente é mais intensa – ou seja, onde você identificou o principal inconveniente. Pode ser o caso, mas é muito comum que esses pontos na timeline não sejam fáceis de detectar para quem vê de fora, o que os torna difíceis de segmentar. Por exemplo, como você segmenta um cliente que está tendo uma experiência ruim em um táxi? Em outras situações, é possível direcionar-se a seus clientes no início da timeline para evitar completamente a alternativa existente – como o construtor de casas que se direcionou aos clientes potenciais durante as férias de fim de ano.

Por essas razões, você pode ter que considerar um ponto de entrada diferente na timeline, que pode ser antes ou depois da principal dificuldade.

Veja a seguir como pensar a respeito.

Um adotante inicial é alguém aberto a fazer uma troca

O primeiro evento significativo na timeline é o gatilho de troca. É quando o cliente passa da inércia do status quo para o estágio de consideração (buscar passivamente uma nova solução). Lembre que o status quo pode ser não fazer nada, no caso de uma nova tarefa, ou recontratar o mesmo produto, no caso de uma tarefa recorrente.

Se for uma nova tarefa que está sendo considerada, a menos que o impulso da situação seja maior que a inércia, a pessoa não fará nada. É aqui que se encontram as metas aspiracionais. Muitas pessoas gostariam de ser mais saudáveis, mais ricas e mais sábias e, de tempos em tempos, elas até podem fazer certas resoluções para mudar, mas acabam não fazendo nada. Essas pessoas não são seus adotantes iniciais.

Ao procurar um adotante inicial, a primeira coisa a fazer é buscar alguém que tenha experimentado um gatilho de troca e tenha feito alguma coisa a respeito.

Esclareça o que seu adotante inicial ideal está trocando

Na última seção, você deve ter identificado a alternativa existente que deseja substituir. A próxima questão a considerar é se é mais fácil fazer com que as pessoas troquem a alternativa existente pelo seu produto ou troquem o que elas estavam usando antes da alternativa existente (que pode ser não fazer nada) pelo seu produto. A resposta dependerá de onde você encontrou a principal dificuldade.

Defina seus gatilhos de troca

Como vimos no Capítulo 2, os gatilhos de troca podem ser de três tipos.

1. Experiência ruim (com uma alternativa existente)
2. Mudança de circunstância
3. Conscientização de um problema e/ou de uma solução melhor

Se a proposta única de valor se basear em problemas que as pessoas precisam sentir primeiro ao usar a alternativa existente (insatisfação ou atrito durante o uso), o gatilho de troca é uma "experiência ruim". Os adotantes iniciais provavelmente precisarão ser clientes ativos da alternativa existente. Descubra em quanto tempo depois de começar a usar a alternativa existente o cliente percebe isso. O ponto de entrada ideal pode ser formulado nos seguintes termos:

- [O segmento de clientes] que começou a usar [a alternativa existente] [x semanas] atrás.

Veja um exemplo de uma ferramenta analítica, o USERcycle, que lancei em 2010. A proposta única de valor do USERcycle era: "Em vez de mais números, métricas acionáveis". Ajudamos fundadores de startups a parar de se afogar em um mar de dados não acionáveis e começar a usar apenas algumas métricas acionáveis com maior eficácia para melhorar suas taxas de conversão.

Nossas entrevistas de descoberta de problemas mostraram que:

- a maioria dos fundadores começava sem métricas por priorizar o lançamento do produto às análises;
- o primeiro evento desencadeador costumava ocorrer 30 dias após o lançamento, quando as taxas de conversão ficavam abaixo das expectativas; a primeira alternativa que eles buscavam era o Google Analytics e/ou algum outro produto freemium de análise. Nesse ponto, eles ainda tinham sentido o problema de "afogamento nas métricas", de modo que ainda não representavam nossos adotantes iniciais;
- em algum momento entre o segundo e o terceiro mês após o lançamento, eles estavam se afogando em números e, por mais que fizessem, não conseguiam melhorar suas taxas de conversão;
- esse era nosso ponto de entrada ideal.

Se, por outro lado, a proposta única de valor direcionar-se a alguém que tenta realizar uma nova tarefa pela primeira vez ou alguém impelido a melhorar a maneira como realiza uma tarefa em virtude de um evento de conscientização, os adotantes iniciais provavelmente serão pessoas que acabaram de vivenciar o gatilho de troca. O ponto de entrada ideal pode ser formulado como:

- [O segmento do cliente] que experimentou um [gatilho de troca] [x dias] atrás.

Exemplos:

- Um pai de primeira viagem que assume novas tarefas para cuidar do bebê.
- Uma pessoa que é diagnosticada com colesterol alto e é impelida a considerar alternativas saudáveis de alimentação.

Aborde a praticabilidade

Depois de abordar a desejabilidade e definir as restrições, você deve ter pelo menos a definição inicial de um produto mínimo viável capaz de causar uma troca e fazer seu modelo de negócio funcionar. A próxima tarefa é garantir que você tenha condições de entregar esse produto mínimo viável aos adotantes iniciais com rapidez suficiente. O que é "rapidez suficiente?" Que tal dois meses?

Por que dois meses? A partir do momento em que os clientes compram a ideia de sua oferta (abordaremos a entrega da oferta no próximo capítulo), a maioria só estará disposta a esperar até dois meses por uma solução antes de passar para outras alternativas. Se o seu produto demorar mais que isso para ser construído e lançado, é provável que você tenha que passar por outro sprint de descoberta de problemas no futuro, pois muita coisa pode ter mudado nesse tempo.

---- **TOME NOTA** ----

Observe que dois meses é o tempo necessário para construir seu produto mínimo viável a partir do ponto em que você atinge o encaixe problema/solução, não daqui a dois meses. Você ainda precisa definir e validar a promessa de seu produto mínimo viável usando o sprint de entrega da oferta. É importante olhar um pouco adiante e abordar a restrição de tempo da construção de sua solução, porque você não quer prometer algo que não terá como entregar rapidamente.

Isso nos leva à próxima pergunta importante: você tem como criar uma solução que possa construir e lançar em dois meses ou menos?

Com um pouco de criatividade e pensamento inovador, é possível lançar um produto mínimo viável para praticamente qualquer tipo de produto nesse tempo. Tudo se resume à *embalagem* – ou seja, como você embala o produto mínimo viável para agregar valor aos adotantes iniciais.

Seguem-se algumas orientações.

Permita-se começar pequeno e escalar em etapas

Lembre que a estratégia por trás da abordagem de lançamento gradual é restringir o lançamento inicial a um pequeno lote de adotantes iniciais ideais. Se você não conseguir conduzir dez adotantes iniciais ideais até a linha de chegada, o que o leva a pensar que pode fazer isso com centenas ou milhares de clientes?

Quando se dá permissão para começar pequeno e escalar em etapas, você pode avançar mais rápido. Você não precisa de canais ou infraestrutura escaláveis e pode se concentrar apenas em agregar valor a seus clientes.

Repense seus adotantes iniciais

Se houver um subsegmento de sua população de adotantes iniciais que poderia começar com um produto mínimo viável ainda menor, considere começar por eles. Em seguida, utilize uma abordagem just-in-time (JIT) para trabalhar na evolução de seu produto mínimo viável e conquistar o restante dos adotantes iniciais com o tempo.

Em outros casos, você pode pivotar o produto mínimo viável para um segmento de adotantes iniciais totalmente diferente com o objetivo de reduzir o risco de sua solução (produto mínimo viável) e retomar o segmento original de adotantes iniciais mais adiante. Por exemplo, em uma ocasião, orientei uma equipe que estava desenvolvendo uma pílula de suplementação de cálcio de alta eficácia destinada a mulheres. O produto já estava pronto, mas eles ainda precisariam esperar entre seis e nove meses para obter a autorização necessária da agência reguladora de saúde para o lançamento. Para não perder o ímpeto, eles se voltaram a um segmento diferente de adotantes iniciais que tinha requisitos regulatórios menos rigorosos – animais de estimação e cavalos.

Considere produtos mínimos viáveis não tradicionais

A abordagem mais comum para criar um produto mínimo viável é reduzir o escopo e criar o menor conjunto de recursos que cumpram a proposta única de valor. Essa é a receita de validação da *Versão 1.0 do Produto Mínimo Viável*. Além dessa, há três outras receitas de validação que permitem avançar com muito mais rapidez que a abordagem tradicional:

O Concierge MVP

Você é o produto até estar pronto para se demitir. Esta receita usa um modelo de serviços para entregar valor aos clientes enquanto você automatiza de forma incremental os aspectos mais ineficientes da entrega de valor, até você substituir a si mesmo por um produto escalável. Muitos dos meus próprios produtos, incluindo o Quadro Lean e este livro, começaram como Concierge MVPs, nos quais usei workshops para ensinar (e aprender) primeiro e depois criei embalagens mais escaláveis para os produtos.

O Produto Mínimo Viável do Mágico de Oz

Finja até estar pronto para fazer de verdade. Aqui, você reduz o escopo do produto mínimo viável inicial agregando soluções existentes em vez de construir tudo do zero. Vimos um exemplo dessa receita no caso da Tesla. A proposta única de valor pode vir de *uma nova abordagem para juntar soluções existentes* na qual o todo é maior que a soma das partes, ou pode vir de *um componente inovador* da solução agregada fornecida por você.

O Produto Mínimo Viável do Pé na Porta

Entregue a menor proposta única de valor necessária para entrar no mundo do cliente. Muitos empreendedores adotam a abordagem do canivete suíço para construir produtos, tentando mudar coisas demais de uma só vez no ambiente do cliente. É importante reconhecer que, antes de o canivete suíço se popularizar, cada uma das ferramentas individuais já era popular. Se não for o caso de suas ferramentas, concentre-se em causar a troca de uma ferramenta por vez.

OS 5PS DO PRODUTO MÍNIMO VIÁVEL

Os 5Ps do produto mínimo viável – Problema, Promessa, Preço, Pessoas e Pacote – são os elementos-chave que definem o produto mínimo viável. Depois de criar sua solução, use as perguntas a seguir para verificar se cobriu todos os fatores.

Problema

Você está resolvendo o menor subconjunto possível de problemas (praticabilidade) capaz de causar uma troca (desejabilidade) e fazer seu modelo de negócio funcionar (viabilidade)?

Promessa

A proposta única de valor é diferente e chama a atenção (desejabilidade), comunica valor (viabilidade) e é de curto prazo o suficiente para ser específica e mensurável (praticabilidade)?

Preço

Você definiu um preço justo para seu produto ancorado nas alternativas existentes (praticabilidade) e na proposta única de valor (desejabilidade) que também faz o modelo de negócio funcionar (viabilidade)?

Pessoas

Você identificou um segmento de adotantes iniciais ideais mais motivados que a média para fazer a troca (desejabilidade), que você tem como alcançar efetivamente (praticabilidade) e está gastando tempo, dinheiro e esforço suficientes para resolver o problema (viabilidade)?

Pacote (embalagem)

Você tem como construir e lançar o produto mínimo viável rapidamente (praticabilidade) de maneira a causar uma troca (desejabilidade) e fazer seu modelo de negócio funcionar (viabilidade)?

STEVE TENTA DEFINIR OS 5PS DE SEU PRODUTO MÍNIMO VIÁVEL

Para cada um dos 5Ps do produto mínimo viável, Steve faz as anotações a seguir.

Problema

As pessoas que constroem sua casa pela primeira vez têm dificuldade de visualizar os designs arquitetônicos.

- As plantas baixas em 2D não têm profundidade.
- As soluções 3D atuais são caras, complexas e não são fotorrealistas (renderizações com qualidade de videogame).

Promessa

Queremos ajudar os clientes a definir o design, construir e se apaixonar pela casa de seus sonhos em menos tempo.

- Transformar, em minutos, uma planta baixa em 2D em um modelo de realidade virtual imersivo.

- Customizar o modelo com detalhes fotorrealistas para criar renderizações com a qualidade de um filme de Hollywood.
- Reduzir o tempo do ciclo de design pela metade, de seis para três meses.

Preço

As alternativas atuais custam cerca de US$ 3 mil a US$ 5 mil para criar um único modelo.

- Software: US$ 2 mil
- Tempo de modelagem: 10–20 horas

Podemos oferecer um pacote de modelagem como serviço por US$ 1.000/modelo ou US$ 500/mês.

Vamos precisar testar qual desses modelos de precificação eles escolheriam... Acho que será o primeiro.

Pessoas

Adotantes iniciais: arquitetos de casas personalizadas.

Pacote (Embalagem)

Concierge MVP.

- Possibilita o lançamento em menos de quatro semanas (velocidade).
- Elimina a necessidade de treinar/educar o cliente (simples).
- Permite entregar o que os clientes querem (resultado desejado).

Feito isso, Steve conduz o resto da equipe pelo design. "Além da visualização do projeto arquitetônico, poderíamos resolver uma série de tarefas, como precificar um projeto ou mobiliar cômodos, vinculando nossa solução ao modelo de negócio para Varejistas de Móveis. Mas acho que o menor denominador comum seria começar com pessoas que estão construindo uma casa em fase de design arquitetônico. E os arquitetos são o canal de entrada perfeito para isso."

"Eu concordo", diz Josh. "Tentar convencer uma pessoa que está construindo uma casa a criar um modelo sem um arquiteto pode ser complicado. Mas quem é o nosso cliente aqui? O arquiteto ou a pessoa que está pagando para construir a casa?"

"O modelo de negócio como um todo vai evoluir com o tempo, à medida que o proprietário da casa usa o modelo de sua casa para realizar outras tarefas", responde Steve. "Estive pensando em uma maneira de transformar os proprietários de imóveis em nossos clientes, mas usando os arquitetos como o veículo para apresentar a Altverse a eles. Acho que a solução mais simples seria hospedar tudo na nuvem e fornecer contas aos arquitetos e aos donos de imóveis, de modo que os arquitetos terão acesso temporário ao modelo e os donos de imóveis poderão ficar com ele."

Lisa concorda. "Isso simplificaria muito as coisas, mas teremos que ver o que os arquitetos pensam sobre isso. Eles já devem usar muitas soluções na nuvem, então não acho que seria um problema."

Josh lança uma ideia. "Ei, e se a gente ajudasse os arquitetos a exibir com facilidade seu portfólio de projetos usando essas renderizações e criássemos um diretório ou uma espécie de mercado on-line com o tempo?"

"Adorei a ideia, Josh", diz Mary. "Acho que, assim que vocês atingirem um ponto de inflexão no número de modelos que criarem, terão muitos caminhos interessantes a seguir. E concordo que posicionar a pessoa que está construindo a casa como o dono do modelo vai ajudar muito."

"Certo, então vamos fazer isso. Não vai levar muito tempo para configurar o aplicativo. Posso fazer isso em duas semanas", diz Steve.

Lisa pergunta: "E o que fazemos até então? Mais entrevistas?".

"Entrevistas, não", responde Mary. "Pitches. Vocês já podem sair vendendo a ideia. Está na hora de montar sua Oferta da Máfia."

CAPÍTULO **10**

ENTREGUE UMA OFERTA DA MÁFIA QUE SEUS CLIENTES NÃO TÊM COMO RECUSAR

> Faça-lhes uma oferta que eles não têm como recusar...
>
> – Citação adaptada de *O Poderoso Chefão*

Concluídos os sprints de descoberta do problema e design da solução, você tem todos os ingredientes para montar e entregar uma Oferta da Máfia.

Nos próximos dois sprints (Figura 10.1), você colocará à prova todos os insights que reuniu com tanto cuidado. É aqui que você testa sua ideia na prática. O objetivo é garantir um número suficiente de compromissos concretos dos adotantes iniciais para assegurar a construção de seu produto mínimo viável.

Antes de nos aprofundarmos no sprint de entrega da Oferta da Máfia, vamos ver como seria uma Oferta da Máfia na prática.

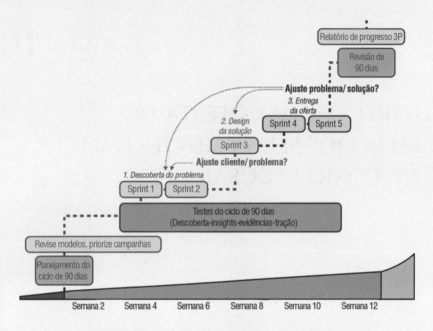

Figura 10.1. *Os sprints de montagem e entrega da oferta*

Estudo de caso: a Oferta da Máfia do iPad

Ainda me lembro de Steve Jobs mostrando o primeiro iPhone ao público em 2007. Ele começou preparando o terreno com o anúncio de que a Apple estava entrando no mercado de smartphones com um novo dispositivo revolucionário que combinava três dispositivos em um: tocador de música, assistente digital pessoal e telefone. Em seguida, falou brevemente sobre os problemas dos smartphones existentes: 40% do aparelho era ocupado por um teclado de plástico (não digital), além de eles não serem muito fáceis de usar. Antes de mostrar o iPhone, ele deu a entender sua proposta única de valor, sugerindo: "E se vocês pudessem ter um telefone que fosse inteiro de tela? E se, em vez de usar uma caneta para controlar o telefone, vocês pudessem usar os dedos?" Foi uma proposta totalmente diferente que chamou a atenção. Enquanto conduzia a demonstração, parecia que ele estava fazendo um truque de mágica, porque eu nunca tinha visto uma interface de usuário como aquela antes. Não só me convenci como cheguei a ficar na fila para comprar o iPhone no lançamento.

Três anos depois, surgiram rumores de que a Apple lançaria um novo tablet – o iPad. Dessa vez, eu estava em cima do muro. Eu havia sido um adotante inicial de vários tablets antes do iPad e me decepcionei com todos eles. Apesar de meu ceticismo, vi a apresentação do iPad e também acabei comprando o produto. Hoje, minha casa tem mais iPads que pessoas. Pensando nesses termos, seria possível argumentar que o iPad foi ainda mais bem-sucedido que o iPhone. Quando isso aconteceu? Você se lembra de como Steve Jobs lançou o iPad? Mesmo se não viu a apresentação ao vivo, você consegue imaginar?

Ele podia ter subido ao palco e se limitado a dizer: "Somos a Apple e construímos produtos espetaculares que são simples de usar. Construímos o melhor tablet do mundo, então vá lá e compre o seu". O problema é que só um pequeno grupo de inovadores e adotantes iniciais evangelistas usava tablets na época. Como vender a ideia de um novo produto definidor de categoria quando a categoria ainda não existe? A resposta é que você *transcende* a categoria entrando no contexto mais amplo onde se encontram as tarefas a serem realizadas.

Na abertura da apresentação do iPad, Jobs falou que todo mundo já estava usando laptops e smartphones e ponderou se não havia espaço para algo entre os dois. Para esse produto ter sucesso, ele precisaria ser muito melhor que o laptop e o smartphone ao realizar algumas tarefas importantes. Ele mencionou algumas dessas tarefas: navegar na internet, checar e-mails, ver fotos e vídeos, ouvir músicas e ler e-books. Então, como fez no anúncio do iPhone, falou brevemente da alternativa existente que gostaria que o iPad substituísse: o netbook. Os netbooks são laptops pequenos e baratos. Em seguida, pôs-se a descrever o problema dos netbooks: "Eles não passam de laptops baratos e na verdade não fazem nada melhor. São lentos, têm uma tela de baixa qualidade e usam um software desengonçado de PC". Isso preparou o terreno para a introdução do iPad.

Você percebeu o que Jobs fez? Ele identificou algumas tarefas a serem realizadas que as alternativas existentes não conseguiam realizar com eficácia suficiente e fez a promessa de executar as tarefas com maior eficácia usando um iPad – concentrando-se não em novas tarefas, mas em tarefas antigas que as pessoas já estavam realizando com as alternativas existentes. É o Dom do Inovador.

Quando começou a demonstrar o iPad, ele fez uma comparação: "O iPad é muito mais íntimo que um laptop e muito mais capaz que um smartphone". O objetivo da demonstração não é ensinar seus clientes a usar seu produto, mas destacar o que ele tem de diferente e melhor. A demonstração percorreu essas várias tarefas e mostrou como o iPad as realizava com maior eficácia. É aqui que a *compra emocional* acontece – os clientes começam a se imaginar alcançando os resultados desejados de maneira nova e melhor. Contudo, o que faz disso uma Oferta da Máfia é o que vem a seguir.

Quando chegou ao preço, Jobs mostrou um grande número na tela: US$ 999. Ele lembrou a plateia que os especialistas achavam que o concorrente mais próximo do iPad era o netbook e, por esse motivo, concluíam que o iPad deveria ter um preço semelhante, "um pouco abaixo de mil dólares". Mas Jobs garantiu que a Apple não dava ouvidos aos especialistas e fez de tudo para lançar o iPad não a um preço inicial de US$ 999, mas de US$ 499. A plateia explodiu em aplausos, celebrando a possibilidade de comprar um dispositivo de US$ 500.

Você deve conhecer essa tática como "ancoragem de preço", na qual prepara os clientes apresentando um preço alto e depois revela seu preço real, mais baixo. Mas o que Steve Jobs fez foi levar a ancoragem de preços a um patamar totalmente diferente. Em vez de usar um preço alto qualquer para preparar seu público, ele mencionou o preço de uma alternativa existente escolhida a dedo (o netbook). Ele havia acabado de passar a última meia hora convencendo a plateia de que o iPad realizava várias tarefas com maior eficácia do que essa alternativa. Definir o preço inicial do iPad pela metade do preço de um netbook transformou o produto em uma *compra racional* irrecusável.

Em outras palavras, uma Oferta da Máfia – uma oferta que os clientes não tinham como recusar.

Execute um sprint de entrega da oferta

Um sprint de entrega da oferta é executado em um período de duas semanas no qual você monta e depois faz um pitch de seu produto individualmente a potenciais adotantes iniciais qualificados.

Durante o pitch de um produto, a maioria dos empreendedores nunca menciona os concorrentes, seja porque acha que não tem nenhum ou porque não quer revelar concorrentes que o cliente pode não conhecer. Isso é um erro, porque seus clientes são sofisticados e vão pesquisar concorrentes de qualquer maneira. Você prefere que eles o comparem com a concorrência na sua ausência, quando você não tem como se defender?

TOME NOTA

Sua concorrência é o elefante na sala, e cabe a você expô-lo e desarmá-lo.

Um bom pitch de produto reconhece as alternativas populares existentes (sua verdadeira concorrência) e, em seguida, demonstra como sua solução é melhor. Vimos como Steve Jobs fez isso mais ou menos no começo de seus pitches do iPhone e do iPad. Especificar a concorrência e os problemas que ela apresenta prepara o terreno para mostrar as vantagens de sua solução.

Steve Jobs era um grande contador de histórias, e você deve estar se perguntando como conseguirá fazer seu pitch com a mesma naturalidade que ele. Não tem segredo. Basta se preparar e praticar.

O primeiro segredo para montar um bom pitch de venda é usar um bom modelo de pitch com base na história do cliente. Muita gente tem medo de usar um modelo e acabar com um pitch que parece forçado. Não se preocupe com isso. Nós, seres humanos, somos programados para contar e ouvir histórias e, quando nos deparamos com o começo de uma boa história, não podemos deixar de ficar fascinados. Na próxima seção, apresentarei um modelo eficaz de pitch de história, desenvolvido com base no arco narrativo mais popular de todos os tempos.

Uma vez montado seu pitch de história, o próximo segredo para fazer um bom pitch é praticar. Por mais que Steve Jobs tenha sido um excelente contador de histórias, ele passou centenas de horas praticando cada pitch antes de subir ao palco. O lado animador é que, se você fez o trabalho dos capítulos anteriores, já praticou partes do modelo do pitch da história do cliente.

Como o pitch é orientado ao objetivo, os padrões surgem rapidamente. Você sabe quase de imediato se o pitch foi ou não eficaz. Entretanto, é primordial manter uma mentalidade de aprendizado. Seu objetivo com esses pitches não é apenas conquistar alguns clientes, mas construir um processo de vendas repetível.

As vendas repetíveis resultam da escuta ativa e de testes constantes, nos quais você analisa meticulosamente os principais insights causais que levam os clientes a comprar. Quando seu pitch é eficaz, você se concentra ainda mais nas coisas que dão certo. Quando as coisas não estão dando certo, você investiga para identificar o problema e fazer ajustes.

Como regra geral, esteja preparado para executar dois sprints de entrega da oferta e fazer o pitch de seu produto para 20 a 30 pessoas em um período de quatro semanas. Isso equivale, mais ou menos, a conversar com 5 a 8 pessoas por semana, com um tempo para processar o que aprendeu.

Ao final dos sprints de entrega da oferta, você deve ser capaz de otimizar sua Oferta da Máfia para gerar uma taxa de conversão de pelo menos 60% a 80% de leads qualificados a clientes que respondem à sua chamada para ação. Chegar a isso exigirá testes iterativos, e é sensato planejar a execução de um ou dois sprints de entrega da oferta. Evite correr agora e submeta seus principais insights a testes rigorosos. Isso lhe permitirá ir muito mais rápido depois.

Dependendo da meta de seu roteiro de tração de 90 dias, pode ser necessário escalar além da campanha de Oferta da Máfia, para alcançar o encaixe problema/solução. Veremos como fazer isso mais adiante neste capítulo.

Executar um sprint de entrega da oferta envolve três etapas:

- montar sua oferta;
- entregar sua oferta;
- otimizar sua oferta.

Vamos dar uma olhada em cada uma delas em detalhes.

Monte sua oferta

Nesta seção, mostrarei como esboçar seu pitch usando o arco narrativo mais famoso de todos os tempos: a Jornada do Herói, popularizada por Joseph Campbell em seu livro *O herói de mil faces*.

Esse arco narrativo aparece em todos os tipos de contos épicos no decorrer da história e continua sendo usado na maioria dos sucessos de bilheteria de Hollywood. *Star Wars, Harry Potter, Cinderela...* todas essas histórias seguem o mesmo arco, que também pode ser usado para fazer um pitch de produto com grande apelo.

O primeiro passo para criar qualquer história é definir os personagens.

Defina os personagens de seu pitch da história do cliente

Todas as histórias precisam de personagens. Quem você acha que são os personagens essenciais de uma história da Jornada do Herói? Você acertou: um herói e um vilão. Pergunte a si mesmo:

Quem é o herói de sua história?

Você pode se surpreender... mas *você* não é o herói do pitch do produto, nem o seu produto. O herói é seu adotante inicial.

Você não quer ser o herói dessa história. Pense em filmes como *Harry Potter* ou *Star Wars*. O enredo da Jornada do Herói é uma história de transformação que começa com um protagonista em dificuldades que aceita com relutância o chamado para se tornar um herói.

E o vilão?

Esse é mais fácil. Sim, o vilão é seu verdadeiro concorrente. Sua verdadeira concorrência representa o grupo de alternativas existentes que você está tentando substituir com sua solução:

- no caso do iPad, eram os laptops (o netbook);
- no caso do iPhone, eram outros smartphones;
- no caso do iPod, eram os outros tocadores de MP3 e dispositivos portáteis de música.

Lembre que mencionar sua verdadeira concorrência prepara o terreno para comparar não apenas recursos, mas também preços – portanto, escolha com cuidado.

Então, onde você se encaixa?

Você é a pessoa que guia o herói em sua transformação de uma pessoa comum em um herói. Você é o personagem mentor. Alguns exemplos são Obi-Wan em *Star Wars*, Dumbledore em *Harry Potter* e a Fada Madrinha em *Cinderela*.

Onde seu produto se encaixa?

Seu produto é o presente que você dá ao herói que possibilita essa transformação.

Vamos dar uma olhada no funcionamento do arco narrativo da Jornada do Herói, usando o exemplo do *filme original* da saga *Star Wars*:

> *O pitch de história de Star Wars*
>
> O filme apresenta nosso personagem herói, Luke, como um jovem qualquer que está morrendo de tédio em um planeta remoto da galáxia (STATUS QUO).
>
> Então acontece algo que muda tudo (GATILHO DE TROCA).
>
> Storm Troopers chegam procurando planos secretos escondidos pela Princesa Leia em um androide (R2-D2) que vimos no planeta de Luke. Por sorte, Luke não está em casa quando os Storm Troopers chegam à sua aldeia, mas, infelizmente, seu tio e sua tia não são poupados.
>
> Esses planos são a chave para impedir que uma grande arma (a Estrela da Morte) seja construída. Assim que a arma for concluída, a galáxia inteira pode ficar sob o domínio do império do mal (O QUE ESTÁ EM JOGO).
>
> Luke gostaria de ajudar a destruir essa arma (RESULTADO DESEJADO), mas não tem poderes especiais e não tem como vencer o poderoso vilão que comanda o império do mal: Darth Vader (PROBLEMA/OBSTÁCULO).
>
> Então nosso herói recebe um presente – um sabre de luz (PRODUTO) – de Obi-Wan, nosso personagem mentor (VOCÊ).

Nosso herói reluta, mas aceita a chamada para ação. Ele encontra vários obstáculos pelo caminho, porém acaba se transformando em um poderoso Jedi. Esse presente e o treinamento Jedi (PROPOSTA ÚNICA DE VALOR) ajudam nosso herói a destruir a Estrela da Morte e salvar a pátria.

Você reconheceu esse arco narrativo? Sim, o Modelo de Forças do Cliente também segue o arco narrativo da Jornada do Herói. Podemos visualizar um pitch de história no Modelo de Forças do Cliente, como mostra a Figura 10.2.

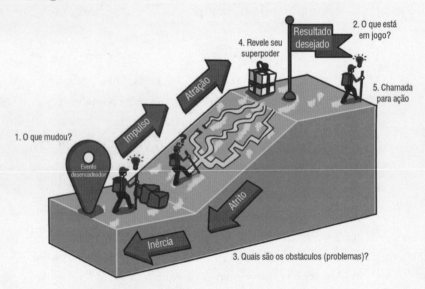

Figura 10.2. *Modelo de pitch da história do cliente*

Esboce a estrutura de seu pitch da história do cliente

Os roteiristas usam uma estrutura popular de história em três atos, que remonta a Aristóteles, para organizar suas histórias em começo, meio e fim. Esses atos, ou partes, também são chamados de *apresentação*, *confronto* e *resolução*.

É assim que eu gosto de organizar meus pitches da história do cliente. Além disso, como estamos procurando *causar uma troca* no final, incluo um quarto ato, a *chamada para ação*.

- Ato 1: Apresentação (compartilhe o contexto mais amplo)
- Ato 2: Confronto (quebre a maneira antiga)
- Ato 3: Resolução (demonstre sua maneira nova e melhor)
- Ato 4: Chamada para ação (peça a troca)

A seguir, explicarei as etapas para montar cada parte de seu pitch da história do cliente, exemplificadas com três pitches de produto diferentes:

- o Modelo de Inovação Contínua;
- a bateria Powerwall da Tesla;
- o iPad.

Ato 1: Apresentação (compartilhe o contexto mais amplo)

O Ato 1 define o contexto mais amplo para seu pitch. Posiciona seu cliente como o protagonista da história e especifica uma mudança grande e relevante (gatilho de troca) que aumenta o que está em jogo e gera um senso de urgência para o resultado desejado. Veja algumas coisas que você deve considerar para essa parte do pitch:

Por que não ir direto ao problema?

Pelas mesmas razões por que não perguntamos diretamente aos clientes sobre seus problemas nas entrevistas de descoberta de problemas. Os clientes nem sempre têm um entendimento profundo de seus problemas e/ou não querem admitir que os têm se não conhecerem você, gostarem de você e confiarem em você. Imagine ter que apresentar o Modelo de Inovação Contínua ao diretor de inovação de uma grande empresa. Se você já começar criticando a maneira atual do diretor de construir produtos, você o colocará na defensiva e será mais difícil transmitir sua mensagem.

Outra razão para começar com o contexto mais amplo (e não pelos problemas) é que isso pode levar os clientes a ter uma visão muito mais ampla do que seria uma solução melhor. Na próxima seção, veremos como Elon Musk enquadrou o pitch da bateria Powerwall para compartilhar uma visão muito mais ampla de energia limpa, em vez de falar apenas em termos de uma bateria melhor.

Por fim, lembre que as tarefas residem no contexto mais amplo, que transcende as categorias. Especialmente se você estiver fazendo o pitch de um novo produto definidor de categoria, como o iPad, ajuda começar com um contexto mais amplo, como Steve Jobs fez.

Escolha um gatilho de troca extrínseco

Os melhores gatilhos de troca vêm de *trocas extrínsecas inegáveis* acontecendo no mundo, e não das trocas específicas que você está tentando causar, o que pode ser interpretado como visando apenas ao interesse próprio.

- O gatilho de troca extrínseco para o Modelo de Inovação Contínua é o renascimento global do empreendedorismo. Nunca foi tão barato e tão fácil construir um produto, o que significa que há um número muito maior de pessoas abrindo startups ao redor do mundo. Os empreendedores estão por toda parte.

- Elon Musk usou a mudança climática como a grande mudança relevante que definiu o contexto mais amplo para seu pitch da Powerwall.

- Steve Jobs não precisou especificar o gatilho de troca no pitch do iPad porque o mencionou vários anos antes, após o lançamento do iPhone – chamando-o de início de uma *era pós-PC*. Foi também quando a Apple retirou a palavra "Computer" de seu nome para se tornar a "Apple Inc."

Aumente o que está em jogo

Os economistas comportamentais Amos Tversky e Daniel Kahneman identificaram um fenômeno chamado *aversão à perda*, quando as pessoas tendem a preferir evitar perdas a obter ganhos equivalentes. Em outras palavras, não basta prometer algo melhor com uma maneira nova de realizar tarefas. Para que um gatilho de troca seja eficaz, ele também precisa comunicar os efeitos negativos (crise) de se ater à maneira antiga (status quo).

- O lado da oportunidade do renascimento global do empreendedorismo é que qualquer pessoa, em qualquer lugar, pode abrir uma empresa nos dias de hoje. O problema é que um número maior de produtos gera um número maior de opções para os clientes, o que estimula maior concorrência. Não fazer nada pode rapidamente tornar seu modelo de negócio irrelevante diante de toda essa nova concorrência. Esse é o lado da crise.

- Elon Musk comunicou o lado da crise da mudança climática com imagens mostrando chaminés de fábricas e um gráfico exibindo a taxa exponencial de crescimento de emissões CO_2 extrapolada para o ano 3000.

Mostre vencedores e perdedores

Como opção, você pode demonstrar sua alegação do que está em jogo citando exemplos de vencedores que ganharam muito porque trocaram para a maneira nova e perdedores que perderam muito porque se recusaram a abandonar o status quo.

A lista de vencedores para um pitch de Modelo de Inovação Contínua incluiria empresas como Airbnb, Dropbox, Google, Facebook, Netflix e Amazon. Todas elas adotam uma cultura de Inovação Contínua. A lista de perdedores incluiria Blockbuster, Kodak, Nokia, RadioShack e Tower Records, que perderam porque se agarraram ao status quo e foram vítimas da disrupção.

Dê um gostinho de sua promessa

Encerre o primeiro ato de seu pitch *dando uma ideia do superpoder* que seus clientes precisarão adquirir para superar os obstáculos impostos pelo gatilho de troca.

- Superpoder do Modelo de Inovação Contínua: a velocidade de aprendizagem é a nova vantagem injusta. Se puder aprender mais do que sua concorrência, você sairá como o vencedor.
- Elon Musk mostrou o futuro de uma civilização de emissão zero abastecida por um gigantesco reator de fusão no céu – o Sol – como algo dentro do alcance da humanidade.
- Steve Jobs deu um gostinho do iPhone sugerindo que a plateia pensasse em um dispositivo revolucionário combinando três dispositivos em um só e deu um gostinho do iPad sugerindo um terceiro produto definidor de categoria que seria melhor que o smartphone e o laptop.

Ato 2: Confronto (quebre a maneira antiga)

No Ato 2, você especifica a alternativa existente que sua solução substituirá (a verdadeira concorrência), descreve por que a alternativa existente não é a melhor (problemas) e a elimina como alternativa viável para seus clientes. Veja algumas recomendações para fazer isso.

Especifique sua verdadeira concorrência

Sua verdadeira concorrência representa o grupo de alternativas existentes que você está tentando substituir com sua solução: é o vilão de seu pitch da história do cliente.

- No caso do Modelo de Inovação Contínua, é a mentalidade de execução (a abordagem Analisar-Planejar-Executar para construir produtos).
- No caso da bateria Powerwall, foram as baterias existentes.
- No caso do iPad, foram os laptops (os netbooks).

Relacione os problemas de sua verdadeira concorrência

É aqui que você descreve os problemas das alternativas existentes, agora intensificados pelo gatilho de troca, como obstáculos que impedem seu cliente de alcançar o resultado desejado.

Essa lista deve ser uma mistura de chateações e soluções alternativas que seus clientes já conhecem e, possivelmente, alguns problemas mais profundos que você descobriu e o ajudam a parecer um especialista aos olhos dos clientes.

- Os problemas da maneira antiga de construir produtos (abordagem de execução) são: demora muito para entrar no mercado, cria planos fictícios, faz apostas seguras em vez de grandes apostas e constrói algo que ninguém quer.
- Elon Musk especificou sete problemas das baterias existentes: preço alto, não confiável, integração ruim, vida útil ruim, baixa eficiência, não escalável e deselegante.
- Steve Jobs descreveu os netbooks como lentos, com telas de baixa qualidade e com software desengonçado de PC.

Quebre a maneira antiga

Ao final do segundo ato, você deve ter eliminado a alternativa existente como alternativa viável para seu cliente. Conclua esta seção resumindo o porquê.

- Essa maneira de trabalhar (a abordagem da execução) nunca foi pensada para maximizar a velocidade e a Inovação Contínua.
- Elon Musk concluiu esta seção dizendo que as baterias existentes "são uma droga".
- Steve Jobs concluiu esta seção caracterizando os netbooks como "apenas laptops baratos que são piores que os laptops em tudo".

Ato 3: Resolução (demonstre sua maneira nova e melhor)

No Ato 3, você revela seu presente (a maneira nova) e demonstra como ele ajuda os clientes a superar os obstáculos que você apresentou e alcançar o resultado desejado. Esse é o objetivo de sua demonstração – e lembre-se: é neste ponto que a compra emocional acontece.

A demonstração não tem o objetivo de ser apenas uma coletânea de belas capturas de tela ou um protótipo funcional, mas *uma narrativa meticulosamente roteirizada* que ajuda seus clientes potenciais a visualizar sua proposta única de valor e a acreditar que você é capaz de cumpri-la.

Ela deve conduzir o cliente de sua realidade atual (repleta de problemas existentes resultantes das alternativas existentes) à realidade futura que você vislumbrou para eles (uma realidade na qual esses problemas serão resolvidos com sua solução).

Veja a seguir algumas recomendações que podem ajudar a criar o roteiro de uma demonstração eficaz.

A demonstração precisa ser realizável

Alguns amigos que trabalham em estúdios de design têm equipes especiais dedicadas a construir demos para os usuários iniciais. Essas demos são uma parte integral e muito importante do processo de vendas, mas muitas vezes dependem de tecnologias (como o Flash) com base nas quais o produto não foi construído. Apesar de serem muito eficazes para fechar a venda, elas também dificultam muito o trabalho da equipe de implementação, já que muitos dos elementos mais "chamativos" muitas vezes acabam sendo impossíveis de recriar. Isso leva a uma lacuna entre o que é prometido (e vendido) ao cliente e o que o cliente acaba recebendo.

A demonstração precisa parecer real

Eu também não gosto de ir ao outro extremo e usar apenas modelos rústicos ou esboços. Apesar de serem mais rápidas de criar, essas demonstrações forçam o cliente a dar um salto de fé sobre o produto acabado, o que eu sempre tento evitar.

Quanto mais real for sua "demonstração", maior será a capacidade de testar a solução com precisão.

A demonstração precisa permitir iterações rápidas

Você provavelmente obterá um feedback valioso sobre a usabilidade de sua solução durante as entrevistas de entrega da oferta e precisará incorporar e testar rapidamente esses insights em entrevistas subsequentes. Por isso, pode sair prejudicado se decidir terceirizar sua demonstração a uma equipe externa e sua capacidade de fazer iterações depender do cronograma deles.

A demonstração precisa minimizar o desperdício

Criar uma demonstração usando qualquer outra ferramenta que não seja a tecnologia final de seu produto sempre gera algum desperdício. Para minhas demonstrações, apesar de eu começar a prototipagem rápida usando esboços em papel, Photoshop e Illustrator, eu invariavelmente os converto em HTML/CSS, o que acaba resultando em menos desperdício no futuro.

A demonstração precisa usar dados que imitam a realidade

Em vez de usar "dados fictícios" (por exemplo, aquele famoso texto *lorem ipsum*), bole dados que "pareçam reais" e não só ajudem a definir alguns detalhes da oferta (como o layout da tela, no caso de um software) como reforcem a narrativa de sua solução. Como declarou Jeffrey Zeldman do estúdio de design A List Apart: "O conteúdo precede o design. O design na ausência de conteúdo não é design, é meramente decorativo".

Imagine o anúncio "antes e depois" perfeito

Se você pudesse encomendar um anúncio curto de 30 segundos mostrando o antes e o depois da história do cliente:

- Quem seriam os personagens da história?
- Como a história começaria?
- Que problemas os personagens enfrentariam?
- Como eles resolveriam os problemas?

Seja breve, mas não breve demais

As melhores demonstrações chegam rapidamente à conclusão (sua proposta única de valor), ao mesmo tempo que definem o contexto necessário. Procure apresentar sua demonstração em 5 a 10 minutos.

Escolha o melhor formato para sua demonstração

O objetivo da demonstração é mostrar a proposta única de valor com *a menor coisa possível* para maximizar a velocidade de aprendizagem. Não tente fazer um protótipo funcional neste estágio, mas considere o melhor formato para apresentar seu produto. Em ordem de preferência, são eles:

- Produtos digitais:
    - demonstração oral;
    - capturas de tela ou mockups;
    - protótipos clicáveis;
    - protótipo funcional.
- Produtos físicos:
    - demonstração oral;
    - esboços ou diagramas em CAD;
    - protótipo físico;
    - protótipo funcional.
- Produtos de serviço:
    - demonstração oral;
    - diagrama de processo para demonstrar o funcionamento;
    - amostra de deliverable (por exemplo, um relatório).

Por exemplo:

— Uma demonstração do Modelo de Inovação Contínua pode ser entregue apenas como uma apresentação de slides.

— Elon Musk usou uma demonstração ao vivo mostrando que a energia do auditório onde eles estavam era gerada por baterias.

— Steve Jobs usou uma combinação de slides e uma demonstração ao vivo do iPad para mostrar como o dispositivo é mais eficaz para realizar determinadas tarefas do que os laptops.

Ato 4: Chamada para ação (peça a troca)

No Ato 4, você articula com clareza a próxima ação específica que deseja que seus clientes tomem. Muitos empreendedores pulam esta etapa e se contentam com compromissos verbais simplesmente por ser mais fácil. O objetivo desta etapa é "reduzir o atrito do cadastramento". Queremos facilitar ao máximo para as pessoas dizerem *sim* e concordarem em dar uma chance ao nosso produto, na esperança de que, com tempo, o valor que forneceremos vá nos conquistar o privilégio de tê-las como clientes.

O problema dos compromissos verbais é que eles são fáceis de fazer e igualmente fáceis de quebrar. Essa abordagem não só posterga a validação por ser muito fácil para um usuário dizer *sim*, como a ausência de um sólido "compromisso" por parte do cliente pode prejudicar a aprendizagem. Isso nos leva às recomendações a seguir para definir sua chamada para ação.

Não reduza o atrito do cadastramento – aumente-o

Seu trabalho neste estágio é encontrar adotantes iniciais que sejam, pelo menos, tão apaixonados quanto você pelos problemas que você está tentando resolver. A melhor maneira de fazer isso não é reduzindo o atrito do cadastramento, mas aumentando-o.

Posicione seu produto mínimo viável como um prêmio

Muitos empreendedores têm vergonha de seus produtos mínimos viáveis e usam rótulos como *alfa* e *beta* para descrevê-los. Falar em termos de *alfa* e *beta* sugere que seu produto ainda não é perfeito e pede desculpas aos clientes antes mesmo de eles começarem a usá-lo.

Se você fez todo o trabalho descrito nos capítulos anteriores para pesquisar meticulosamente e definir seu produto mínimo viável, não deve ter vergonha dele, mas sim orgulho. No pitch da história do cliente, seu produto mínimo viável é o presente que você dá a seus clientes e os ajudará a superar os obstáculos e alcançar o resultado desejado. É assim que você deve posicioná-lo.

Em vez de falar em termos de alfa e beta, prefiro usar *acesso antecipado*, que transmite a ideia de que seu produto mínimo viável é um prêmio e só será disponibilizado a alguns poucos seletos. Quando você apresenta o produto mínimo viável como um produto de acesso antecipado, também indica escassez, o que funciona para intensificar o desejo – especialmente para os adotantes iniciais.

Cobre desde o primeiro dia

Se tiver um modelo de negócio direto (quando o comprador está presente), você deve sempre incluir o modelo de precificação na chamada para ação, por todas as razões que vimos anteriormente:

- o preço faz parte do produto;
- o preço determina os clientes;
- o preço é uma das suposições mais arriscadas.

DICA

Mesmo se optar por começar com uma avaliação gratuita ou período de teste, você deve discutir os preços antecipadamente.

Em vendas mais complexas, quando o comprador não está presente, peça ao cliente potencial que o apresente ao comprador. Se ele fizer a apresentação, isso também é uma forma de pagamento – não com capital financeiro, mas com capital social.

Nunca pergunte aos clientes quanto eles estão dispostos a pagar

Dá para imaginar o Steve Jobs perguntando quanto você estaria disposto a pagar por um iPad antes de o dispositivo ser lançado? Parece ridículo, não é? No entanto, eu arriscaria dizer que você já pediu para um cliente "chutar" um preço em algum momento.

O problema é que isso seria uma inversão do processo. Pare um pouco para pensar. Não existe qualquer justificativa econômica razoável para um cliente não sugerir qualquer coisa que não seja o valor mínimo. Ou ele pode não fazer ideia de como responder, e essa pergunta só os coloca em uma saia justa.

Você não pode (e não deve) convencer um cliente de que ele tem um problema se ele não tiver um problema, mas muitas vezes pode (e deve) convencer um cliente a pagar um preço "justo" por seu produto, um valor que costuma ser mais alto do que você e o cliente acham que o produto custaria.

Elabore sua história de precificação

Muitas pessoas ficam pouco à vontade ou se sentem culpadas revelando seu modelo de precificação aos clientes. Contudo, se você fez sua pesquisa e seguiu o roteiro do pitch da história do cliente até aqui, seus clientes potenciais já fizeram a compra emocional de sua maneira nova.

Apresentar o modelo de precificação é demonstrar racionalmente como você chegou a um preço justo para seu produto, ancorado nas alternativas existentes e no valor que você está prometendo agregar.

Não há necessidade de entregar-se às emoções. Lembre-se de que é aqui que a compra racional acontece.

Defina com clareza o que vai acontecer a seguir

Depois de compartilhar seu modelo de precificação, defina com clareza o que acontecerá a seguir e peça para o cliente fazer a compra.

Steve compartilha o esboço de seu pitch da história do cliente com a equipe

Steve manda a seguinte mensagem no bate-papo da equipe:

> O que eu tenho até agora é o seguinte:
>
> ***Ato 1: Apresentação (compartilhando o contexto mais amplo)***
>
> Grande mudança relevante: Devido à pandemia, as pessoas estão passando muito mais tempo em casa e querem melhorar o espaço onde moram e trabalham. Isso desencadeou um aumento na compra e na reforma de casas.
>
> Elevando as apostas: Muitos desses novos compradores são proprietários de imóveis pela primeira vez. Eles também são mais jovens do que antes e, tendo crescido com o Instagram e o Pinterest, são muito mais exigentes em termos de personalização e design, mas não têm experiência com a construção de casas.
>
> Dando um gostinho da promessa: Eles querem poder criar o design de espaços perfeitos que expressem sua identidade sem gastar muito.
>
> ***Ato 2: Confronto (quebrando a maneira antiga)***
>
> Os artefatos atuais (renderizações 2D/3D) não se prestam a essa tarefa.
>
> As plantas baixas em 2D não têm profundidade.
>
> As soluções 3D atuais são caras, complexas e não são fotorrealistas (renderizações com qualidade de videogame).

Ato 3: Resolução (demonstrando nossa maneira nova e melhor)

Nossa solução ajuda seus clientes a testar seus conceitos de design na realidade virtual exatamente como eles aparentarão na realidade quando construídos. Vou mostrar como funciona.

(É neste ponto que conduzimos o arquiteto pelo modelo de demonstração que estou construindo.)

Ato 4: Chamada para ação (peça a troca)

Lisa, você é muito melhor nisso do que eu, então fique com esta parte. Mas acho que é aqui que falaremos sobre o acesso antecipado, o modelo Concierge etc., e o ideal seria fecharmos a US$ 5 mil/mês. Seria incrível.

Lisa responde: Ótimo, Steve, e obrigada por mandar as informações. Sim, tenho algumas ideias para a chamada para ação e vou ver o que posso fazer com o preço :) E a demonstração? Como vai indo?

Steve: Estou quase lá, mal posso esperar para mostrar a vocês. Devo ter uma demonstração funcional até sexta para submeter a você e ao Josh.

Josh: Excelente, Steve! Com base no que você me mostrou antes, mal posso esperar para ver as reações dos arquitetos à demonstração.

Steve: Eu também, mas ainda preciso preparar a demo. Sempre dá mais trabalho do que a gente imagina, mas vou cumprir os prazos que combinamos.

ENTREGUE SUA OFERTA

Montada a oferta, você está pronto para entregá-la. Os pitches do iPad e da Powerwall foram feitos no palco para um auditório cheio de pessoas. Você não vai começar com uma plateia lotada, mas, como nas entrevistas de descoberta de problemas, fará os pitches individualmente aos clientes potenciais. Veja a seguir algumas recomendações para preparar seu pitch de Oferta da Máfia.

Escolha seu público-alvo com muito critério

Direcione-se a uma combinação de antigos e novos clientes potenciais.

Use clientes potenciais antigos que correspondam a seus critérios de adotantes iniciais

Você deve ter recebido permissão para voltar a entrar em contato com os clientes potenciais das entrevistas de descoberta de problemas que conduziu anteriormente. Se algum desses clientes potenciais corresponder aos critérios de adotantes iniciais, eles serão seus leads qualificados. Marque outra conversa com eles para fazer seu pitch de Oferta da Máfia.

Inclua alguns novos clientes potenciais

É sempre uma boa ideia incluir alguns novos clientes potenciais em cada lote de pitches para testar todas as hipóteses com uma "mente de principiante". Os pitches que você já fez devem ter rendido algumas indicações de outros possíveis entrevistados.

Teste novos canais

Este também é o momento de começar a testar quaisquer outros canais que você identificou em seus sprints anteriores que possam ajudá-lo a começar a construir uma fábrica de clientes repetível.

Reserve tempo suficiente

Como ainda estará aprendendo com seus primeiros pitches, reserve tempo suficiente para isso. Recomendo pedir 45 minutos e tentar terminar em 30 minutos.

Grave o pitch (se possível)

Assim como nas entrevistas de descoberta de problemas, se o cliente potencial concordar em ser gravado, grave seus pitches para fins de aprendizado e treinamento.

Mantenha uma mentalidade de aprendizado

O objetivo do pitch da Oferta da Máfia é testar os insights que você coletou nos sprints de descoberta de problemas. Se os seus insights foram acertados, você deve ver na linguagem corporal dos clientes potenciais sinais claros de que estão se identificando com o que é dito no decorrer de todo o pitch – acenos de cabeça, sorrisos e feedback aberto são ótimos sinais. Se não vir esses sinais, não force o pitch. É melhor fazer a transição para tentar entender o porquê.

Ajuda criar um breve intervalo mental entre cada ato de seu pitch da história do cliente para avaliar se você atingiu os objetivos de cada seção. Se não, essa é a sua deixa para investigar o que deu errado.

Use um metarroteiro

Além de todos os slides e demonstrações que você criou na última seção, é interessante usar um metarroteiro para entregar sua oferta. Um metarroteiro não apenas evita desvios e distrações como é uma excelente ferramenta de treinamento e documentação para quando você estiver pronto para entregar e/ou otimizar sua campanha de oferta. Veja um exemplo de roteiro com algumas orientações adicionais no quadro a seguir.

ROTEIRO DO PITCH DA OFERTA DA MÁFIA (30 MINUTOS)

Introdução (prepare o terreno)

(2 minutos)

Dê uma breve explicação de como conduzirá a reunião.

Muito obrigado por reservar este tempo para conversar com a gente sobre o nosso [produto]. Começamos a construir o [produto] depois de conduzir dezenas de entrevistas com outras empresas para entender como elas fazem a [tarefa a ser realizada]. Antes de entramos na apresentação, eu gostaria de fazer algumas perguntas sobre como você faz a [tarefa a ser realizada] para ver se o nosso produto se aplica às suas necessidades.

Pode ser?

Colete critérios de qualificação (teste o encaixe cliente/problema)

(5 minutos)

Faça algumas perguntas de qualificação para ver se o problema se aplica ao cliente. Se você já entrevistou/qualificou esse cliente potencial, pode pular esta seção, a menos que tenha incluído questões adicionais desde a última vez que o entrevistou. Lembre que esta não é uma entrevista completa de descoberta de problemas, mas uma chance de qualificar seu cliente potencial em relação às principais características distintivas que definem o perfil de seu adotante inicial ideal.

Como você faz a [tarefa a ser realizada]?

Quais soluções você usa?

(Faça quaisquer outras perguntas de qualificação relevantes para ver se o cliente potencial é adequado.)

Se descobrir novos insights que não foram descobertos nos sprints anteriores de descoberta de problemas, seja curioso e investigue. A descoberta de problemas só termina quando você já ouviu todas as histórias.

Se o cliente potencial se adequar, prossiga. Caso contrário, informe o entrevistado de que não há um encaixe e explique por quê. Vocês dois sairão 30 minutos mais ricos.

Ato 1: Apresentação (compartilhe o contexto mais amplo)

(2 minutos)

Compartilhe o contexto mais amplo de seu pitch.

- Especifique a grande mudança relevante (gatilho de troca).
- Aumente o que está em jogo.
- Mostre vencedores e perdedores.
- Dê um gostinho de sua promessa.

Na nossa pesquisa, também constatamos que várias empresas como a sua estão usando a [maneira antiga] de fazer a [tarefa a ser realizada].

Mas o mundo mudou devido ao [gatilho de troca]. Em outras palavras, a maneira como fazemos a [tarefa a ser realizada] mudou radicalmente.

A [maneira antiga] até que funcionava bem no [mundo antigo], mas não funciona mais no [mundo novo].

A [maneira nova] ajuda você a alcançar o [resultado desejado melhor]. Não fazer nada resulta em [o que está em jogo].

Para ter sucesso no [mundo novo], você vai precisar de [dê um gostinho da promessa].

Ato 2: Confronto (quebre a maneira antiga)

(3 minutos)

Seja muito específico em sua explicação do motivo pelo qual o método antigo (seu verdadeiro concorrente) não funciona mais.

A [maneira antiga] não foi construída para lidar com o [gatilho de troca]. As razões para isso são:

- *Razão 1*
- *Razão 2*
- *Razão 3*

Se você foi minucioso no trabalho da descoberta de problemas, é aqui que deve notar sinais visíveis de que o cliente potencial se identifica com a proposta e vai conquistar sua confiança. Esta seção também deixa o cliente potencial curioso para saber como você propõe resolver esses problemas.

Fique atento à linguagem corporal e a outros sinais não verbais. É sempre bom poder ver seus clientes potenciais ao fazer seu pitch. Enquanto faz seu pitch, faça pausas frequentes para ver como estão reagindo e fique atento a quaisquer gestos indicando que eles não estão conseguindo acompanhar a história. Quando isso acontecer, pare e pergunte se eles têm alguma dúvida.

Ato 3: Resolução (demonstre sua maneira nova e melhor)

(10 minutos)

Este é o centro do pitch e onde a compra emocional acontece. Lembre que a arte de uma boa demonstração é ser breve e claro. Conduza seu cliente potencial pela demonstração e mostre como você entrega sua proposta única de valor.

Deixe-me mostrar rapidamente como resolvemos esses problemas e fazemos a [tarefa a ser realizada]:

- *Demonstre o recurso 1*
- *Demonstre o recurso 2*
- *Demonstre o recurso 3*

É isso que o nosso produto faz. Você tem alguma pergunta?

Em vez de se apressar para falar sobre o que acontecerá em seguida ou sobre os preços, faça uma pausa neste ponto e deixe o cliente potencial dar o próximo passo. Como não adianta falar sobre o que virá a seguir se o cliente potencial não estiver convencido do valor da demonstração, certifique-se de que ele foi convencido.

- Se ele não se convenceu com a demonstração, investigue.
- Peça uma indicação se ele adorou a demonstração, mas não é o cliente (comprador).
- Se ele perguntou sobre preços ou os próximos passos, passe para o próximo ato do roteiro.

Os clientes potenciais inevitavelmente perguntarão sobre recursos não mostrados em sua demonstração. Em vez de se apressar para concordar com eles, pergunte por que eles têm interesse nesse novo recurso e como o usariam. Não há problema algum em fazer um compromisso condicional com um novo recurso promissor neste estágio, sem se comprometer rigorosamente com ele em seu produto mínimo viável. Mais adiante, quando estiver pós-processando essas solicitações de recursos, você precisará ponderá-las em relação ao escopo de seu produto mínimo viável e estar preparado para eliminá-las ou programá-las para um lançamento futuro em seu roteiro de produto.

Ato 4: Chamada para ação (peça a troca)

(5 minutos)

Informe a seu cliente potencial que você está no início do processo de lançamento e não está fazendo um lançamento ao público nem procurando usuários beta, mas em busca de garantir *clientes de acesso antecipado*.

Como optamos por enfrentar um problema tão grande, decidimos usar uma abordagem de lançamento em estágios e testar nosso produto primeiro com um pequeno grupo de clientes escolhidos a dedo.

Com base em tudo o que conversamos até agora, achamos que você se encaixa perfeitamente. E adoraríamos que você fizesse parte do nosso grupo de acesso antecipado.

Esta é uma etapa opcional, mas altamente recomendada, que ajuda a aumentar disposição de comprar ao posicionar seu produto como um prêmio e causar uma percepção de escassez.

Em seguida vem a ancoragem de preços. Esta é uma tática bem conhecida, mas raramente usada durante um pitch. Não recomendo pular esta etapa. Se a oferta incluir quaisquer mecanismos de reversão de risco ou garantias de reembolso, não deixe de especificá-las.

Certo... então vamos falar sobre os preços...

Para determinar um preço justo para o nosso produto, analisamos as alternativas existentes e queremos alinhar nosso modelo de precificação com o valor que entregamos.

A maioria das pessoas gasta $ X em alternativas existentes e alcança o [resultado atual]. Mostramos como podemos ajudá-lo a alcançar um [resultado melhor], o que o ajudará a obter/poupar [valor]. Gostaríamos que o nosso produto fosse uma opção indiscutível, e é por isso que optamos por precificá-la não em $ X, mas em [indique seu modelo de precificação].

Incluído no preço, você também receberá um treinamento personalizado, no qual ajudaremos a configurar [a plataforma] e usar a solução de acordo com suas necessidades, além de acompanhamentos mensais regulares. Essa oferta é válida apenas para nossos clientes de acesso antecipado, porque estamos muito empenhados no sucesso dos nossos primeiros clientes. Quando abrirmos o produto ao público geral, muito provavelmente cobraremos a mais por essas opções.

Conclusão (próximos passos)

(3 minutos)

Depois de apresentar seu modelo de preços, faça uma pausa e estude a linguagem corporal do cliente potencial. Avalie a reação assim que informar os preços. Isso é crucial para otimizar seus preços. Se ele aceitou seu preço, anote se hesitou ou aceitou prontamente e passe para os próximos passos para avançar no processo de venda. Se ele aceitou sem hesitação, isso costuma ser um sinal de que o valor percebido de seu produto é maior do que você pensa e de que deve testar um preço mais alto em propostas subsequentes.

Se ele pediu mais tempo para decidir, ofereça-se para enviar alguns materiais complementares (como sua apresentação de slides) e sugira uma data para voltar a entrar em contato com ele.

Se ele não aceitou seu preço, investigue para descobrir as razões da objeção.

OTIMIZE SUA OFERTA

O primeiro passo para otimizar sua oferta é mensurar semanalmente as métricas da fábrica de clientes. A partir daí, identifique a principal restrição a ser otimizada primeiro. Por fim, determine as causas fundamentais e crie maneiras de eliminar a restrição, as quais você testará em ofertas subsequentes.

Meça as métricas da fábrica de clientes semanalmente

Mapeie ações específicas do usuário para cada etapa da fábrica de clientes. Antes do lançamento, recomendo definir as etapas da fábrica de clientes da seguinte forma:

1. Aquisição: número de novos leads (clientes potenciais)
2. Ativação: número de demonstrações agendadas
3. Retenção: número de acompanhamentos pós-demonstração (venda complexa)
4. Receita: número de pessoas que aceitaram a oferta
5. Recomendações: número de leads que chegaram por indicação

No pós-lançamento, você deve redefinir essas etapas de outra maneira. Falarei sobre isso em mais detalhes no Capítulo 12. Se puder usar ferramentas de terceiros para medir algumas dessas métricas, ótimo, mas não se deixe paralisar por isso. Não há problema algum em medir manualmente essas etapas no começo.

Na LEANSTACK, para cada novo produto que lançamos, normalmente criamos uma apresentação de slides, reservando um slide para cada semana, e os preenchemos manualmente toda segunda-feira de manhã (veja a Figura 10.3).

---- **TOME NOTA** ----

Você pode baixar um modelo em branco do painel da fábrica de clientes nohttps://runlean.ly/resources site da LEANSTACK (*https://runlean.ly/resources*).

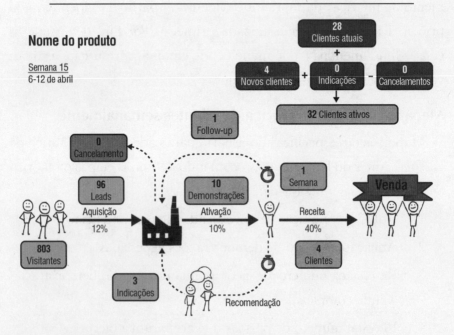

Figura 10.3. *Painel de métricas de pré-lançamento da fábrica de clientes*

Identifique a principal restrição

Depois de definir as métricas semanais de referência, faça o caminho inverso partindo da etapa da chamada para ação (Receita) e procure gargalos. Os gargalos são pontos onde você encontra:

- muitas pessoas esperando (longos tempos de ciclo);
- muitas pessoas saindo (altas taxas de abandono).

Priorize o principal gargalo como a restrição a ser eliminada primeiro.

Formule maneiras de eliminar a restrição

Lembre-se de que a restrição apenas indica o principal gargalo, mas não informa necessariamente por que ele ocorreu.

Se a restrição se deve a muitas pessoas esperando em uma etapa, você provavelmente está diante de uma restrição de recursos (pessoas). Por exemplo, você pode estar gerando dez leads por semana, mas fazendo apenas cinco pitches por semana porque seu follow-up não está sendo eficaz. Nesse caso, procure maneiras de automatizar essa etapa (como uma ferramenta de agendamento) ou obtenha ajuda adicional (como um assistente virtual).

Se a restrição se deve a muitas pessoas saindo em uma etapa, você provavelmente está diante de uma restrição de processo (de vendas). Por exemplo, os clientes potenciais podem não estar comprando por achar que seu preço é alto demais, ou podem não estar se cadastrando para uma demonstração porque sua promessa (proposta única de valor) não chama a atenção. Nesse caso, as soluções geralmente vêm de uma análise mais aprofundada dessas objeções não abordadas, o que pode ser feito ouvindo ativamente durante os pitches, fazendo o pós-processamento dos pitches ou simplesmente perguntando a seus clientes potenciais.

Steve se reúne com a equipe para revisar os resultados do primeiro sprint de entrega da oferta

Lisa dá início à conversa. "O feriado prolongado empurrou alguns dos nossos pitches para a semana que vem, por isso só conseguimos fazer um pitch."

"Devo admitir que parte da culpa foi minha pelo atraso nas demonstrações", reconhece Steve. "Eu não estava totalmente satisfeito com a qualidade da renderização e levei uns dias a mais fazendo ajustes."

"Lembrem que o perfeito é inimigo do feito", diz Mary. "Steve, eu sei que você quer mostrar a melhor solução possível, mas a velocidade da aprendizagem é mais importante que a perfeição. Você precisa recalibrar sua definição de *bom o suficiente* pensando em termos da alternativa existente, não de seu padrão ideal."

Steve concorda com a cabeça sem dizer nada. Mary pergunta como foi o pitch.

"O arquiteto adorou a demonstração, mas hesitou em aceitar nossos preços", responde Lisa. "Tentamos ancorar no custo das renderizações 3D, mas eles não usam renderizações. Ele descreveu as renderizações 3D e a realidade virtual como algo apenas 'interessante de ter' e foi categórico quando disse que eles não têm como arcar com mais custos."

Mary assente. "Entendi. Primeiro, não desanimem, porque essa foi só uma conversa. Os primeiros pitches são excelentes oportunidades para aprender, e vocês devem usá-los para fazer iterações e otimizar o pitch. Meu conselho seria pré-qualificar ainda mais o cliente potencial. O pitch atual tem como objetivo convencer as empresas de arquitetura a trocar as renderizações 3D pela realidade virtual como um serviço. Se eles não estiverem usando renderizações 3D, vocês precisarão criar outro pitch ou desqualificar esses clientes potenciais como seus adotantes iniciais."

"Você recomenda uma abordagem em detrimento da outra?", pergunta Lisa.

"Convencer os clientes a adotar novas tecnologias é sempre mais difícil no começo, e é por isso que eu votaria em desqualificar os clientes potenciais que não usam renderizações 3D", responde Mary.

"Eu concordo", diz Josh. "Acho que é muito mais fácil fazer a comparação de troca quando lhes pedimos para substituir uma solução de software em vez de substituir seus processos atuais."

"Bom argumento", concorda Mary. "Então, sim, vamos nos concentrar nas empresas pré-qualificadas e tentar fazer muito mais pitches no próximo sprint de duas semanas."

"Eu topo", diz Lisa. "Estou em contato com sete empresas e vou pré-qualificá-las antes de agendar as demonstrações."

Como saber quando você concluiu a etapa da entrega da oferta?

Você terá concluído a entrega da oferta quando uma das seguintes coisas acontecer:

- você atinge seus critérios de tração do encaixe problema/solução definidos no roteiro de tração;
- você fica sem tempo – ou seja, chega ao fim do ciclo de 90 dias.

Nos dois casos, siga em frente para avaliar o ciclo de 90 dias e use o que aprendeu para tomar uma decisão baseada em evidências sobre o que fazer em seguida.

CAPÍTULO **11**

FAÇA UMA AVALIAÇÃO DO CICLO DE 90 DIAS

Ao fim do ciclo de 90 dias, não importa em que ponto da fábrica de clientes você estiver, é importante convocar a equipe para uma reunião de revisão do ciclo de 90 dias.

É nessa reunião que vocês avaliam o que fizeram e o que aprenderam e decidem os próximos passos. Muitas equipes se arrependem de ter demorado demais para pivotar sua ideia. Elas se agarram a uma ideia fracassada ou a uma campanha de validação na esperança de a situação mudar, até ser tarde demais. A revisão do ciclo de 90 dias (Figura 11.1) força a equipe a confrontar a realidade e a tomar decisões para o próximo ciclo – perseverar (ater-se ao plano original), pivotar ou fazer uma pausa.

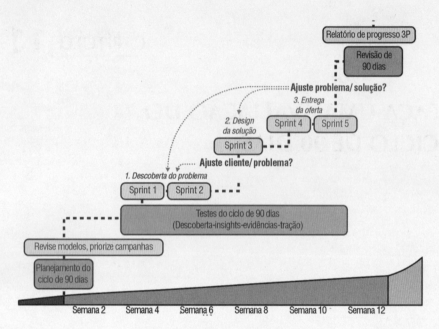

Figura 11.1. *A revisão do ciclo de 90 dias*

Steve convoca uma reunião de pré-revisão só com Mary

"O que acontece se não atingirmos nosso objetivo e resultado-chave para o ciclo de 90 dias? Sei que só precisamos de dois clientes cadastrados... mas e se ninguém se cadastrar?", Steve pergunta a Mary.

"Eu queria começar lembrando que vocês não precisam apenas cadastrar dois clientes, mas também criar um sistema (uma fábrica de clientes) para cadastrar repetidamente dois clientes por mês nos próximos meses", diz Mary.

Steve ri nervosamente. "Caramba, isso consegue ser ainda mais assustador. E se não fecharmos nenhum cliente, tudo bem? Podemos estender nossas timelines do roteiro de tração?"

"O que você acha?", Mary responde com outra pergunta. "Lembre que seu roteiro de tração representa a curva de critérios *mínimos* de sucesso que você mesmo criou, Steve. Pense nisso como entrar no mar até não dar mais pé. O que acontece quando você passa desse ponto?"

"Você prende a respiração?", sugere Steve.

"Isso mesmo. Mas não dá para prender a respiração para sempre. Tudo bem ficar debaixo d'água por pouco tempo, mas você precisa fazer de tudo para tirar a cabeça da água o quanto antes."

"O que é *o quanto antes* nesse caso?", pergunta Steve.

"Bom, foi demonstrado estatisticamente que mais de dois terços dos modelos de negócio requerem uma mudança drástica devido à natureza altamente incerta do estágio inicial. Então, é muito comum que as equipes deixem de atingir seu primeiro objetivo e resultado-chave de 90 dias e sejam forçadas a executar um ciclo adicional de 90 dias para encontrar o encaixe problema/solução."

"Ah, menos mal… Então, se não fecharmos nenhuma venda, tecnicamente poderemos pivotar e nos dar mais 90 dias para encontrar o encaixe problema/solução?"

"Tecnicamente, sim. Mas lembre que uma pivotagem ainda precisa ser definida com base no aprendizado. O que determina sua próxima ação não é apenas ter atingido ou não a meta, e sim o que vocês aprenderam durante o ciclo de 90 dias."

Mary faz uma pausa para tomar um gole de café e continua: "Steve, estou vendo que você está um pouco ansioso. Quer dizer mais alguma coisa?".

"É... estou tentando me preparar da melhor maneira possível para a revisão de 90 dias. Desde que convenci Lisa e Josh a participar deste projeto, não quero deixá-los na mão e perdê-los porque não atingimos o objetivo."

"Sei como você se sente. Mas lembre que eles são cofundadores do projeto e igualmente responsáveis. Uma das grandes vantagens deste modelo é que todos os participantes são responsabilizados – especialmente o seu modelo de negócio."

Steve ri.

"Estou falando sério", diz Mary. Você já ouviu falar do Paradoxo de Stockdale?"

"Sim, lembro de ter lido sobre isso no livro de Jim Collins, *Empresas feitas para vencer*. Não é sobre confrontar fatos brutais?"

"Aqui, dê uma olhada neste trecho do livro no meu celular:

> Todas as empresas "feitas para vencer" abraçaram o que viemos a chamar de "Paradoxo Stockdale": é preciso manter uma fé inabalável no fato de que você pode e vai vencer no final, a despeito das dificuldades – e, ao mesmo tempo, ter a disciplina necessária para enfrentar os fatos mais brutais de sua atual realidade, sejam eles quais forem.

"Essa também é a chave para praticar o Modelo de Inovação Contínua. Questione suas crenças com rigor, mas tenha fé em si mesmo e na sua equipe de que vocês vencerão no final."

Prepare-se para a reunião

Você abrirá a reunião de revisão do ciclo de 90 dias apresentando um relatório de progresso do modelo de negócio em 5 a 10 minutos, mostrando à sua equipe as suposições/metas iniciais de seu Quadro Lean e roteiro de tração, o que vocês fizeram durante o ciclo de 90 dias e os próximos passos.

Se vocês tiverem conseguido manter a disciplina ao executar sprints, documentar seus experimentos, capturar insights e medir métricas ao longo do caminho, a preparação necessária para uma revisão do ciclo de 90 dias é mínima.

Nesta seção, abordarei os artefatos que você precisará coletar/atualizar para montar uma apresentação de slides do relatório de progresso e como deve ser essa apresentação. Na próxima seção, veremos como conduzir a reunião de revisão.

Colete/atualize artefatos

Para cada variante do modelo de negócio que explorou, você precisará de um discurso de elevador, um Quadro Lean e um roteiro de tração atualizados.

Pitch de elevador

Revise e atualize seu pitch de elevador com base nos aprendizados mais recentes de seus sprints de entrega da oferta. Como um lembrete, aqui está o modelo do Capítulo 5:

> Quando os **[clientes]** se deparam com um **[evento desencadeador]**, eles precisam fazer a **[tarefa a ser realizada]** para alcançar o **[resultado desejado]**.
>
> *Eles normalmente usariam* **[alternativas existentes]**, *mas, devido ao* **[gatilho de comutação]**, *essas* **[alternativas existentes]** *têm esses* **[problemas]**. *Se esses problemas não forem resolvidos, então* **[o que está em jogo]**.
>
> Por isso, criamos uma solução para ajudar os **[clientes]** a alcançar o **[resultado desejado]**, ajudando-os a **[proposta única de valor]**.

Você já deve ter notado que seu pitch de elevador é, basicamente, uma versão resumida dos Atos 1 e 2 de sua campanha de Oferta da Máfia.

O objetivo do pitch de elevador é explicar rapidamente por que seu produto existe, descrevendo:

- a quem se destina (segmento de clientes);
- o que mudou (gatilho de troca);
- o problema (das alternativas existentes) que precisa ser consertado.

Seu pitch de elevador é um recurso muito eficaz para incluir no início de qualquer conversa, pitch ou atualização de modelo de negócio, e por isso é importante mantê-lo atualizado e praticar apresentá-lo sempre que puder.

Quadro Lean

Certifique-se de que seu Quadro Lean (Figura 11.2) também reflita sua linha de raciocínio mais recente, especialmente no que diz respeito à segmentação de clientes, ao problema, à solução, à proposta única de valor e à estrutura de preços (fluxos de receita).

Problema	Solução	Proposta única de valor		Segmentos de clientes
Relacione os problemas que vale a pena resolver com seus verdadeiros concorrentes	Defina o produto mínimo viável	Relacione o resultado desejado. Desejos *versus* necessidades. **Conceito de alto nível**		Não complique **Adotantes iniciais** Relacione um ou mais eventos desencadeadores e de outras características distintivas
Alternativas existentes Relacione seus verdadeiros concorrentes				
		Fluxos de receita Relacione o preço justo ancorado em relação à sua proposta única de valor e à verdadeira concorrência		

O Quadro Lean foi adaptado do Quadro do Modelo de Negócio e está licenciado sob os termos da Licença Creative Commons Attribution-Share Alike 3.0 Unported.

Figura 11.2. *Mantenha seu Quadro Lean atualizado*

Se você não revisou seu Quadro Lean desde o início do ciclo de 90 dias, pode se surpreender ao ver o quanto sua estratégia mudou em tão pouco tempo. Ao contrário do planejamento de negócios tradicional, isso não é um sinal de fraqueza, mas de progresso.

Tire um print de como era seu Lean Canvas 90 dias atrás – isso reflete o que você pensava no momento. Durante a reunião de revisão, sobreponha esse print à versão mais recente para destacar o que vocês aprenderam.

Roteiro de tração

Faça o mesmo para rever o roteiro de tração. Comece verificando se nenhuma das suposições de entrada da estimativa de Fermi mudou, como o modelo de precificação. Se tiverem ocorrido mudanças, atualize o roteiro de tração, *mas mantenha a meta de critério mínimo de sucesso inalterada*. Se você fizer alterações no roteiro de tração, primeiro tire um instantâneo de como ele era 90 dias atrás.

TOME NOTA

Lembre-se de que seu critério mínimo de sucesso é uma restrição não negociável que você impõe a seu modelo de negócio e só deve ser alterado depois de muita deliberação e conversas com a equipe/stakeholders. Se uma mudança for necessária, aproveite a reunião de revisão do ciclo de 90 dias para propô-la.

Em seguida, faça um gráfico da métrica de tração real – por exemplo, número de clientes cadastrados para um período de teste – e sobreponha-o ao roteiro de tração (Figura 11.3). Essa é a maneira mais eficaz de mostrar o progresso (ou não) de seu modelo de negócio. Lembre que o objetivo é alcançar a tração.

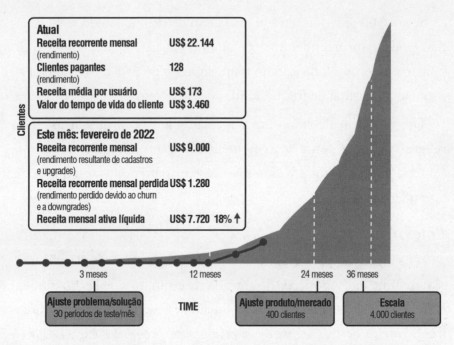

Figura 11.3. *Crie um gráfico de sua tração real em relação ao seu roteiro de tração*

Monte uma apresentação de slides para o relatório de progresso

No Capítulo 5, forneci um modelo para um pitch de modelo de negócio de dez slides. Você precisará montar uma apresentação como essa para a revisão do ciclo de 90 dias, definindo o contexto da reunião e descrevendo as suposições desde o início do ciclo, as ações no decorrer do ciclo, as principais conclusões/resultados e os próximos passos. As seções a seguir mostram o que abordar em cada slide.

Defina o contexto

Os slides iniciais devem definir o contexto da reunião.

Slide 1: Revisão dos objetivos do ciclo de 90 dias

Compartilhe o objetivo estratégico do ciclo de 90 dias (por exemplo, alcançar o encaixe problema/solução) e resuma as variantes do modelo de negócio que explorou. Se houver mais de uma variante, comece com o modelo vencedor.

Slide 2: Pitch de elevador

Apresente seu pitch de elevador com recursos visuais.

O que achávamos

Em seguida, apresente seu pensamento desde o início do ciclo atual de 90 dias.

Slide 3: Print do Quadro Lean

Mostre o print de seu Quadro Lean desde o início do ciclo e destaque as principais suposições.

Slide 4: Instantâneo do roteiro de tração

Mostre o print do roteiro de tração desde o início do ciclo e destaque os principais resultados que vocês precisavam atingir para alcançar a meta de 90 dias.

O que fizemos

Os próximos slides devem abordar as ações que vocês realizaram durante o ciclo.

Slide 5: Campanhas de validação

Descreva as campanhas de validação que vocês selecionaram no início do ciclo de 90 dias.

Slide 6: Experimentos

Resuma os experimentos que vocês executaram – por exemplo, número de pessoas entrevistadas, número de pitches feitos etc.

O que aprendemos

Os próximos slides devem apresentar o que vocês aprenderam e alcançaram com essas ações.

Slide 7: Insights

Resuma seus principais aprendizados. É aqui que pode ser muito útil sobrepor as mais recentes atualizações do Quadro Lean e/ou roteiro de tração e destacar o que levou às mudanças.

Slide 8: Tração

Mostre a tração real sobreposta em seu roteiro de tração e resuma os resultados de sua campanha.

Próximos passos

Por fim, apresente seus planos para o futuro.

Slide 9: Restrição atual

Compartilhe sua perspectiva sobre a próxima restrição a enfrentar (se ela tiver mudado) em seu modelo de negócio.

Slide 10: Próxima ação 3P

Use a combinação de suas métricas de tração com a avaliação de sua restrição para propor uma próxima ação 3P: perseverar, pivotar ou pausar.

Você se lembra da ilustração do Labirinto de Ideias que apresentei na Introdução? A jornada para o encaixe produto/mercado repleta de tiros certeiros (perseverar), voltas e reviravoltas (pivotagens) e becos sem saída e retrocessos (pausas). Veja como decidir qual ação tomar:

- Se vocês atingiram ou superaram a meta de tração de 90 dias, devem *perseverar*. Destaque a próxima meta de 90 dias no roteiro de tração e descreva o principal objetivo para o próximo ciclo de 90 dias (por exemplo, construir e lançar o produto mínimo viável).
- Se vocês não atingiram a meta de tração de 90 dias, mas descobriram alguns insights importantes que podem consertar seu modelo de negócio no próximo ciclo de 90 dias – por exemplo, direcionar-se a um segmento de cliente diferente –, vocês devem

pivotar. No entanto, tomem cuidado, porque uma pivotagem sem base no aprendizado não passa de uma tática "para ver no que dá". Para defender a necessidade de fazer uma pivotagem, preparem-se para compartilhar as evidências por trás de sua recomendação.

- Se vocês não atingiram a meta de tração de 90 dias e ficaram sem recursos ou descobriram evidências suficientes comprovando que esse modelo de negócio é um beco sem saída, vocês devem *pausar*.

CONDUZA A REUNIÃO

Veja a seguir algumas orientações para conduzir uma boa reunião de revisão do ciclo de 90 dias.

A quem chamar

Convide a equipe central e membros da equipe estendida, como conselheiros e investidores.

Reserve tempo suficiente

Eu sugeriria bloquear 45 minutos na agenda de todos os participantes.

Use uma combinação de slides e informações impressas

Como no pitch da história do modelo de negócio, os prints do Quadro Lean e do roteiro de tração são perfeitos como informações impressas para evitar interrupções enquanto você reporta o progresso aos participantes.

Use uma regra 20/80

Planeje apresentar a atualização de progresso em 10 minutos (20% da reunião) e use o resto do tempo para discutir, pedir feedback e tomar decisões.

Peça conselhos de seus investidores (stakeholders externos)

Seus investidores não estão lá só para falar sobre dinheiro e, se você os engajar da maneira certa, eles podem ter valor inestimável, ajudando a eliminar as restrições do modelo de negócio. Eles acompanham muitas startups e podem contribuir com novas táticas para impulsionar o crescimento em seu modelo de negócio. Contudo, eles só podem compartilhar o que sabem com você se souberem que você precisa deles.

Veja o que *não* fazer:

- *Não pratique o "teatro do sucesso"*. Muitos empreendedores tendem a só revelar as boas notícias aos stakeholders externos e omitir as más notícias pelo maior tempo possível. Isso cria uma dicotomia insustentável com o tempo. É muito mais interessante trabalhar em parceria com os stakeholders. Eles querem o mesmo que você: um modelo de negócio que funcione.
- *Não siga os conselhos às cegas*. Outra armadilha é querer seguir todos os conselhos que receber, principalmente quando eles vêm de alguém que você respeita ou está pagando as contas. Se não tomar cuidado, em vez de ajudar, essa atitude só vai distraí-lo e tirá-lo do caminho.

Veja o que seria melhor fazer:

- *Compartilhe objetivamente sua atualização de progresso*. Planeje apresentar aos stakeholders externos as mesmas informações que apresentaria à equipe principal. Quando você apresenta dados distorcidos ou seletivos aos stakeholders externos, eles não têm como lhe dar bons conselhos. Tente não omitir nem distorcer informações em busca de validação.
- *A palavra final é sua*. Nunca esqueça que o principal stakeholder (o investidor n° 1) de seu próprio negócio é você. Você não ganha nada seguindo conselhos, mas sim atingindo resultados.

Seja rigoroso no controle da pauta

Ninguém quer gastar tempo desnecessário em reuniões, então chegue preparado e evite desviar da pauta. Você encontrará um exemplo de pauta no quadro a seguir.

PAUTA DA REUNIÃO DE REVISÃO DO CICLO DE 90 DIAS (45 MINUTOS)

Introdução (prepare o terreno)

(2 minutos)

Prepare o terreno para a reunião apresentando brevemente a pauta da reunião:

- Atualização de progresso (sem interrupções): 10 minutos
- Discussão geral (perguntas e respostas): 15 minutos
- Rodada de aconselhamento: 15 minutos
- Decisão 3P: 3 minutos

Apresente a atualização de progresso (sem interrupções)

(10 minutos)

Apresente a atualização de progresso usando a apresentação de slides e os artefatos que você reuniu nas seções anteriores.

Discussão geral (perguntas e respostas)

(15 minutos)

Os participantes podem usar esse tempo para fazer perguntas sobre a atualização do progresso e pedir esclarecimentos sobre como você chegou a determinados insights, incluindo como e por que você selecionou sua variante de modelo de negócio vencedora, caso tenha explorado mais de uma. Prepare-se para apresentar detalhes do experimento, Quadros de Forças do Cliente e/ou métricas (se necessário) para justificar qualquer alegação.

Rodada de aconselhamento

(15 minutos)

Tente alinhar todos os participantes com o que você considera a restrição atual e peça feedback sobre sua próxima proposta de ação (perseverar, pivotar ou pausar). Lembre que, como na reunião de lançamento do ciclo de 90 dias, o objetivo não é fazer um brainstorming de novas campanhas, mas alinhar a equipe toda sobre a realidade atual do modelo de negócio e dar início a uma discussão sobre os objetivos e os resultados-chave para o próximo ciclo de 90 dias.

Decisão 3P

(3 minutos)

Encerre a reunião resumindo a decisão 3P e agendando a próxima reunião de planejamento do ciclo de 90 dias. Note que você não precisará de outra reunião de lançamento do ciclo de 90 dias para alinhar os membros de sua equipe, já que isso foi feito nesta reunião.

STEVE CONVOCA UMA REUNIÃO DE REVISÃO DO CICLO DE 90 DIAS

"Vejo que vocês estão sorrindo, então acho que o ciclo terminou bem", comenta Mary.

Steve responde com um sorriso: "Mais do que bem. Mal posso esperar para apresentar a atualização".

Ele começa repassando rapidamente os objetivos do ciclo atual e como eram os modelos no início do ciclo.

"Bom, como vocês sabem, nos afastamos do modelo de negócio para os desenvolvedores de software e nos concentramos na construção de casas, com foco inicial no segmento de adotantes iniciais composto de arquitetos que já usam renderizações 3D com seus clientes."

Lisa e Josh sorriem e se entreolham.

"O começo foi meio conturbado, mas avançamos bastante no último sprint. Queríamos vender a ideia da Altverse como uma forma de os arquitetos encurtarem o ciclo de design com os clientes deles, mas demos de cara com uma tarefa ainda maior: educar os clientes."

Ele faz uma pausa para recuperar o fôlego e continua: "Os arquitetos passam em média umas 30 a 40 horas para educar novos clientes. Isso inclui conversar com eles para discutir o design arquitetônico, mostrar opções de materiais, levá-los a lojas para comprar os materiais e ajudá-los a fazer escolhas relacionadas ao design. Às vezes cobram explicitamente por esse tempo, mas na maioria das vezes não fazem isso, o que corrói seus lucros. Um arquiteto nos disse que não tem jeito, porque esse tempo com os clientes é simplesmente 'o custo de trabalhar'. Ele passa esse tempo com os clientes para garantir que tomem decisões rapidamente e que quaisquer grandes problemas de design sejam identificados logo para evitar problemas muito maiores depois. Ele chegou a nos dizer que entre 10% e 15% do que cobra são para educar o cliente. Sabemos que um projeto custa em média US$ 100 mil, então estamos falando de um custo de US$ 10 mil a 15 mil".

Steve vê um sorriso passar pelo rosto de Mary e continua: "Foi aí que lançamos a ideia de a empresa contratar nossos serviços pagando uma mensalidade para garantir que os clientes sempre tivessem acesso a uma renderização fotorrealista do projeto com as últimas seleções de design e materiais. Ainda não sabemos ao certo quanto do custo de educação isso eliminará, mas, depois de verem o realismo das nossas renderizações, os arquitetos se convenceram de que o nosso serviço reduziria muito o custo. Ancoramos o preço nos custos dos arquitetos e chegamos a US$ 1 mil/cliente/mês. Eles concordaram em testar o serviço com um de seus clientes prestes a iniciar a fase de design (três meses). Levamos essa mesma Oferta da Máfia a quatro outros escritórios de arquitetura e conseguimos converter três deles oferecendo as mesmas condições".

Em seguida, Steve resumiu os próximos passos para a equipe: "Nosso próximo passo será avançar para concluir a embalagem e entregar o Concierge MVP a esses quatro clientes. Devemos estar prontos para implementar o piloto com eles em quatro a seis semanas, o que também se alinha com o cronograma deles. Alguma pergunta?".

Mary aproveita a deixa: "Parabéns a todos vocês pelo belo trabalho. Uma curiosidade: como vocês descobriram essa grande tarefa de educar o cliente?"

"Foi um arquiteto que levantou isso em uma entrevista", responde Lisa. "Ele ficou muito impressionado com o realismo da renderização e achou que mostrá-la aos clientes responderia a muitas perguntas que todos os clientes dele sempre fazem. Ele quis saber mais sobre nosso catálogo de materiais. Foi quando Steve se levantou e tirou uma foto do papel de parede da sala de reuniões, atualizou o modelo para usá-la na renderização e mostrou ao arquiteto. Ele quase caiu de costas. Ele se convenceu, e a partir daí foi moleza. Tanto que decidimos incorporar essa parte na nossa demonstração padrão."

"Excelente!", exclama Mary. "Não deixem de manter o canal de comunicação com esse arquiteto sempre aberto e tratá-lo muito bem. Ele com certeza é um adotante inicial e alguém que será bom ter do seu lado. Alguém gostaria de compartilhar mais alguma coisa?"

Todos balançam a cabeça.

"Muito bem", continua Mary. "Então eu gostaria de dizer umas palavras. Em primeiro lugar, já disse isso a Steve, mas gostaria de deixar claro a todos vocês que, apesar de terem decidido mudar o foco para lançar seu produto mínimo viável em seguida, ainda precisam manter a fábrica de clientes em funcionamento."

"Você quer dizer que devemos continuar fazendo pitches e fechando com mais arquitetos?", pergunta Lisa.

"Sim", responde Mary, "mas também devem continuar investindo em automatizar e escalar seus esforços em canais e campanhas. Lembrem que, embora a curva do taco de hóquei demore para começar a subir, vocês precisam estar sempre pensando em aumentar sua tração em 10x. Então, além de lançar, vocês precisarão escalar sua Oferta da Máfia."

Ela dá um tempo para eles processarem a informação e continua: "Em segundo lugar, acho que seria uma ótima ideia para você, Steve, apresentar essa mesma atualização com alguns ajustes para os dois investidores-anjo com quem falou antes".

Josh pergunta: "Você acha que estamos prontos para levantar investimentos?"

"Vocês vão saber disso quando chegar a hora", responde Mary, "mas acho que sim, vocês estão prontos para começar a contar sua história de tração a investidores em startups de estágio inicial, especialmente porque sabem que precisarão levantar fundos mais para a frente. Também acho que é hora de vocês, Josh e Lisa, tomarem a decisão de entrar ou não na equipe em tempo integral. O encaixe problema/solução poderá ser alcançado com vocês em período parcial, mas o caminho adiante demandará o comprometimento total da equipe toda."

PARTE III
CRESCIMENTO

Atingir o encaixe problema/solução é o primeiro marco significativo de validação em uma startup. Da perspectiva do modelo de negócio, alcançar esse marco indica que você conseguiu demonstrar uma demanda inicial suficiente pelo produto para justificar a passagem para o estágio de construção, que dá início à jornada em direção ao encaixe produto/mercado (estágio 2).

Entretanto, tome cuidado porque, quando você lança um produto mínimo viável pela primeira vez, muitas coisas podem dar errado. Por exemplo, é fácil recair na atitude de *ver a solução como sendo o produto*. A tendência natural é querer construir mais coisas – principalmente quando isso vem disfarçado como um pedido de recurso vindo do cliente. Em pouco tempo, o produto mínimo viável simples e focado se transforma em um monstro inchado.

Embora seja essencial ouvir os clientes, você precisa saber como fazê-lo – e sair às cegas construindo recursos quase nunca é a resposta. Você deve manter uma visão holística, *vendo o modelo de negócio como o produto* (Abordagem nº 1), e continuar seguindo o mesmo processo que o trouxe até aqui.

Mais especificamente, continue executando ciclos de 90 dias nos quais você:

- defina metas de 90 dias usando seu roteiro de tração;
- identifique as principais restrições que estão impedindo seu progresso;
- aposte em campanhas para eliminar essas restrições;
- teste sistematicamente suas campanhas usando sprints;
- tome decisões 3P (perseverar, pivotar, pausar) com base em evidências.

A JORNADA ADIANTE

Como já vimos, a jornada do encaixe problema/solução ao encaixe produto/mercado leva 1 a 24 meses. Pode parecer muito tempo, mas estamos falando de apenas seis a oito ciclos de 90 dias. Nesse período, se você estiver usando uma taxa de crescimento de 10x, precisará aumentar duas vezes a tração em 10x.

A ideia de ter que aumentar a tração em 100x pode ser assustadora, mas pensar em termos de sistemas ajuda. Um salto de 10x equivale a dobrar cerca de três vezes (23 = 8). Como você tem entre seis e oito ciclos para chegar ao encaixe produto/mercado, pode pensar na missão de cada ciclo em termos de descobrir como dobrar a tração – ou seja, encontrar uma alavanca de 2x para o crescimento.

Uma perspectiva de sistemas também pode ajudar a definir as estratégias de crescimento (campanhas) que você empregará em cada ciclo. O principal objetivo do encaixe problema/solução foi colocar a fábrica de clientes em funcionamento – ou seja, garantir aquisições repetíveis. À medida que otimiza a fábrica de clientes para atingir o encaixe produto/mercado, você pode avançar pelo processo de otimização em estágios.

Em outras palavras, pode dividir ainda mais a jornada para alcançar o encaixe produto/mercado em três subestágios (Figura III.1):

- lançamento do produto mínimo viável;
- encaixe solução/cliente;
- encaixe produto/mercado.

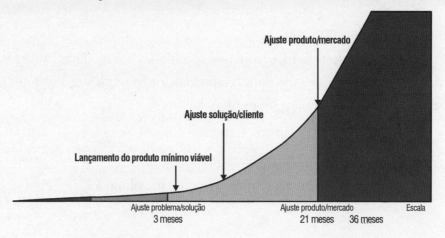

Figura III.1. *Subestágios para atingir o encaixe produto/mercado*

LANÇAMENTO DO PRODUTO MÍNIMO VIÁVEL

Seu objetivo aqui é preparar o produto mínimo viável para ser lançado no próximo ciclo de 90 dias. Isso requer não apenas preparar a solução para o lançamento, como também estabelecer uma base para aprender continuamente com seus adotantes iniciais.

ENCAIXE SOLUÇÃO/CLIENTE

Depois do lançamento, você se concentra em validar as hipóteses de entrega de valor – garantindo que seu produto mínimo viável realmente cumpra a proposta única de valor e produza clientes satisfeitos. O principal objetivo desta etapa é demonstrar que você é capaz de ativar e reter repetidamente os clientes iniciais.

Alcançar o encaixe problema/solução costuma levar de três a seis meses para a maioria dos produtos.

ENCAIXE PRODUTO/MERCADO

Depois que as hipóteses de entrega de valor são validadas, o foco muda para a aceleração do crescimento. Isso dá início à busca por um mecanismo de crescimento sustentável, o que pode levar de 6 a 12 meses para ser alcançado.

Na Parte III deste livro, vamos nos aprofundar em medidas práticas para navegar por esses três subestágios e alcançar o encaixe produto/mercado. Nestes capítulos finais, mostrarei como:

- preparar-se para lançar (Capítulo 12);
- produzir clientes satisfeitos (Capítulo 13);
- encontrar seu foguete do crescimento (Capítulo 14).

CAPÍTULO 12

PREPARE-SE PARA LANÇAR

A essa altura, você já conhece as necessidades de seus clientes melhor do que algumas semanas atrás e tem uma definição muito mais clara de seu produto mínimo viável. Contudo, é importante continuar atento para não cair na armadilha do Viés do Inovador. Neste estágio, ainda é muito fácil se distrair e construir demais ou construir o produto errado.

Além de manter o foco em construir o produto mínimo viável, você precisará se concentrar em alguns outros itens de manutenção para otimizar o lançamento do produto em termos de velocidade, aprendizagem e foco.

Uma grande campanha de lançamento ou uma grande ação midiática não é um desses itens. Tentar gerar um grande buzz ou chamar a atenção da mídia para um produto ainda não comprovado é fazer uma otimização prematura. Mesmo se você conseguir gerar muito tráfego para seu produto, esse tráfego será dissipado rapidamente, a menos que tenha um grande apelo para fazer as pessoas ficarem.

Uma estratégia muito melhor é *separar o lançamento do produto do lançamento de marketing*. O lançamento do produto é mais eficaz como um lançamento voltado apenas aos adotantes iniciais, e seu principal objetivo é validar a entrega de valor (ou seja, verificar se você entregou a proposta única de valor).

Só depois de conseguir *demonstrar repetidamente a entrega de valor* para seus clientes é que você pode fazer um grande lançamento de marketing.

Este capítulo mostrará como otimizar o lançamento de seu produto para obter mais velocidade, aprendizagem e foco.

A Figura 12.1 mostra como fazer isso em um ciclo de 90 dias. Procure construir o produto mínimo viável em quatro sprints ou menos (dois meses), use um sprint em preparação para o lançamento e dê início a seu lançamento de acesso antecipado. Tenha em mente que essas são apenas sugestões, e sua divisão pode variar de acordo com o produto específico.

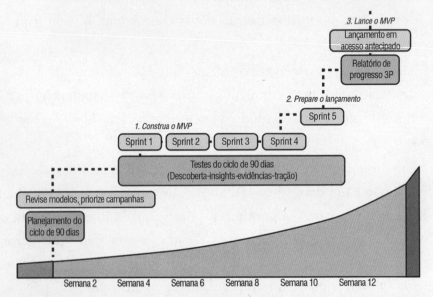

Figura 12.1. *Um típico ciclo de 90 dias para lançar seu produto mínimo viável*

A equipe da Altverse se prepara para o lançamento

Depois da última reunião, Steve conversou separadamente com Lisa e Josh para dar início às discussões sobre a entrada deles na empresa em tempo integral como cofundadores. Os dois não viam a hora de se comprometer mais. Steve lhes apresentou o plano de participação acionária e o plano de remuneração que ele havia criado com a ajuda de Mary.

Ele também fez um pitch para dois investidores-anjo e estava nos últimos estágios para levantar uma pequena rodada inicial que lhe permitiria pagar o salário de uma equipe de cinco pessoas pelos próximos 9 a 12 meses. Lisa e Josh concordaram com todos os termos e se comprometeram a entrar oficialmente na equipe.

Com a equipe e a reserva de caixa garantidas, Steve lança o próximo ciclo de 90 dias.

"Acho que ficou claro quais são as duas campanhas que precisamos implementar nos próximos 90 dias", começa Steve. "Precisamos construir o Concierge MVP e continuar escalando para além da Oferta da Máfia."

"Considerando o nível de preço com o qual estamos trabalhando, acho que criar uma campanha de vendas diretas seria o melhor próximo passo a ser considerado", sugere Lisa.

"Concordo", declara Mary. "Vocês estão prontos para se concentrar em sistematizar tudo o que aprenderam em um processo de vendas repetível, e acho que você vai querer se encarregar disso, Lisa. Eu também sugeriria usar algum tipo de sistema de gestão de relacionamento com o cliente para vocês poderem qualificar e selecionar os adotantes iniciais mais promissores, separando-os de outros clientes de estágio posterior."

Lisa acena com a cabeça, concordando.

"Acho que nem preciso dizer, mas vou dizer mesmo assim: a coisa mais importante para os próximos sprints é manter o foco em preparar o Concierge MVP e não se deixar distrair", acrescenta Mary.

Steve cora um pouco enquanto concorda com a cabeça. "Já defini o escopo do que vamos precisar. Alguns clientes pediram alguns recursos adicionais durante a demonstração, mas podemos deixá-los para depois do lançamento."

Mary assente. "Boa ideia. Além de construir o produto mínimo viável, vocês também vão ter que começar a criar um painel para o negócio todo. É bem verdade que vocês só vão começar com quatro empresas, mas, incluindo os clientes delas, terão entre 20 e 30 pessoas usando o produto mínimo viável, e esses números só devem crescer daqui em diante. Vocês vão precisar visualizar como as pessoas estão usando o produto mínimo viável para otimizá-lo."

"Será que também não poderíamos conversar regularmente com os arquitetos para ver o que eles estão achando?", pergunta Josh.

"Com certeza. Era justamente isso que eu estava para dizer", responde Mary. "Não basta lançar sua solução para os clientes e esperar de braços cruzados. Vocês precisarão construir um processo sistemático para transformar esses adotantes iniciais em clientes satisfeitos. Isso começa implantando o produto mínimo viável em ondas ou lotes, definindo as expectativas com base nas métricas de sucesso e estabelecendo check-ins frequentes."

"Começar com um Concierge MVP deve ajudar nessa tarefa, não é?", pergunta Josh.

"Com certeza, porque vocês serão a principal interface voltada para o cliente, mas ainda se surpreenderão ao ver o trabalho que dá para convencer os clientes a trocar sua maneira antiga de fazer a tarefa por uma maneira nova", responde Mary. "Mas vamos começar pelo começo. Vou mandar algumas recomendações de como se preparar para o lançamento. Voltaremos a falar sobre a gestão de pilotos ao longo do caminho."

Mantenha sua fábrica de clientes funcionando

Depois de garantir o primeiro lote de clientes iniciais, é tentador transferir completamente o foco para a entrega de valor e reduzir as atividades de aquisição de clientes para se concentrar no desenvolvimento de produtos. Não cometa esse erro. Veja a seguir algumas razões pelas quais isso é um equívoco.

Sua fábrica de clientes é como um volante de inércia

No começo, requer muito esforço colocar a fábrica de clientes em funcionamento, mas não requer tanto esforço mantê-la funcionando. Se você interromper as atividades da fábrica de clientes, terá que despender mais esforço para voltar a colocá-la em funcionamento no futuro, o que custará tempo.

Otimizar continuamente a fábrica de clientes requer um fluxo contínuo de usuários

A fábrica de clientes é um sistema de etapas interconectadas que atuam juntas. A otimização isolada de qualquer parte de um sistema acaba, muitas vezes, prejudicando o rendimento do sistema como um todo. Essa é a armadilha da otimização local.

É por isso que não é recomendável interromper algumas atividades ou ignorar certas etapas. Para otimizar o rendimento da fábrica de clientes como um todo, você precisa de um fluxo de usuários passando constantemente pelo sistema.

TOME NOTA

Seu objetivo é determinar o tráfego mínimo para sustentar a aprendizagem.

Estabelecer a repetibilidade é um pré-requisito para o crescimento

A fábrica de clientes é um sistema. Um atributo fundamental dos sistemas é que eles são repetíveis. Quando o gerente de uma fábrica configura as máquinas no chão de fábrica, ele começa estabelecendo uma linha de base de rendimento previsível (com uma pequena tolerância para cima e para baixo, para levar em conta a variabilidade) antes de tomar quaisquer medidas de otimização. Essa abordagem também se aplica à fábrica de clientes.

Você não tem como escalar um modelo de negócio que não seja repetível. Conquistar os dez primeiros clientes, embora seja uma grande façanha, não é repetível se você não souber de onde virão os dez *próximos* clientes. Para alcançar a repetibilidade, você precisa manter a fábrica de clientes sempre em funcionamento.

Procure maneiras de automatizar sua fábrica de clientes

Uma alavanca que costuma ser subutilizada para aumentar a tração é automatizar etapas na fábrica de clientes. Muitos empreendedores se concentram apenas em melhorar as taxas de conversão e ignoram outra importante alavanca: o tempo de ciclo.

DICA

Reduzir o ciclo de vendas pela metade tem o mesmo efeito de dobrar a taxa de conversão.

Procure oportunidades de substituir quaisquer interações personalizadas nas etapas de aquisição e ativação por pontos de contato mais automatizados. Prepare-se para ver uma queda nas taxas de conversão sempre que passar de uma interação personalizada a um ponto de contato mais automatizado – a fábrica de clientes precisará de uma "manutenção" regular para impulsionar o crescimento repetível.

CORRA PARA ENTREGAR VALOR

À medida que faz a transição para o desenvolvimento do produto, é fácil entrar em um estado de fluxo e perder a noção do tempo. Para evitar esse problema, é fundamental concentrar-se em chegar à versão 1.0 do produto mínimo viável e evitar quaisquer distrações. Veja a seguir algumas dicas para fazer isso.

Defina um prazo de lançamento não negociável e cumpra esse prazo

Pegue a restrição de dois meses que você usou no sprint de design da solução (Capítulo 9) e vá ainda mais longe: anuncie a data de lançamento a seus adotantes iniciais para se forçar a cumprir esse prazo.

Combata o aumento indefinido do escopo

Um maior número de recursos dilui a proposta única de valor. Você se empenhou muito para manter o produto mínimo viável o mais "mínimo" possível; não o dilua com distrações desnecessárias.

TOME NOTA

Produtos simples são simples de entender.

Reduza o escopo aos primeiros 90 dias de uso

Uma boa maneira de restringir o escopo é construir a solução tendo em vista apenas os primeiros 90 dias de uso. Três meses costuma ser tempo suficiente para um cliente tomar a decisão de contratar ou abandonar qualquer produto. Procure outras oportunidades de postergar recursos não essenciais.

Adote uma estratégia de entrega contínua

Em vez de tentar incluir todos os aspectos do produto no produto mínimo viável, adote uma estratégia de entrega contínua just-in-time. Com a entrega contínua, você incorpora continuamente novos recursos ao produto ao longo do tempo, usando ciclos pequenos e curtos. Essa técnica é muito utilizada em produtos de software, mas, com um pouco de criatividade e planejamento, você pode implementar a entrega contínua em qualquer produto.

Veja alguns exemplos:

- A Tesla lançou seu segundo carro, o Model S, sem muitos recursos "prometidos", como bancos programáveis e direção autônoma. No entanto, a empresa teve o cuidado de entregar os carros com todo o hardware necessário para implementar esses recursos posteriormente, e foi o que fez usando atualizações de software.
- O Playing Lean é um jogo de tabuleiro que ensina os princípios da Startup Enxuta. A equipe de desenvolvimento do jogo implementou a entrega contínua enviando aos clientes novas cartas e peças à medida que fazia iterações para melhorar a jogabilidade.

Evite a otimização prematura

Toda a sua energia precisa ser canalizada para acelerar a aprendizagem. A velocidade é crucial. Não desperdice energia de olho no futuro, tentando otimizar servidores, código, banco de dados etc. São grandes as chances de você não ter um problema de escala quando lançar. Nos raros casos em que isso acontece (o que, convenhamos, é um excelente problema de se ter), a maioria dos problemas escaláveis pode ser inicialmente resolvida com hardware adicional, que você tem como justificar porque deveria estar cobrando de seus clientes – o que dará tempo para resolver o problema com mais eficiência.

Colete o feedback dos clientes de acesso antecipado ao longo do caminho

Compartilhe capturas de tela e/ou convide os clientes para eventos de demonstração ao vivo para exibir seu progresso ao longo do caminho. Isso é ótimo para manter o interesse e coletar feedback dos clientes de acesso antecipado.

AMPLIE O PAINEL DE MÉTRICAS DE SUA FÁBRICA DE CLIENTES

> Uma empresa deve ser administrada como um aquário, no sentido de que todo mundo pode ver o que acontece em seu interior.
>
> – JACK STACK, *THE GREAT GAME OF BUSINESS*

Esta é a hora de estender para a empresa toda o painel que você criou no Capítulo 10, para incluir as métricas do produto enquanto você se prepara para o lançamento.

Ter um único painel para a empresa toda ajuda a equipe a se alinhar em torno dos pontos críticos ou das restrições mais urgentes do modelo de negócio.

Veja a seguir algumas recomendações para criar o painel para a empresa toda.

Não se afogue em um mar de dados não acionáveis

Com a explosão do número de ferramentas analíticas disponíveis hoje em dia, ficou muito mais fácil medir muitas métricas de produto.

Nossa tendência é usar as métricas para coletar e analisar o maior número de dados possível. Vivemos em um mundo no qual podemos medir quase tudo, mas, em vez de esclarecer as coisas, acabamos nos afogando em um mar de dados não acionáveis.

Se você já usou o Google Analytics, sabe do que estou falando. Basta um pequeno trecho de código JavaScript para começar a coletar milhares de pontos de dados. Quando você inclui um punhado de outras ferramentas, esses números sobem rapidamente. O problema é que, assim como informações demais, dados demais são paralisantes.

TOME NOTA

Você não precisa de muitos números; apenas de algumas poucas e importantes métricas acionáveis.

Comece com as métricas de sua fábrica de clientes

Reveja sua fábrica de clientes e mapeie novamente cada etapa para uma ou mais ações específicas que os usuários realizarão com seu produto.

Por exemplo, veja como mapeamos a fábrica de clientes para nosso produto LEANSTACK SaaS:

a. Aquisição: cadastrou-se para uma conta gratuita

b. Ativação: preencheu um Quadro Lean

c. Retenção: voltou e usou o produto

d. Receita: fez o upgrade para uma conta paga

e. Indicações: convidou colegas para seu projeto

Como você já deve ter notado, todas as etapas do projeto da fábrica de clientes são, na verdade, eventos macro que marcam as ações mais importantes que seus clientes realizam. Esses macroeventos geralmente são compostos de um ou mais microeventos adicionais. Por exemplo, antes de alguém se cadastrar para abrir uma conta na LEANSTACK (aquisição), ele pode clicar em um link em um post de blog, visitar uma página de destino e navegar pelo site.

O objetivo do painel para a empresa toda não é capturar todas as subetapas, apenas os eventos mais significativos do ciclo de vida do cliente. Usar menos métricas não apenas evita que você se afogue em números, como também ajuda a se concentrar nos pontos críticos certos de seu modelo de negócio (conhecidos como restrições).

As métricas macro ajudam a saber mais ou menos onde encontrar os pontos críticos, e as métricas micro ajudam a saber exatamente onde encontrá-los (além de ajudar na resolução de problemas).

Não massageie seu ego

Uma das razões pelas quais é difícil medir o "progresso real" de um produto é que preferimos dar boas notícias – e, portanto, tendemos a omitir as más. Gostamos de gráficos com tendências para cima e para a direita, e não há nada de errado nisso – até começarmos a criar gráficos que só podem ir para cima e para a direita.

Contagens cumulativas, como o número total de pessoas que já se cadastraram em seu serviço, mesmo se o abandonaram mais adiante, são o exemplo perfeito. Esses números podem até atingir um platô, mas nunca vão cair. Esse é o primeiro sinal de que você criou uma métrica vazia só para massagear seu ego.

Justiça seja feita: as métricas massageadoras de egos (*vanity metrics*) não são de todo inúteis. Elas podem ser usadas com ótimos resultados em sites de marketing para criar provas sociais e afastar a concorrência. Porém, quando você usa essas métricas como medidas internas de progresso, elas fornecem apenas uma ilusão de progresso e impedem de encarar os fatos nus e crus sobre o seu negócio.

TOME NOTA

Não é a métrica em si, mas como você a mede, que faz dela uma métrica massageadora de egos ou uma métrica acionável.

Procure usar apenas métricas acionáveis

Uma métrica acionável vincula ações específicas e repetíveis aos resultados observados. Em outras palavras, é possível derivar a causalidade. O padrão ouro para fazer isso é avaliar a fábrica de clientes em lotes (ou coortes).

O conceito de lotes é ainda mais fácil de entender usando a metáfora da fábrica. As linhas de base de execução diária fundamentam-se no princípio da repetibilidade e ajudam os gerentes a detectar problemas com rapidez no chão de fábrica. Quando um determinado lote produz resultados anormais, os gerentes não apenas sabem que algo está errado, como também podem se concentrar rapidamente na etapa problemática.

Você pode usar a mesma abordagem para fazer o benchmarking da fábrica de clientes. Comece agrupando os usuários em lotes diários, semanais e mensais com base na data de entrada em sua fábrica (ou data de cadastramento). Em seguida, meça as ações significativas do usuário conforme ele avança pela fábrica de clientes.

TOME NOTA

As coortes ajudam a medir o progresso relativo, comparando um lote de usuários com outro.

Embora medir suas métricas para coortes seja mais trabalhoso do que simplesmente medi-las como um agregado, uma abordagem baseada em coortes propicia os benefícios descritos a seguir, que valem o esforço extra.

Os lotes isolam atributos em comum

Se você pensar em seu produto como um rio fluindo que está em constante mudança, agrupar os usuários por data de cadastramento os reúne em lotes que têm uma experiência similar com o produto. Juntos, eles estabelecem uma linha de base, ou um benchmark, a ser superado. Esse conceito de agrupar usuários por um atributo em comum pode ser estendido além das datas de cadastramento. Você pode criar coortes por gênero, fonte de tráfego de aquisição, data de lançamento, uso de determinado recurso e assim por diante.

Os lotes facilitam a visualização do progresso

A comparação do rendimento relativo de diferentes lotes ao longo do tempo permite contrapor dois fatores análogos. Depois de normalizar os dados e dividir os usuários em coortes, os números que se movem para cima e para a direita deixam de ser meras métricas massageadoras de egos – elas são uma medida precisa do progresso.

Os lotes ajudam a identificar a causalidade

Se você vir um pico em seus lotes, poderá procurar as causas possíveis, investigando o que mudou. A próxima tarefa é isolar ainda mais o efeito dessa ação, talvez a repetindo e procurando resultados semelhantes. Essa é a base do teste A/B (também chamado de teste de comparação).

Resuma as métricas em uma única página

Não faltam excelentes ferramentas terceirizadas para medir as várias etapas do modelo da fábrica de clientes, mas ainda não encontrei uma única ferramenta que seja aplicável ao modelo como um todo. Foi por isso que nós, da LEANSTACK, decidimos usar várias ferramentas diferentes para resumir nosso painel de métricas da empresa toda em uma única página. Veja um exemplo na Figura 12.2.

TOME NOTA

Você pode baixar um modelo em branco das métricas da empresa toda para sua fábrica de clientes no https://runlean.ly/resources site da LEANSTACK (*https://runlean.ly/resources*).

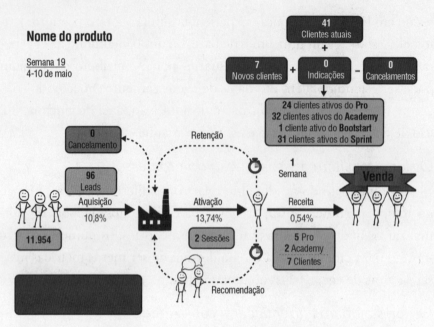

Figura 12.2. *Painel de métricas da empresa toda*

Lance o produto mínimo viável em lotes

Como vimos, ao lançar um produto pela primeira vez, muitas coisas podem – e vão – dar errado. É por isso que não costuma ser prudente lançar o produto mínimo viável ao público geral ou a toda a sua lista de clientes.

Uma estratégia mais eficaz é fazer o lançamento controlado (*soft launch*) do produto mínimo viável em lotes, lançando a versão inicial apenas para os "melhores" adotantes iniciais e aperfeiçoando-a sistematicamente a cada lote subsequente de adotantes iniciais.

Veja a seguir como criar sua estratégia de lançamento em lotes.

Escolha a dedo os "melhores" adotantes iniciais para constituir o lote inicial

Se você não conseguir entregar valor aos seus maiores fãs, o que o faz pensar que conseguirá entregar valor a desconhecidos? Escolha a dedo o primeiro lote de adotantes iniciais com base nos clientes que você determinou serem os mais adequados durante os pitches de entrega da Oferta da Máfia.

> **TOME NOTA**
> Você não precisa de muitos usuários para aprender. Basta ter um punhado de bons clientes.

Você pode começar com amigos ou adotantes iniciais amigáveis

Não é fácil acertar um produto, e você não precisa dificultar ainda mais a tarefa. Para o primeiro lote, não há problema algum em recrutar amigos ou conhecidos que possam se qualificar como adotantes iniciais amigáveis; por exemplo, clientes existentes de outro produto. Eles podem ajudar a identificar e corrigir rapidamente quaisquer problemas gritantes, e você não correrá o risco de perder o cliente.

Recrute o próximo melhor grupo de clientes em termos de motivação

O próximo melhor grupo de adotantes iniciais é composto de pessoas que têm uma motivação acima da média para usar seu produto. Você não está procurando por pessoas que demonstram interesse mas, no fundo, não querem comprar o produto, porém quer pessoas que têm um senso de urgência e realmente desejam usar o produto para alcançar um resultado desejado claro e específico. Repasse suas anotações do Quadro de Forças do Cliente para determinar quais pessoas podem constituir esse "próximo melhor grupo" de adotantes.

Equilibre o tamanho dos lotes com seu modelo de tração

Use seu modelo de tração para decidir o tamanho dos lotes, a fim de ficar sempre dentro ou acima da meta de tração sem estourar os limites de capacidade da equipe e do produto – ou seja, sem comprometer a entrega de valor.

A equipe da Altverse lança seu Concierge MVP

Depois de avançar seis semanas no segundo ciclo de 90 dias, a equipe da Altverse disponibiliza seu produto mínimo viável a dois primeiros escritórios de arquitetura. A equipe tem um pipeline de 12 outras empresas e está cadastrando continuamente 3 a 4 empresas por mês para fazer pilotos. A equipe estima que o limite da capacidade atual de seu Concierge MVP é de 20 empresas. Eles decidem aumentar o número de clientes a uma taxa de uma empresa por semana. Isso os mantém acima da meta de tração, ao mesmo tempo que equilibra o tamanho do lote em relação à capacidade atual. Essa estratégia durará quatro ou cinco meses a partir de agora.

Enquanto isso, Steve e Josh trabalharão na otimização das partes mais lentas do Concierge MVP. A meta é dobrar a capacidade de entrega bem antes de atingir esse limite. Eles começaram bem e estão focados em atingir o próximo objetivo: produzir clientes satisfeitos.

CAPÍTULO **13**

PRODUZA CLIENTES SATISFEITOS

Todas as empresas, independentemente do tipo de modelo de negócio (B2B, B2C, digital, hardware, serviços etc.), têm o mesmo objetivo: *produzir clientes satisfeitos*.

Produzir clientes satisfeitos e deixar os clientes felizes são duas coisas diferentes. Deixar os clientes felizes é fácil – basta lhes dar um monte de coisas grátis. Isso não leva, porém, a um modelo de negócio funcional. Produzir clientes satisfeitos, por outro lado, não é apenas uma questão de fazer com que os clientes se sintam bem. Trata-se de ajudar os clientes a alcançar resultados (os resultados desejados).

Este capítulo mostrará como.

A EQUIPE DA ALTVERSE APRENDE SOBRE O DESIGN COMPORTAMENTAL

Steve inicia a reunião seguinte apresentando o progresso atual da equipe. "Temos oito empresas de arquitetura usando a Altverse e entregamos três modelos finalizados até o momento."

"Eu esperava mais modelos. Por que só isso?", pergunta Mary.

"Devido, em parte, a atrasos deles", responde Steve. "Estamos esperando que eles retornem com planos e especificações. Mas, enquanto esperamos, estou aproveitando o tempo ocioso para desenvolver o módulo de precificação."

"Alguém sugeriu o módulo de precificação aos arquitetos, ou foram eles que pediram?", questiona Mary.

Lisa e Josh balançam a cabeça.

"Então por que estamos construindo isso agora?", insiste Mary.

Steve toma a palavra. "Achei que seria interessante nos antecipar..."

"O modelo Demonstrar-Vender-Construir não é só para o produto mínimo viável", interrompe Mary. "Vocês devem usar esse modelo a fim de validar todos os principais recursos para abordar uma nova tarefa a ser realizada daqui em diante. Mas, ainda mais importante, enquanto não tiverem como entregar repetidamente a primeira tarefa que foram contratados para realizar, vocês não devem se distrair com nenhuma tarefa adicional. Cuidado para não cair na armadilha do Viés do Inovador, Steve. Eu avisei que isso ia acontecer."

Ela espera um aceno de cabeça de Steve e continua: "A velocidade é fundamental, mas é importante não se apressar para alcançar a *velocidade de implantação* sem aprender antes. Essa é a armadilha da otimização prematura, e vocês acabam focando as coisas erradas na hora errada".

"Então a melhor coisa a fazer aqui seria aumentar o tamanho do lote e atrair mais clientes?", pergunta Steve.

"Não", responde Mary. "A coisa certa a fazer aqui é entender por que seus clientes atuais não estão se comportando como vocês esperavam. Limitar-se a incluir mais clientes é uma maneira forçada de aumentar o número agregado de modelos e oculta o fato de que alguns de seus clientes não se engajaram com a promessa do produto. Eles vão acabar abandonando sua solução."

"Hummm... então como podemos consertar isso? Não podemos forçar nossos clientes", diz Steve.

"Claro que não podem forçá-los, mas podem conduzi-los."

"Foi isso que você quis dizer quando falou em gerenciar o piloto na outra reunião?", pergunta Josh.

"Isso mesmo. Imediatamente após a compra, os clientes começam com um alto nível de motivação para fazer a troca, mas a motivação tem meia-vida curta. Se não for gerenciada, ela se perde rapidamente, e a inércia os leva de volta à maneira antiga que eles já conhecem... o status quo."

"Achei que a inércia se aplicasse apenas à pré-aquisição...", comenta Lisa.

"Não, a inércia é a resistência a trocar o status quo por qualquer outra coisa", responde Mary. "Lembrem-se do que vocês aprenderam nas aulas de Física do ensino médio: um objeto em repouso permanece em repouso, e um objeto em movimento permanece em movimento a menos que seja influenciado por uma força externa."

Lisa cai na risada. "Já faz um tempo... Mal posso acreditar que ainda me lembro da Primeira Lei de Newton."

"Em outras palavras, a primeira batalha é conduzir as pessoas em direção ao topo da colina metafórica do progresso, mas, se for uma tarefa que o cliente já realizou antes, vocês vão precisar mudar os hábitos anteriores baseados na maneira antiga", explica Mary. "Ou seja, o status quo."

"Faz sentido... Mas hábitos são difíceis de mudar. Como os influenciamos?", pergunta Lisa.

"A boa notícia é que existe uma ciência por trás do design comportamental, que também já está sendo incorporada ao design de produtos. A aquisição é o primeiro passo, mas produzir clientes satisfeitos requer estabelecer seu produto como o novo status quo. Para isso, vocês precisarão trabalhar na ativação e na retenção."

O CICLO DO CLIENTE SATISFEITO

Depois de estabelecer algum nível de *aquisição repetível* em sua fábrica de clientes, o passo mais importante é a *ativação*. É aqui que o valor é criado para seus clientes. Quando você cria valor para os clientes, eles retribuem – permitindo que você capture parte desse valor na forma de valor monetizável. Todavia, é importante lembrar que, em modelos de negócio multilaterais, o valor monetizável e a receita podem ser duas coisas diferentes.

A etapa de ativação é onde clientes satisfeitos são produzidos e, muitas vezes, é chamada de "o momento eureca" de um produto. Note, na Figura 13.1, que a etapa da ativação tem o maior número de setas saindo dela. Isso é o que faz da ativação uma etapa causal.

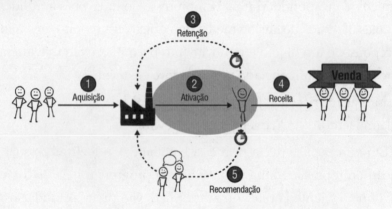

Figura 13.1. *A ativação é uma etapa causal*

Produzir clientes satisfeitos leva a:

- mais tempo para ser gasto com seu produto (retenção);
- mais valor monetizável a ser capturado (receita);
- maior credibilidade a ser disseminada (recomendação).

O contrário também é verdadeiro.

Atingida a etapa da ativação, a próxima etapa crucial não é a receita, mas a *retenção*. Mesmo se você coletar receita antecipadamente, no momento da aquisição, a menos que os clientes consigam obter valor de seu produto, eles pedirão um reembolso.

É por isso que a etapa da receita é mostrada depois da ativação na ilustração da fábrica de clientes. Além disso, entregar valor apenas uma vez não costuma ser suficiente para fidelizar seu produto. Você precisa entregar valor repetidamente aos clientes no decorrer de várias interações para causar uma *verdadeira* troca.

---- **TOME NOTA** ----
A inovação está causando a troca de uma maneira antiga de fazer as coisas à sua maneira nova.

Muitas empresas declaram vitória na aquisição, mas a aquisição é apenas a primeira batalha. Hoje em dia é bastante comum os clientes experimentarem várias soluções simultaneamente por um tempo antes de escolher a solução certa para eles. Isso acontece com todos os tipos de produtos, sejam B2C ou B2B, digitais ou físicos.

Juntas, as etapas de ativação e retenção constituem o ciclo do cliente satisfeito, como mostra a Figura 13.2.

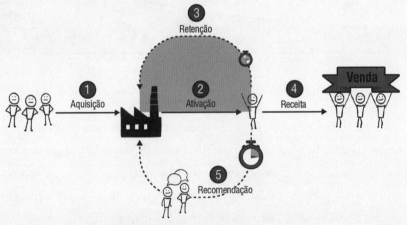

Figura 13.2. *O ciclo do cliente satisfeito*

Alguns produtos podem exigir apenas algumas passagens pelo ciclo do cliente satisfeito para causar uma troca. Outros podem precisar de mais passagens para convencer o cliente a abandonar completamente a maneira antiga de realizar a tarefa e contratar a maneira nova. Esse é o verdadeiro *momento de troca*, quando seu produto se torna a nova solução de status quo para o cliente.

Quando você lança um produto pela primeira vez, deve concentrar a maior parte de sua atenção em otimizar o ciclo do cliente satisfeito. A Figura 13.3 mostra como fazer isso em um ciclo de 90 dias.

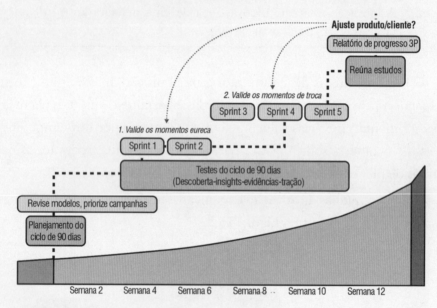

Figura 13.3. *Típico ciclo de 90 dias para otimizar o ciclo do cliente satisfeito*

As experiências iniciais que os clientes têm com seu produto devem levá-los à ativação ou a um momento eureca. Ativar seus clientes causa visitas repetidas (retenção), e essas novas visitas precisam reforçar continuamente a promessa de sua proposta única de valor e aproximar seus clientes dos resultados desejados. É neste ponto que você causa uma troca.

Planeje usar dois sprints para levar os clientes ao momento eureca e três sprints para levá-los ao momento de troca; reserve um sprint no fim para reunir o que aprendeu em estudos de caso. Tenha em mente que essas são apenas sugestões e sua divisão pode variar de acordo com o produto específico.

Nesta seção, darei algumas dicas para otimizar o ciclo do cliente satisfeito – mas vamos começar com o que *não* fazer.

Não tente empurrar recursos

> Em um excelente mercado – um mercado com muitos verdadeiros clientes potenciais –, o mercado puxa o produto para fora da startup.
>
> – Marc Andreessen, The Pmarca Guide to Startups

Quando você lança um produto, é natural querer construir mais recursos – principalmente quando esse impulso vem disfarçado como solicitações de recursos vindas do cliente. Lembre que os clientes também tendem a cair na armadilha do Viés do Inovador. A maioria das solicitações de recursos feitas pelo cliente implica soluções disfarçadas de problemas. Mesmo se você construir exatamente o que ele pede, muitas vezes ele não usa o recurso porque não resolve um problema real.

Quando começa a incluir muitos recursos novos a seu produto mínimo viável, você se vê rapidamente de volta ao mundo antigo. Em pouco tempo, seu produto mínimo viável simples e focado se transforma em um monstro inchado.

Mesmo depois do lançamento do produto, é indispensável ouvir os clientes, mas você precisa saber como. Construir mais recursos às cegas quase nunca é a resposta. Então, como equilibrar a tendência natural de querer construir mais?

Use a regra 80/20

Uma boa maneira de priorizar o foco na otimização do ciclo do cliente satisfeito é implementar uma *regra 80/20* (Figura 13.4). Segundo essa regra, você deve dedicar a maior parte do tempo imediatamente posterior ao lançamento (80%) avaliando e melhorando os recursos existentes em vez de tentar construir novidades chamativas.

Figura 13.4. *A regra 80/20*

Impeça a troca

Antes da aquisição, o objetivo da inovação é *causar* a troca das alternativas existentes pelo seu produto. Depois da aquisição, o objetivo da inovação é garantir a ativação do cliente e *impedir* a troca de seu produto pelas alternativas existentes.

A melhor maneira de evitar uma troca não é prender os clientes com políticas draconianas nem impor altos custos de troca, mas realizar a tarefa melhor do que a concorrência.

O que é "melhor"? Durante o processo de encaixe problema/solução, você usou o Modelo de Forças do Cliente para descobrir os "eixos do melhor", para garantir um posicionamento único de seu produto em relação às alternativas existentes (Capítulo 9). Agora você precisa *cumprir a promessa de sua proposta única de valor.*

Supere a concorrência

Um dos princípios do Dom do Inovador é que não existe uma solução perfeita. Problemas e soluções são dois lados da mesma moeda. Até mesmo a sua nova solução incrível, uma vez lançada, criará os próprios problemas.

O segredo para permanecer relevante para seus clientes e expandir o modelo de negócio após o lançamento do produto mínimo viável não é lançar mais recursos, mas continuar descobrindo problemas em seu produto e resolvendo-os antes dos concorrentes.

---- **TOME NOTA** ----
Lembre-se: a velocidade da aprendizagem é a nova vantagem injusta.

Reduza o atrito

> Use a Força, Luke!
>
> – Obi-Wan Kenobi, *Star Wars*

Você descobre problemas em seu produto do mesmo modo como fez com as alternativas existentes – usando o Quadro de Forças do Cliente. Desta vez, porém, você estuda as forças que empurram (IMPULSO) ou puxam (ATRAÇÃO) os adotantes iniciais para longe ou em direção aos resultados desejados à medida que usam seu produto.

A tendência natural é priorizar essas forças, mas essa não é a melhor maneira de investir seus esforços. Os adotantes iniciais tiveram motivação suficiente para se cadastrar a fim de ter acesso a seu produto, o que significa que o IMPULSO da situação deles, combinado com a ATRAÇÃO de seu produto, foi o suficiente para levá-los a superar a INÉRCIA (não fazer nada).

Agora eles estão subindo a colina na esperança de alcançar os resultados desejados. Entretanto, escalar requer esforço, o que representa outra oportunidade de aprender com seus clientes.

O melhor ponto para se concentrar após a aquisição é reduzir a única força negativa que desacelera seus clientes (ATRITO), como mostra a Figura 13.5.

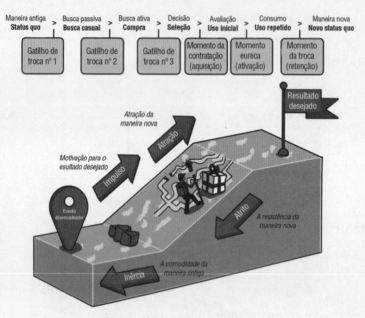

Figura 13.5. *Reduzindo o atrito*

Reduzir o atrito requer mais do que apenas melhorar a experiência do usuário com seu produto

Uma maneira óbvia de reduzir o atrito é facilitar ao máximo para o cliente usar seu produto. Embora investir em uma boa experiência do usuário (UX) seja primordial para qualquer produto, isso costuma ser apenas parte da solução. Pense que, quando os clientes fazem a troca e começam a usar seu produto, eles deixam de ser *especialistas* na maneira antiga e passam a ser *iniciantes* na maneira nova. Isso os arranca de sua zona de conforto.

No início, é imprescindível lidar com a ansiedade dos clientes em relação à adoção de uma maneira nova que ainda não foi comprovada pela experiência deles. Você também precisa lidar com outra força negativa – a comodidade e a familiaridade do cliente com a maneira antiga.

Adotar qualquer coisa nova requer esforço. Fazer as coisas da maneira como sempre foram feitas (o status quo) requer menos esforço, mesmo se a solução estiver cheia de problemas. Isso acontece porque seus clientes usaram a maneira antiga por tempo suficiente para aprender a conviver com os problemas ou a usar gambiarras para contornar os problemas. Em outras palavras, você precisa combater os hábitos preexistentes dos clientes em relação à maneira antiga.

Desse modo, convencer os clientes a fazer a troca para seu produto requer, ao mesmo tempo, combater as ansiedades dos clientes em relação à maneira nova que você está propondo e os hábitos dos clientes com a maneira antiga. Estendendo um pouco mais esse raciocínio, se você conseguir que seus clientes formem novos hábitos com seu produto, seu produto será o novo status quo. Essa é *a melhor medida de prevenção de troca* contra os concorrentes.

––––––– **TOME NOTA** –––––––
Convencer os clientes a fazer a troca da maneira antiga com a qual eles estão acostumados à maneira nova que você está propondo requer uma mudança de comportamento.

Se você já tentou formar ou eliminar um hábito, sabe como é difícil mudar um hábito. Não basta ter motivação. A boa notícia é que o funcionamento dos hábitos já foi desvendado pela ciência e você pode usar esse conhecimento para otimizar sistematicamente seu ciclo do cliente satisfeito.

Aprenda a ciência dos hábitos

Ouvi falar pela primeira vez sobre o ciclo dos hábitos em *O poder do hábito*, livro inovador de Charles Duhigg. Ele descreve o processo dos hábitos como um ciclo composto de três etapas (Figura 13.6):

1. um gatilho o leva a tomar uma ação;
2. uma rotina ou uma ação específica segue-se ao gatilho;
3. uma recompensa lhe permite saber se a ação funcionou e se vale a pena repeti-la no futuro.

Figura 13.6. *O ciclo dos hábitos*

Ivan Pavlov se deparou por acaso com o ciclo do hábito em seu estudo com cães que levou à descoberta do condicionamento clássico. O condicionamento clássico é um tipo de aprendizagem que acontece inconscientemente, no qual uma resposta condicionada automática é pareada com um estímulo específico para criar um comportamento. Se você já tentou ensinar um novo truque a seu cão, provavelmente usou o ciclo do hábito.

O ciclo do hábito, apesar de ser um conceito simples, leva a algumas aplicações muito interessantes, além de treinar animais de estimação. Considere o estudo de caso da Pepsodent que Duhigg compartilha em seu livro. Você sabia que escovar os dentes só passou a ser um hábito diário a partir da década de 1940? Não porque a pasta de dente não tivesse sido inventada ou porque as pessoas possuíssem dentes saudáveis – muito pelo contrário. A higiene dental era tão ruim nos Estados Unidos que o governo declarou que era um risco à segurança nacional. Entra em cena Claude Hopkins, que trabalhava no marketing da marca de cremes dentais Pepsodent, para mudar essa situação. O que você acha que ele fez de diferente?

Como outros profissionais de marketing da época, Hopkins apregoava os benefícios de dentes limpos e saudáveis, que representavam o resultado desejado pelas pessoas. Mas também reconheceu que a lacuna entre a situação atual da higiene dental das pessoas e o resultado desejado (dentes limpos) era grande demais para ser superada apenas com a escovação. Em vista disso, ele introduziu uma recompensa intermediária. Ele orientou os químicos da empresa a adicionar menta e ácido cítrico à pasta de dente, o que criava uma sensação de frescor e formigamento que nenhum outro tipo de pasta de dente proporcionava. Esse efeito não apenas era diferente, mas, o mais importante, fornecia uma recompensa imediata (embora temporária) de um hálito melhor.

Esse foi o *momento eureca* que reforçou a ação de escovar os dentes – o empurrão (impulso) do qual as pessoas precisavam para escovar os dentes hoje, amanhã e depois (uso repetido). A cada escovação subsequente, os dentes ficavam progressivamente mais saudáveis, e as pessoas criaram o hábito de escovar os dentes diariamente.

O ciclo do hábito não tem nada de mágico, mas desconstruir o processo do hábito em três etapas distintas (gatilho, ação, recompensa) abre as portas para tomar as rédeas dessas etapas e projetar a mudança de comportamento.

Passe do ciclo do hábito para o design comportamental

O cientista comportamental B. J. Fogg e sua equipe da Stanford cunharam o termo *design comportamental* e se dedicam ao estudo do comportamento humano há mais de uma década. Fogg resumiu os principais modelos e métodos do design comportamental em seu livro *Micro-hábitos*.

Segundo Fogg, um comportamento ocorre quando três fatores convergem no mesmo momento: motivação, habilidade e gatilho (veja a Figura 13.7).

Figura 13.7. *O Modelo Comportamental de Fogg*

Em outras palavras, um comportamento ocorre quando uma pessoa é exposta a um gatilho, tem motivação suficiente para agir e tem a habilidade para realizar a ação.

Um comportamento isolado se transforma em um hábito pela *repetição*. Manter a motivação, manter as ações dentro dos limites das habilidades das pessoas e criar os gatilhos corretos são alavancas à sua disposição. Uma última alavanca para encorajar a repetição é encerrar o comportamento com o tipo certo de recompensa – a qual sinalize que vale a pena repetir esse comportamento no futuro.

O Modelo de Forças do Cliente é um modelo de comportamento

Você já deve ter notado que o ciclo do hábito, o Modelo Comportamental de Fogg e o Modelo de Forças do Cliente usam uma terminologia parecida. Isso acontece porque o Modelo de Forças do Cliente é um modelo de comportamento. Descreve a jornada do cliente enquanto ele tenta realizar uma tarefa.

A diferença entre o Modelo de Forças do Cliente e os mapas tradicionais da jornada do cliente é que nosso modelo usa uma abordagem comportamental para entender *por que* os clientes fazem o que fazem (por exemplo, motivação, gatilhos, momento eureca), em vez de apenas capturar o que eles fazem.

Nas próximas seções, você usará o Modelo de Forças do Cliente para criar um mapa de jornada ideal do cliente com seu produto e aplicar os princípios do design comportamental para otimizar o ciclo do cliente satisfeito.

Trace um roteiro de progresso do cliente

Embora a promessa de um grande resultado desejado possa ser motivadora no início (momento da aquisição), quando seus clientes começam a subir a montanha, eles podem achar que o cume é alto demais para atingir (ou seja, além de suas habilidades). Muitas vezes, eles também se encontram rapidamente em território desconhecido, tendo que aprender um novo caminho, o que gera ansiedade.

O primeiro passo para reduzir o atrito é dividir o topo da montanha em uma série de colinas intermediárias (Figura 13.8).

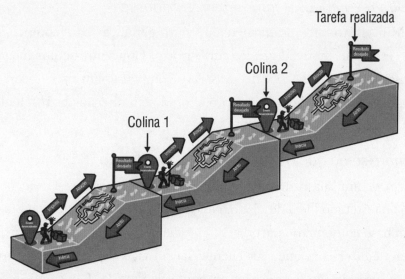

Figura 13.8. *Divida a tarefa*

Cada colina representa um resultado desejado menor (momento eureca) que reforça a proposta única de valor e incentiva os clientes a avançar continuamente.

Veja a seguir algumas recomendações para dividir a montanha em colinas.

Procure entregar o primeiro momento eureca em menos de 30 minutos

Quando os clientes se cadastram para usar o produto, é crucial levá-los ao primeiro momento eureca o mais rápido possível. A Pepsodent conseguiu entregar o primeiro momento eureca em menos de dois minutos, tempo recomendado pelos dentistas para escovar os dentes. Pode não ser viável para todos os produtos, mas procure entregar seu primeiro momento eureca em menos de 30 minutos, que é o limite superior médio de duração da primeira sessão de um cliente com um produto.

Prefira recompensas intrínsecas às extrínsecas

Muitos produtos usam medalhas para gamificar as recompensas, mas esses são motivadores de curto prazo. Concentre-se em recompensas intrínsecas, não extrínsecas. As recompensas intrínsecas vêm de dentro, quando o cliente se vê progredindo em direção aos resultados desejados.

Lembre-se de que o objetivo não é a perfeição

Ao definir sua primeira colina, a tendência é calibrá-la em relação ao resultado ideal desejado. No entanto, é muito melhor calibrá-la com base no ponto de partida de seus clientes. O objetivo da primeira colina é fazer com que seus clientes façam algo significativo que melhore sua situação em relação ao ponto de partida. Concentre-se no menor passo que eles podem dar.

Prefira fazer a aprender

Outra tendência comum é conduzir os clientes imediatamente para um manual de instruções. Na verdade, os clientes não querem aprender a usar o produto; eles querem resultados com o mínimo de trabalho. Em vez de uma primeira colina baseada na aprendizagem, tenha como objetivo criar uma primeira colina *baseada na ação*. Abandone o manual de instruções a favor de um resumo de dicas ou um guia rápido para impulsionar o cliente ao cume da colina.

Prefira resultados à produção

Você se lembra do exemplo da broca? Os clientes não querem um buraco de um quarto de polegada, eles querem o que vem depois. Sua primeira colina deve proporcionar um resultado desejado, não um resultado indesejável. Procure satisfazer um desejo emocional, não uma necessidade funcional.

Melhore os resultados desejados a cada colina

Depois da primeira colina, eleve progressivamente o nível do próximo conjunto de colinas até a tarefa como um todo ser realizada. Uma boa ideia para projetar suas colinas é usar uma regra de duplicação, na qual o domínio de cada nova colina leva aproximadamente o dobro do tempo e do esforço da colina anterior. Um bom exemplo é o sistema de conquista de faixas nas artes marciais.

Limite o que o cliente pode fazer em cada colina

Recursos que não são necessários para escalar a colina atual são obstáculos no caminho e consomem capacidade cognitiva (ou seja, criam atrito). Em vez de sobrecarregar os clientes com recursos dos quais ainda não precisam, restrinja o que eles podem fazer e, melhor ainda, oculte recursos desnecessários, se possível.

Compartilhe seu roteiro de progresso do cliente com seus clientes

Depois de criar seu roteiro de progresso do cliente, compartilhe-o com seus clientes. A possibilidade de ver um conjunto claro de etapas a serem percorridas para alcançar os resultados desejados aumenta a confiança e ajuda a impulsionar os clientes montanha acima.

Com o roteiro de progresso do cliente definido, vamos voltar nossa atenção a como utilizar gatilhos, habilidades e recompensas para ajudar os clientes a progredir continuamente em direção aos resultados desejados.

Acione gatilhos em seus clientes

Enquanto o uso de seu produto não se tornar um hábito arraigado, você não pode confiar que seus clientes voltarão a usá-lo automaticamente. Você deve criar gatilhos para isso acontecer.

Aqui estão algumas dicas para fazer isso.

Comece definindo as expectativas certas

Quando os clientes começarem a usar seu produto, é uma boa ideia lembrá-los das razões que os levaram a se cadastrar, o que esperar e qual é a melhor maneira de alcançar os resultados desejados. Isso pode ser feito com uma breve mensagem de boas-vindas ou um guia de início rápido. Se você tiver um roteiro de progresso do cliente, este é o momento de compartilhá-lo também.

Sugira ou ajude os clientes a configurar lembretes

Se o seu produto exigir uso regular, facilite para seus clientes criarem lembretes ou ajude-os a configurar uma notificação de lembrete.

Compartilhe melhores práticas

Estude como e quando seus melhores clientes usam seu produto e compartilhe esses aprendizados na forma de dicas e hacks.

Use a próxima tarefa a ser realizada como um gatilho assim que os clientes concluírem a anterior

A arte de criar um bom texto publicitário é fazer com que o leitor queira ler a próxima frase. Essa mesma lógica se aplica à retenção do produto. Se você conseguir conduzir seus clientes ao primeiro momento eureca, comemore o progresso (recompensa) e conduza-os à próxima colina. Essa tática é muito eficaz com as colinas iniciais, que são menores, mas, à medida que as colinas ficam maiores, você vai precisar investir em alguns gatilhos adicionais.

Crie gatilhos fazendo check-ins regulares

Quem não é visto não é lembrado. Uma boa maneira de não ser esquecido pelos clientes é implementar um processo de check-ins regulares. Pode ser um relatório de atividades diário ou semanal enviado por e-mail para seus clientes ou um telefonema semanal de acompanhamento. Seja qual for o método escolhido, não deixe de pensar em termos de criação de valor.

Dê empurrõezinhos com e-mails personalizados

Se puder confiar em ferramentas analíticas para determinar em que ponto seus clientes estão em sua jornada, use e-mails personalizados (mensagens do ciclo de vida) para incentivá-los e para ajudar os clientes que estão presos em algum lugar.

Alavanque as rotinas existentes

De longe, a maneira mais eficaz de criar gatilhos é integrar seu produto às rotinas ou fluxos de trabalho preexistentes dos clientes.

Ajude seus clientes a progredir

À medida que seus clientes percorrem as colinas iniciais, a complexidade aumenta. Você precisa usar medidas adicionais para ajudá-los a progredir continuamente.

Veja a seguir algumas dicas para fazer isso.

Reduza o paradoxo da escolha

É fácil cair no erro de achar que dar a seus clientes mais opções com seu produto lhes propiciará mais controle, mas é exatamente o contrário. Mais opções levam a mais incerteza, o que, por sua vez, leva à ansiedade. Seja um guia para eles. Dê a eles boas opções predefinidas e recomendações.

Deixe que eles façam experiências

Reduza a ansiedade e o medo do fracasso fornecendo a seus clientes um ambiente seguro para fazer experiências. Por exemplo, muitas pessoas que acabaram de construir uma casa poderiam achar mais fácil furar suas paredes imaculadas se a furadeira tivesse um botão de desfazer. Na impossibilidade de uma solução como essa, um fabricante de brocas poderia oferecer a essas pessoas um workshop gratuito na loja de ferragens do bairro, onde elas poderiam experimentar em paredes de teste.

Invista em um bom design de experiência do usuário

Nossos clientes não veem o que vemos, porque estamos muito próximos da solução. Invista em boas práticas de design de experiência do usuário e execute testes de usabilidade regulares. Faça de tudo para tornar seu produto o mais intuitivo possível – como diz Steve Krug: "Não me obrigue a pensar".

Forneça suporte personalizado

Uma excelente maneira de não apenas reduzir a ansiedade dos clientes, mas também acelerar a velocidade de aprendizagem, é oferecer suporte personalizado para os primeiros lotes de clientes.

DICA

A maneira mais rápida de aprender com os clientes é conversar com eles.

Quando você ainda não tem muitos clientes, pode se dar ao luxo de oferecer treinamento presencial, conversar regularmente com eles e ser altamente receptivo aos seus problemas individuais. Contudo, isso não será escalável à medida que a base de clientes crescer, e é por isso que você também precisa investir na próxima etapa.

Melhore seu produto continuamente

À medida que você descobre dificuldades e problemas com seu produto por meio do canal de suporte personalizado, invista continuamente na melhoria da usabilidade e da documentação do produto. Adote a política de tolerar erros de produto apenas uma vez.

Compartilhe estudos de caso de clientes

Apresentar os casos dos clientes que estão progredindo e/ou alcançando os resultados desejados é uma excelente maneira de motivar outros clientes no início de sua jornada. Entretanto, tome cuidado para não destacar apenas os sucessos – todas as histórias de jornada do herói (e do cliente) são repletas de dificuldades. É isso que faz com que as histórias sejam concretas e verossímeis.

Facilite dar feedback

Forneça vários canais diferentes, como chat, e-mail, telefone etc., para seus clientes entrarem em contato com você.

Reforce o progresso

Como já vimos, as melhores recompensas são as intrínsecas, que ajudam os clientes a constatar o progresso que estão fazendo. Veja a seguir algumas ideias adicionais para criar outros tipos de recompensa.

Crie indicadores de progresso

Crie ciclos de feedback, painéis e relatórios para ajudar os clientes a ver o progresso que estão fazendo.

Comemore as vitórias do cliente

Reserve um tempo para reconhecer os principais marcos do cliente e celebrar seus sucessos. A celebração é um tipo de recompensa.

Dê presentes significativos

Use presentes significativos para recompensar seus clientes à medida que progridem. Presentes significativos não dizem respeito a você ou sua marca, mas ao cliente. Por exemplo, na LEANSTACK, enviamos uma camiseta com os dizeres "AME O PROBLEMA" para os clientes que concluíram nosso curso de Design de Modelos de Negócio e um moletom com os dizeres "A PRÁTICA É MAIS IMPORTANTE QUE A TEORIA" para os que concluíram nosso intensivão de 90 dias para startups. Não há como comprar esses itens – eles precisam ser conquistados. É isso que os torna significativos.

A EQUIPE DA ALTVERSE CONVOCA UMA REUNIÃO DE REVISÃO DO CICLO DE 90 DIAS

Ao fim do terceiro ciclo de 90 dias, a equipe da Altverse já postou seis estudos de caso, incluindo vários depoimentos e histórias convincentes de arquitetos satisfeitos e clientes ainda mais satisfeitos.

A equipe conseguiu consolidar o modelo Altverse VR como um artefato que os arquitetos usam em todas as reuniões com clientes para tomar decisões de design.

Alguns arquitetos já estão começando a sugerir mais recursos, e a equipe se prepara para lançar a próxima tarefa a ser realizada: estimativa de preço. Esse recurso tem o potencial de aumentar a vida útil do cliente de 3 meses (a fase inicial de design) à vida útil total do projeto, que pode ser de 9 a 12 meses.

Steve contratou mais dois desenvolvedores e fez um progresso considerável na automação do Concierge MVP, reduzindo o tempo de resposta do modelo de um dia para menos de 30 minutos. A equipe prevê que o Concierge MVP será totalmente automatizado no próximo ciclo de 90 dias.

O boca a boca começa a ganhar força, e a equipe tem recebido pedidos de demonstração de empresas de arquitetura do mundo todo. Embora precisem continuar focados na entrega de valor, eles estão começando a pensar em encontrar um mecanismo de crescimento repetível e escalável.

CAPÍTULO **14**

ENCONTRE SEU FOGUETE DE CRESCIMENTO

Quando você começa a ver uma repetibilidade previsível em seu ciclo de clientes satisfeitos – ou seja, quando os segmentos de clientes iniciais continuam demonstrando o uso regular do produto e fazem um progresso mensurável em direção aos resultados desejados, conforme evidenciado por entrevistas de acompanhamento com clientes, painéis etc. –, é hora de direcionar parte de seu foco ao crescimento. Por "crescimento", refiro-me a construir um canal escalável, ou um "foguete de crescimento".

Até agora, você usou interações relativamente personalizadas (não escaláveis) para a aquisição e a entrega de valor, priorizando a velocidade da aprendizagem à escalabilidade. Contudo, para continuar a cumprir suas metas de 90 dias do modelo de tração, que devem ser cada vez mais desafiadoras, você precisa começar a procurar caminhos mais escaláveis até os clientes. Você já pode ter delineado algumas possíveis opções de canais escaláveis em seu Quadro Lean, mas precisa identificar em quais delas investir para alcançar o encaixe produto/mercado e ir além.

Identificar seu canal escalável, ou foguete de crescimento, pode ser um processo multiciclo, e é por isso que recomendo começar logo. Este capítulo descreve o processo para fazer isso.

A EQUIPE DA ALTVERSE APRENDE SOBRE OS FOGUETES DE CRESCIMENTO

No final da última revisão do ciclo de 90 dias, depois que Steve alinha a equipe com a meta, as suposições e a principal restrição do próximo ciclo, Mary faz a seguinte sugestão: "Além de focar sua restrição – continuar a impulsionar a retenção – no próximo ciclo, eu recomendaria alocar 20% do tempo de vocês para encontrar seu foguete primário de crescimento".

"Foguete de crescimento?", pergunta Lisa.

"Sim", responde Mary. "Costumamos desenhar a curva do taco de hóquei como uma curva regular, mas, se vocês traçarem a curva de crescimento real de uma startup, verão que ela não é tão regular assim. Ela é composta de uma série de saltos, como degraus. Como muitas pessoas traçam paralelos entre startups e foguetes, pensem na missão de vocês em termos de enviar um foguete a Marte. Vocês não têm como fazer isso com um único foguete. Vão precisar de foguetes de múltiplos estágios disparados em momentos diferentes da jornada. Cada foguete é responsável por levar sua espaçonave de um degrau da curva do taco de hóquei ao próximo.

"Adorei a metáfora", diz Steve. "Então, se cada foguete representa um canal de aquisição de clientes, o que seria a fábrica de clientes?"

Mary sorri. "Eu sabia que você ia gostar. Se um foguete é projetado para criar clientes, a fábrica de clientes descreve o funcionamento interno do motor do foguete. Cada foguete contém seu próprio motor e propelente, ou combustível. Até agora, pensamos no modelo de negócio como uma única fábrica de clientes, mas na realidade há muitas fábricas de clientes diferentes, ou motores de foguete, em jogo."

"Entendi...", comenta Lisa. "No momento, estamos usando vendas diretas, eventos e algumas recomendações para adquirir clientes. Cada um desses canais funciona de um jeito bem diferente. Posso dizer que cada canal é um exemplo de foguete com seus próprios motores de fábrica de clientes?"

"É isso mesmo", responde Mary.

"Acho que entendi qual é o motor na fábrica de clientes", diz Steve. "Mas qual é o propelente nessa metáfora?"

"O propelente é o combustível que alimenta o motor do foguete", explica Mary. "Todos os motores precisam de energia para funcionar, e diferentes motores usam diferentes tipos de combustível. O combustível mais comum nos estágios iniciais das startups é o tempo ou o esforço do fundador, mas, como vocês sabem, esse é o tipo mais caro de combustível não renovável. À medida que vocês avançam no processo, dinheiro, capital ou até seus usuários e clientes podem ser usados para abastecer esses motores."

"Eu queria voltar a uma coisa que você disse antes", diz Josh. "Você falou em encontrar um 'foguete primário de crescimento', o que implica apenas um foguete. O que você quis dizer com isso? Não é melhor ter mais foguetes de crescimento?"

Mary faz uma pausa para ver se Josh terminou. "Como decolar requer muita energia, muitas vezes você precisa de vários foguetes para tirar a espaçonave do chão. Isso é feito com um ou mais foguetes auxiliares de curto alcance. Pense nesses foguetes auxiliares como os canais não escaláveis de seu Quadro Lean, como usar recomendações por apresentação de sua rede de conhecidos para encontrar outros clientes. Esses canais têm um alcance limitado e, uma vez usados, cada um desses foguetes auxiliares é ejetado para reduzir a massa restante da espaçonave. Em seguida, um novo foguete auxiliar toma seu lugar. Vocês precisam desses foguetes auxiliares para decolar, mas não vão chegar até Marte com eles. Tentar otimizar os motores dos foguetes auxiliares depois de um certo ponto começará a render retornos decrescentes..."

"Dá para dizer que o objetivo desses foguetes auxiliares é ajudar a nave espacial a atingir a velocidade de escape, e que o foguete primário de crescimento é o que leva a ogiva desse ponto até Marte?", pergunta Steve.

"Sim, mas o ideal seria descobrir e testar o foguete primário de crescimento antes de atingir a velocidade de escape. Para uma startup, pense na velocidade de escape como o ponto de inflexão na curva do taco de hóquei, ou em alcançar o encaixe produto/mercado. Neste ponto, é interessante começar a otimizar o foguete primário de crescimento de vocês, porque ele vai impulsioná-los por um tempo", responde Mary.

Steve faz algumas outras perguntas: "Mesmo depois de escapar da atração gravitacional da Terra, é um longo caminho até Marte. É razoável esperar que um foguete primário de crescimento nos leve até lá? E como escolher o foguete primário de crescimento certo?"

"Há duas questões diferentes aí. Vou começar com a primeira", diz Mary. "Sim, quando a maioria das startups começa a escalar, elas quase sempre obtêm a maior parte de seu crescimento usando apenas um foguete de crescimento. Com o tempo, algumas startups podem incorporar outro foguete de crescimento, mas o melhor é sempre começar só com um foguete, pelas razões que já discutimos: limitar o número de campanhas executadas durante um ciclo de 90 dias para alinhar e focar a equipe."

Mary dá um tempo para eles processarem a informação e aborda a segunda pergunta de Steve.

"É mais difícil para as startups encontrarem um foguete primário de crescimento por duas razões. Para começar, tudo o que os fundadores de startups tendem a ver é uma série de possíveis foguetes ou hacks de crescimento para implantar. Como uma criança em uma loja de doces, eles acham que quanto mais melhor e começam a empilhar foguetes. Mas não se esqueçam de que foguetes demais aumentam a massa da espaçonave. E isso dificulta atingir a velocidade de escape em vez de facilitar. A segunda e mais importante razão que leva às dificuldades das startups de crescer é que elas muitas vezes não conseguem reconhecer a diferença mais importante entre os foguetes de crescimento e os foguetes auxiliares: a *sustentabilidade*."

"Por sustentável, você quer dizer renovável?", pergunta Steve.

"Sim", diz Mary. "Vocês se lembram da série *Star Trek*? A nave estelar Enterprise era movida por um motor de dobra de antimatéria, que era uma maneira altamente eficiente de viajar pelo espaço, e a espaçonave tinha a capacidade de coletar combustível no espaço e até gerar antimatéria a bordo. Deixando de lado os detalhes científicos dessa metáfora por um momento, a conclusão é de que seu foguete primário de crescimento precisa ter um motor com um volante de inércia ou um ciclo de crescimento que lhe possibilite ser autossustentável."

"Um ciclo de crescimento?", pergunta Lisa. "Seria como reinvestir a receita proveniente dos clientes existentes para comprar anúncios a fim de adquirir novos clientes?"

"É isso mesmo", responde Mary. "Só que vocês precisarão cumprir certas condições para o ciclo ser sustentável, como ganhar mais dinheiro com seus clientes do que gastam em anúncios."

"E a nossa ideia original de lançar um diretório navegável de projetos de clientes?", questiona Josh. "Acho que o conceito de alto nível seria criar um Houzz ou um Pinterest para modelos de realidade virtual."

"Sim, isso seria um ótimo exemplo de um foguete de crescimento impulsionado pelo conteúdo do usuário e também tem o potencial de ser sustentável, pois vocês estariam alavancando o trabalho de clientes existentes para impulsionar a aquisição de novos clientes. Esse também seria um ótimo exemplo de iniciativa que pode, facilmente, levar vários ciclos de 90 dias para ser desenvolvida e testada, e é por isso que seria interessante começar logo, como agora", acrescenta Mary.

Steve olha para o relógio e toma a palavra para encerrar a reunião. "Parece que o nosso tempo acabou. Foi muito esclarecedor, como sempre, Mary. Acho que precisamos pensar por alguns dias e apresentar algumas propostas de foguetes primários de crescimento. Apostaremos na proposta mais promissora para o próximo ciclo de 90 dias... e acho que podemos começar a testá-la usando algumas campanhas e sprints menores. Você tem mais alguma orientação?"

Mary sorri. "Tenho, sim. Mando por e-mail mais tarde."

O Modelo de Crescimento do Foguete

O Modelo de Crescimento do Foguete compara o lançamento de um novo produto com o lançamento de um foguete. Vamos começar com um pouco de anatomia de foguetes. Uma nave espacial é feita de três partes básicas:

- uma *ogiva* que transporta a tripulação ou a carga (pense nisso como seu produto principal);
- um ou mais *foguetes auxiliares* para levar o foguete como um todo ao espaço (pense neles como seus canais iniciais não escaláveis de aquisição de clientes);
- uma *espaçonave*, normalmente abastecida por um único foguete de crescimento, que impulsiona a ogiva até o destino (pense nesse foguete de crescimento como o principal canal escalável de aquisição de clientes).

Cada foguete, independentemente de ser auxiliar ou de crescimento, contém o próprio motor e propelente (combustível). Como o trabalho de um foguete é ganhar altitude (tração), seu funcionamento interno é descrito pelas etapas de uma fábrica de clientes ("métricas do pirata"). Alimentar um motor de foguete requer energia, que vem do propelente (combustível). Tipos diferentes de foguete usam tipos diferentes de propelente (tempo, dinheiro, conteúdo, usuários etc.).

O alcance de um foguete é determinado pela eficiência de seu motor e pelo tipo de propelente. Mesmo sendo tentador encher o motor de propelente, tome cuidado, porque combustível adicional deixa seu foguete pesado e pode desacelerá-lo. É por isso que, dependendo do tipo de propelente, a melhor abordagem para maximizar o alcance de um foguete é começar otimizando a eficiência do motor (a fábrica de clientes).

Todavia, não é possível otimizar a eficiência do motor indefinidamente, o que significa que, passado um certo ponto, o alcance de um foguete será ditado pela quantidade de propelente. Todo foguete acabará se exaurindo... a menos que você crie uma maneira de regenerar o propelente. Essa é a principal diferença entre os foguetes de crescimento e os auxiliares.

TOME NOTA

Os foguetes de crescimento utilizam um volante de inércia (ciclo de crescimento) no design de seu motor que regenera o propelente, impulsionando o crescimento sustentável (tração).

Lance foguetes

Do mesmo modo que nos lançamentos de produtos, os lançamentos de foguetes envolvem vários estágios, incluindo design, validação e crescimento. Vamos percorrer cada um desses estágios e esclarecer em que ponto estamos na jornada (Figura 14.1).

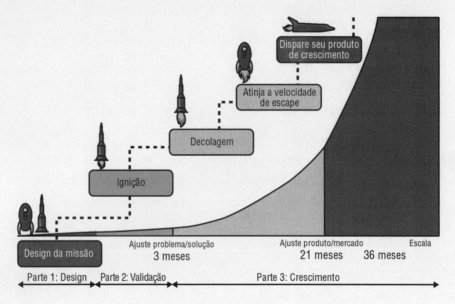

Figura 14.1. *Os estágios de lançamento de um foguete*

Parte 1: Design (design da missão)

É aqui que você define sua missão (como discutimos nos Capítulos 1 a 5): qual é seu destino (por exemplo, Marte), qual é sua carga (proposta única de valor), de quantos foguetes multiestágio você precisará (canais não escaláveis), como abastecerá seu foguete (canal escalável) etc. O design da missão define o tipo de foguete que você construirá, do mesmo modo que o design do modelo de negócio define o tipo de produto que você construirá.

Parte 2: Validação (ignição)

Antes de tentar a decolagem, você precisa validar suas suposições de design para garantir que:

- se você construir, as pessoas virão (desejabilidade);
- vale a pena construir (viabilidade);
- você tem condições de realizar a jornada (praticabilidade).

Para fazer isso, você começa reduzindo o escopo para alcançar a decolagem (produto mínimo viável) e se põe a aprender, projetar e testar diferentes especificações de foguetes (usando uma oferta) com o primeiro foguete auxiliar (a campanha de Oferta da Máfia). Esse foguete auxiliar é acionado por um motor de fábrica de clientes e alimentado principalmente pelo esforço (tempo) do fundador.

O objetivo aqui é estabelecer a ignição repetível (aquisição), ou seja, alcançar o encaixe problema/solução.

Parte 3: Crescimento

O estágio final do crescimento é constituído por três subestágios: decolagem, atingimento da velocidade de escape e lançamento do foguete de crescimento.

Decolagem. Depois de validar a ignição do foguete auxiliar, você prepara seu foguete para o lançamento. Como a decolagem requer a maior quantidade de energia, você pode precisar de foguetes auxiliares adicionais para tirar o foguete do chão. Esses foguetes auxiliares também são alimentados, principalmente, pelo esforço do fundador nos estágios iniciais, e o ajudam a acelerar a tração por curtos períodos.

Exemplos de foguetes auxiliares incluem coisas como:

- vendas diretas antecipadas;
- eventos;
- ações de relações públicas.

Atinja a velocidade de escape. Depois que o foguete decolou, você precisa voltar sua atenção a otimizar os motores de foguetes auxiliares (fábrica de clientes) para maximizar seu alcance (tração) antes que eles sejam consumidos. Você começa se concentrando em otimizar o ciclo principal de clientes satisfeitos, depois inclui foguetes auxiliares conforme necessário e repete o processo. O objetivo aqui é atingir a velocidade de escape (ou seja, o encaixe produto/mercado).

Lance seu foguete do crescimento. Quando começa a atingir a velocidade de escape, você precisa se preparar para a jornada mais longa adiante. É neste ponto que você começa a buscar seu foguete primário de crescimento que o impulsionará pelo restante de sua viagem usando um volante de inércia sustentável ou ciclo de crescimento. Na próxima seção, descreverei os três tipos de ciclos de crescimento.

Os três tipos de ciclos de crescimento

De acordo com Eric Ries, autor de *A startup enxuta*, o crescimento sustentável é caracterizado por uma regra simples:

Novos clientes vêm das ações de clientes anteriores.

É fácil ver como isso funciona pensando em nossa definição de que o modelo de negócio é uma descrição de como você cria, entrega e captura valor dos clientes. O crescimento sustentável resulta de reinvestir parte do valor que você captura dos clientes existentes na aquisição de clientes novos.

Em geral, há três tipos de valor (ativos) que você captura de clientes existentes:

- dinheiro (receita);
- conteúdo e dados (subprodutos da retenção e do engajamento);
- recomendações.

Ao reinvestir esses ativos na aquisição de novos clientes, você cria um ciclo de crescimento capaz de se autossustentar. Vamos analisar os diferentes tipos de ciclos de crescimento.

O ciclo de crescimento da receita

Um ciclo de crescimento da receita reinveste a receita gerada por clientes existentes a fim de impulsionar a aquisição de clientes novos (veja a Figura 14.2). No caso, o propelente é dinheiro ou capital, que é usado para comprar anúncios ou contratar pessoas para executar essas campanhas.

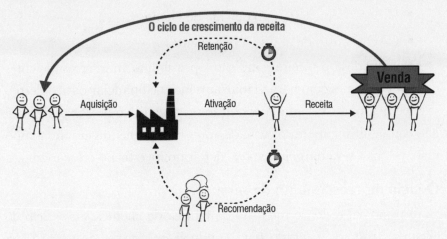

Figura 14.2. *O ciclo de crescimento da receita*

Algumas maneiras comuns de construir esse foguete de crescimento incluem:

- marketing de desempenho (por exemplo, anúncios no Facebook, anúncios no Google, anúncios impressos, anúncios na TV);
- vendas (por exemplo, prospecção de clientes, captação de clientes);
- conteúdo gerado pela empresa (por exemplo, newsletters, posts em mídias sociais).

O dinheiro usado para impulsionar esse foguete de crescimento pode vir do capital de crescimento (investidores), mas precisa ser pago ao longo do tempo usando a receita dos clientes para que o motor seja sustentável.

Duas condições costumam ser usadas para testar a sustentabilidade desse motor:

1. LTV > 3 × CAC;
2. meses para recuperar o CAC < 12;

em que:

- LTV = valor do tempo de vida do cliente
- CAC = custo de aquisição de clientes

O objetivo da primeira condição é possibilitar margens suficientes no modelo de negócio para viabilizar o lucro e financiar outras despesas operacionais. A segunda condição trata do fluxo de caixa. Se você não conseguir recuperar o custo de aquisição de clientes em um tempo razoável, não terá dinheiro em caixa para reinvestir no crescimento.

O ciclo de crescimento da retenção

O principal ciclo de retenção da fábrica de clientes, ou o ciclo de clientes satisfeitos, é usado para conduzir os clientes de volta à sua fábrica de clientes (Figura 14.3). Apesar de ser crucial para deixar os clientes satisfeitos e maximizar a vida útil do cliente, esse ciclo sozinho não basta para criar um ciclo de crescimento sustentável.

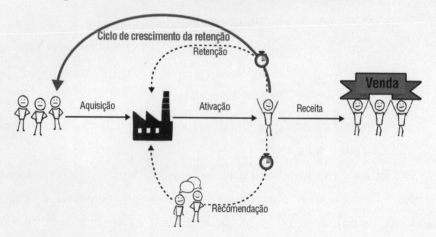

Figura 14.3. *O ciclo de crescimento da retenção*

Você pode transformar o ciclo da retenção em um ciclo de crescimento sustentável se conseguir utilizar ativos derivativos gerados utilizando seus clientes existentes para atrair novos clientes. Os propelentes mais comuns aqui são conteúdo e dados. Algumas maneiras de desenvolver esse motor incluem:

- conteúdo gerado pelos usuários (por exemplo, YouTube, Pinterest);
- avaliações (por exemplo, Yelp);
- dados (por exemplo, Waze).

O ciclo de crescimento de recomendações

O último tipo de ciclo de crescimento é construído com base em recomendações, quando você usa seus usuários existentes para conduzir novos usuários a sua fábrica de clientes (Figura 14.4). No caso, o propelente são usuários/clientes satisfeitos.

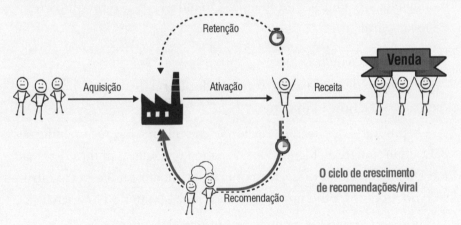

Figura 14.4. *O ciclo de crescimento de recomendações/viral*

Um ciclo de crescimento de recomendações pode ser desenvolvido de várias maneiras, como:

- propaganda boca a boca;
- programas de indicação;
- convite a amigos/colegas.

Algumas pessoas usam o termo *viral* para definir esse tipo de ciclo, mas na verdade esse é um caso especial do ciclo de crescimento de recomendações que o torna sustentável.

Para que um produto seja considerado *viral*, ele precisa ter um coeficiente viral (K) maior que 1, o que equivale a uma taxa média de recomendações acima de 100%. Em outras palavras, cada usuário deve, em média, indicar sua solução a pelo menos um outro usuário que será encaminhado à sua fábrica de clientes. É fácil ver como tornar-se viral é a maneira mais rápida de crescer e a mais difícil de alcançar.

Duas métricas são usadas para medir o ciclo de crescimento de recomendações:

Coeficiente viral (K)

Medido como o número de novos usuários aos quais cada usuário recomenda sua solução, em média. Quando $K > 1$, o produto cresce de forma viral.

Tempo de ciclo viral

Tempo médio para uma recomendação ser feita. Seu objetivo é reduzir esse tempo ao máximo.

Os produtos que usam o ciclo de crescimento de recomendações para impulsionar seu foguete de crescimento primário muitas vezes são inerentemente virais; ou seja, o compartilhamento é um aspecto intrínseco do produto, como no caso do Facebook, Twitter ou Snapchat.

Dito isso, apesar de muitos produtos não se tornarem virais, eles ainda alavancam esse ciclo de crescimento com eficácia usando altas taxas de recomendações como um foguete adicional de crescimento para complementar o foguete primário de crescimento.

É possível ter vários foguetes de crescimento?

Como você já deve ter imaginado, teoricamente é possível ter mais de um ciclo de crescimento em um modelo de negócio. No entanto, construir um único ciclo de crescimento que funcione já é bastante difícil. Nada o impede de considerar e até testar vários foguetes de crescimento ao mesmo tempo, mas aumentar as apostas em um único foguete de crescimento proporcionará o maior retorno pelo esforço.

Encontre seu foguete de crescimento primário

O impede seu negócio de crescer 10x?

– David Skok, sócio geral da Matrix Partners

Encontrar o foguete de crescimento primário costuma ser um processo multiciclo que, como uma campanha de validação, geralmente envolve:

- pré-selecionar candidatos a foguetes de crescimento;
- validar o foguete de crescimento;
- otimizar o foguete de crescimento.

As duas primeiras etapas, em geral, podem ser executadas em um ciclo de 90 dias, após o qual você invalida o foguete de crescimento e sai em busca de outro ou se compromete a investir mais esforços no foguete de crescimento escolhido.

Vamos dar uma olhada nessas etapas em mais detalhes.

Pré-selecione candidatos a foguetes de crescimento

Como vimos, construir um foguete de crescimento requer duas coisas:

- um propelente renovável;
- um motor eficiente.

Comece a escolher possíveis candidatos a foguetes de crescimento tomando as medidas a seguir.

Selecione um propelente renovável

Analise os três tipos de propelente (receita, conteúdo/dados e recomendações) e escolha o que você pode usar para construir um ciclo de crescimento sustentável.

Por exemplo:

- Se tiver um modelo de negócio direto (seus usuários são seus clientes), você pode reinvestir a receita em marketing de desempenho.
- Se o nível de preço de seu produto for alto o suficiente, você pode reinvestir a receita na criação de uma equipe de vendas.
- Se os usuários criarem um conteúdo interessante ou útil que pode ser divulgado ao público, você pode usar esse conteúdo para atrair novos usuários.
- Se o seu produto tiver uma viralidade inerente, você pode usar recomendações para impulsionar o crescimento.

Analise a eficiência de seu motor atual

Analise as métricas atuais de sua fábrica de clientes e use a lacuna entre onde você está agora e onde precisará estar para escolher um candidato adequado para o foguete de crescimento que esteja à altura da tarefa.

Por exemplo:

- Para um ciclo de crescimento de receita, comece medindo sua economia unitária (valor do tempo de vida do cliente e custo de aquisição de clientes). Verifique se você está perto de atingir as condições de margem e período de retorno, abordadas anteriormente, para tornar o foguete de crescimento sustentável.
- Para um ciclo de crescimento de conteúdo, tente avaliar o valor desse conteúdo para novos usuários usando ferramentas como o Keyword Planner do Google, para conhecer o volume de buscas de determinadas palavras-chave.
- Para um ciclo de crescimento de recomendações, procure evidências de altas taxas de boca a boca orgânico (>40%) já acontecendo com seu produto.

Valide seu foguete de crescimento

Nas dez semanas restantes do ciclo de 90 dias, crie experimentos e teste suas principais suposições em sprints para validar a viabilidade do foguete de crescimento selecionado.

Por exemplo:

- Se escolheu marketing de desempenho, execute algumas campanhas publicitárias e valide suas suposições sobre o custo de aquisição de clientes e o período de retorno.

- Se escolheu vendas, contrate um executivo de contas e valide suas suposições de tempo de *ramp-up*, custo de aquisição de clientes e taxa de conversão.

- Se escolheu conteúdo gerado por usuários, crie um experimento para apresentar ou exibir parte desse conteúdo ao público e medir o engajamento.

- Se escolheu viralidade, faça alguns experimentos onde você reduz o atrito do compartilhamento e veja se isso aumenta seu coeficiente viral e/ou reduz o tempo do ciclo viral.

Após dez semanas, tome uma decisão 3P (perseverar, pivotar, pausar) para seu foguete de crescimento.

Otimize seu foguete de crescimento

Se você validou um possível candidato a foguete de crescimento, aumente a aposta na otimização do motor de seu foguete de crescimento.

Como muitos foguetes de crescimento exigem uma extensa otimização (ajustes na fábrica de clientes), treinamento (por exemplo, para vendas diretas) e até a construção de produtos (por exemplo, geração automática de páginas de conteúdo, lançamento de programas de recomendação etc.), pode ser interessante montar uma pequena equipe dedicada a essa iniciativa.

Meça e apresente seu progresso em suas revisões de progresso de 90 dias.

Steve faz a Mary uma oferta irrecusável

Já se passaram 18 meses desde o lançamento da Altverse, e a equipe está perto de atingir a velocidade de escape (encaixe produto/mercado), como definido no roteiro de tração. Eles conseguiram alavancar o conteúdo dos clientes (modelos em realidade virtual) para construir um foguete de crescimento sustentável que tem atraído muitos novos proprietários de imóveis e arquitetos para sua plataforma. Por sugestão de Mary, Steve está apresentando a empresa para capitalistas de risco. Ele marcou outra conversa com ela para atualizá-la dos acontecimentos.

"Espere um momento, eu mostro a você", diz Steve enquanto caminha até a poltrona Eames em seu escritório e começa a tirar algumas fotos. Alguns segundos depois, uma poltrona Eames aparece no modelo em realidade virtual do escritório de Steve exibido em uma grande TV.

"Uau, impressionante", comenta Mary. "E está exatamente no mesmo lugar."

"Isso mesmo. Usamos vários truques para coincidir a localização geoespacial de objetos do mundo real no metaverso da realidade virtual", diz Steve, com um sorriso. "Essa foi a mesma demonstração que fiz à empresa de capital de risco ontem. Eles me mandaram um termo de compromisso uma hora depois de saírem daqui."

"Dá para ver por quê", responde Mary. "Isso é perfeito para seu segundo ato de ir além da construção residencial e incluir lojas de móveis ao modelo de negócio. É fácil ver uma história de crescimento de 10x aqui."

"Sim. Mas você me conhece. Ainda estou com um frio na barriga e acho que não consigo fazer isso sozinho."

"Ei, não se subestime. Outro dia mesmo você estava falando em precificar sua plataforma em US$ 50/mês para projetos ilimitados com uma receita média por usuário de US$ 600/ano. Qual é sua receita média por usuário agora para os arquitetos?"

"Nossos contratos são de US$ 60.000/ano em média, e vários deles estão começando a atingir a casa dos seis dígitos."

"Foi o que eu pensei. Você avançou muito, Steve. Estou muito orgulhosa do que você conquistou até aqui."

Steve ri, meio sem jeito. "É, acho que sim. Mas trazer um capitalista de risco não é brincadeira, e acho que vou precisar de uma equipe de gestão experiente."

"Sem dúvida. Neste estágio da sua empresa..."

Steve interrompe Mary: "É por isso que eu gostaria que você assumisse como nossa CEO."

"O quê?", Mary se admira.

"Não estaríamos aqui sem você. Durante esse tempo todo, você foi incrivelmente paciente com a gente – e implacável –, apontando nossos erros e nos botando no caminho certo."

Steve vê Mary sorrir e corar um pouco, e continua: "Eu poderia pedir seus conselhos para montar uma equipe de gestão espetacular, mas acho que seria muito mais fácil se você fosse a nossa CEO e montasse você mesma a equipe."

"Estou sem palavras. Por essa eu não esperava. Eu estaria mentindo se não admitisse que estou lisonjeada e empolgada com o convite. Vi de fora o progresso incrível de vocês e adoraria fazer parte disso", diz Mary.

"Então está resolvido", diz Steve. "Podemos falar sobre as formalidades depois. Vou encaminhar a você o termo de compromisso e avisar o capitalista de risco que temos uma nova CEO."

"Você quer dizer uma nova CEO e um novo diretor de tecnologia", corrige Mary.

Steve ri. "Acho que você tem razão, chefe."

CAPÍTULO 15

EPÍLOGO

No começo do livro, declarei que nenhuma metodologia pode garantir o sucesso, mas prometi um processo repetível e acionável para construir produtos – *um processo que aumentará suas chances de sucesso.*

Espero ter cumprido essa promessa.

Este livro é só o começo. Para conhecer mais técnicas, ferramentas e orientações detalhadas, junte-se à comunidade de empreendedores e inovadores na LEANSTACK Academy (*https://academy.leanstack.com*).

Não há momento melhor que o presente para concretizar sua "grande ideia".

Obrigado por ler e um brinde ao seu sucesso!

Eis um resumo das principais lições deste livro na forma de um manifesto.

O Manifesto do BOOTSTART

1. Os empreendedores estão por toda parte

Embora seus habitantes possam ter aspectos diversos e falar línguas diferentes, o mundo nunca foi mais homogêneo. Estamos vivendo um renascimento global do empreendedorismo, como demonstra a explosão no número de cursos universitários para empreendedores, aceleradoras de startups e incubadoras de inovação corporativa ao redor do mundo nos últimos cinco anos.

Todos nós queremos as mesmas coisas e tememos as mesmas coisas.

2. O ARQUÉTIPO DO EMPREENDEDOR TRABALHANDO NA GARAGEM MUDOU

Os empreendedores não são mais apenas "caras trabalhando na garagem". Eles podem ser encontrados por toda parte. As razões para essa explosão repentina podem ser atribuídas a alguns fatores.

Aumento da dívida estudantil

Pouco tempo atrás, a dívida total dos estudantes nos Estados Unidos ultrapassou a marca do US$ 1 trilhão. Continuamos treinando a próxima geração para trabalhar a um custo cada vez mais alto de educação, mas bons empregos são cada vez mais difíceis de encontrar. Enquanto isso, mais estudantes estão buscando cursos e experiências em empreendedorismo na faculdade (e até no ensino médio) – alguns com ambições de criar o próximo Facebook, enquanto outros querem apenas aumentar suas chances de sucesso no mundo.

Não há mais garantias de emprego vitalício

Sem a segurança do emprego vitalício e de planos de aposentadoria pagos pela empresa, mais pessoas procuram assumir o controle do próprio destino. As pessoas estão abrindo startups enquanto trabalham no emprego fixo.

A necessidade de grandes empresas inovarem ou sofrerem uma disrupção

A velocidade da inovação disruptiva tem acelerado na última década. Até os disruptores de antes estão começando a sofrer disrupções pelos recém-chegados. Isso aumentou ainda mais a importância dos intraempreendedores.

3. Não há melhor momento para começar do que agora

O que realmente acelerou a explosão do empreendedorismo no mundo todo foi que, pela primeira vez na história, todos nós, em maior ou menor grau, temos acesso às mesmas ferramentas, conhecimentos e recursos, graças à internet, à globalização e às tecnologias possibilitadas pelo código aberto e pela computação em nuvem. Nunca foi tão barato nem tão rápido abrir um novo negócio, e não há melhor momento que o presente para começar.

Isso representa uma oportunidade incrível para todos nós – mas uma tempestade ainda pode estar se formando no horizonte.

4. A maioria dos produtos ainda fracassa

É bem verdade que estamos construindo mais produtos do que nunca, mas a triste realidade é que a taxa de sucesso desses produtos não mudou muito. Os novos negócios ainda têm poucas chances de sucesso, e infelizmente a maioria dos novos produtos morre na praia.

Esse é um problema real. Investimos muito tempo, dinheiro e esforço para construir esses produtos. Especialmente para um empreendedor de primeira viagem, esses fracassos podem ser um grande golpe, tanto emocional quanto financeiro.

5. Doze razões do fracasso dos produtos

Veja as doze razões mais comuns do fracasso de uma ideia:

- escassez de fundos;
- equipe ruim;
- produto ruim;
- timing ruim;
- falta de clientes;
- concorrência;
- falta de foco;
- falta de paixão;
- localização ruim;
- falta de lucratividade;
- burnout;
- questões legais.

6. A maior razão do fracasso dos produtos

A principal razão do fracasso é que *nós simplesmente construímos algo que ninguém quer*.

Todas as outras razões não passam de manifestações secundárias ou racionalizações dessa realidade brutal. Acredito que o principal fator que leva a essa razão do fracasso é, em grande parte, a paixão cega do empreendedor pela sua solução. É o Viés do Inovador que nos leva a nos apaixonar por nossa solução e faz com que "dar vida ao nosso bebê" seja a nossa única missão na vida.

Corremos para construir, mas essa abordagem de construir primeiro é uma abordagem inversa. Não faz sentido forçar uma solução sem um problema preexistente.

7. A segunda maior razão do fracasso dos produtos

Fracassar em algo requer começar. A segunda razão pela qual os produtos fracassam é que eles nem sequer começam. Passamos tempo demais analisando, planejando ou pensando em desculpas para não começar – ficamos esperando escrever um plano de negócio, encontrar investidores ou nos mudar para o Vale do Silício.

8. Você não precisa de permissão para começar

Apenas uma década atrás, era caro começar. Obter licenças de software para construir seu produto ou abrir um escritório para se reunir com sua equipe exigia investimento de capital. O mundo mudou. Hoje, é possível fazer tudo isso de graça.

Nos dias de hoje, a principal questão não é "Temos como construir isso?", mas "Devemos construir isso?".

Você não precisa de muito dinheiro, pessoas ou tempo para responder a essa pergunta. Só precisa manter os pontos a seguir em mente.

9. Ame o problema, não a solução

Tudo começa com uma profunda mudança de mentalidade. Os clientes não se importam com a sua solução; eles se importam em atingir as próprias metas. Identifique os problemas ou obstáculos que os impedem de atingir as metas e você identificará a solução certa para construir.

Não seja mais apaixonado pela sua solução do que pelo problema do seu cliente.

10. Não escreva um plano de negócios

Os planos de negócios demoram muito para serem escritos e, de qualquer maneira, ninguém lê tudo. É muito melhor criar um modelo de negócio de uma página. Leva 20 minutos, em vez de 20 dias, e as pessoas são impelidas a ler e dizer o que pensam. Isso, por si só, já é uma vitória.

Passe mais tempo construindo do que planejando seu negócio.

11. Seu modelo de negócio é o produto

Seu modelo de negócio não tem um negócio se não tiver receita. A receita é como o oxigênio. Não vivemos para ter oxigênio, mas precisamos de oxigênio para viver. O mesmo se aplica à sua ideia revolucionária. Antes de sair correndo para construir, certifique-se de que os problemas fundamentais que você identificou nas etapas anteriores representam problemas monetizáveis que vale a pena resolver.

A melhor evidência de um problema monetizável é quando as pessoas já estão gastando dinheiro em uma alternativa existente.

12. Concentre-se no tempo, não no timing

Você não tem como controlar o timing de sua ideia, mas pode controlar quanto tempo investe nela. Ao contrário de recursos como dinheiro e pessoas, que podem flutuar para cima ou para baixo, o tempo só se move em uma direção.

O tempo é seu recurso mais escasso. Use-o com sabedoria.

Planeje o tempo para fazer tudo. Estabelecer prazos é uma medida eficaz, porque os prazos sempre chegam – a não ser, é claro, que o mundo acabe antes. Ao fim de cada prazo, marque uma reunião com sua equipe para compartilhar os resultados e discutir os próximos passos a partir deste ponto. Defina outro prazo e avance. Essa é a melhor maneira de se responsabilizar e prestar contas pelo progresso.

13. Desacelere para acelerar

Otimizar o tempo não quer dizer fazer tudo rápido, mas desacelerar para se concentrar *na coisa certa*. A melhor coisa a fazer é usar a regra 80/20 de Pareto. Seus maiores resultados virão de apenas algumas ações-chave. Seu trabalho é priorizar o mais arriscado primeiro e ignorar o resto, até o resto se tornar o mais arriscado.

14. Evite a falsa validação e concentre-se em obter a tração

O número de recursos, o tamanho da equipe ou quanto dinheiro você tem no banco não são as medidas certas de progresso. A única métrica que importa é a *tração*. A tração é a taxa na qual você captura valor monetizável dos clientes.

Não pergunte às pessoas o que elas acham de sua ideia. Só os clientes importam. Não pergunte aos clientes o que eles acham de sua ideia. Mensure o que eles fazem.

15. Elimine a palavra "fracasso" de seu vocabulário

O mantra do "fracassar rápido" significa aceitar que o fracasso faz parte do processo. Mas o tabu do fracasso é tão paralisante que a maioria das pessoas faz de tudo para evitá-lo, dourar a pílula quando ele acontece ou fugir dele. Esse tipo de reação não leva a nada – o que você precisa fazer é eliminar a palavra "fracasso" de seu vocabulário. Veja uma abordagem de três etapas para evitar fracassos estrondosos e substituí-los pela aprendizagem iterativa:

- divida suas grandes ideias ou estratégias em experimentos pequenos, rápidos e cumulativos;
- use lançamentos em etapas para implementar suas ideias de pequena a grande escala;

- aumente as apostas nas boas ideias e simplesmente descarte as ideias ruins.

Quando você faz essas três coisas, não está fracassando, mas corrigindo o curso em direção a um objetivo maior.

Seja criterioso com suas ideias, mas acredite em si mesmo.

16. É HORA DE AGIR PARA CONCRETIZAR SUA GRANDE IDEIA

Problemas não faltam no mundo. Como empreendedor, você é diferente da maioria das pessoas. Seu cérebro está programado para buscar soluções. Tudo o que você precisa fazer é canalizar sua atenção para o problema certo, então fará deste planeta um mundo melhor. Não é isso que realmente importa?

Não desperdice este momento. É hora de tirar o pó das ideias que estão no fundo de sua mente e agir. É hora de reinicializar, evoluir e começar.

Junte-se a nós na LEANSTACK Academy (*https://academy.leanstack.com*).

REFERÊNCIAS E LEITURAS ADICIONAIS

Os livros a seguir (em nenhuma ordem específica) foram fundamentais para me ajudar a desenvolver o Modelo de Inovação Contínua e muitas das ideias apresentadas neste livro:

- *Rápido e devagar*, de Daniel Kahneman (Objetiva)
- *O poder do hábito*, de Charles Duhigg (Objetiva)
- *Hábitos atômicos*, de James Clear (Intrínseca)
- *Micro-hábitos*, de B. J. Fogg (HarperCollins)
- *Hooked (engajado)*, de Nir Eyal (AlfaCon)
- *A meta*, de Eliyahu Goldratt (Nobel)
- *Pensando em sistemas*, de Donella H. Meadows (Sextante)
- *A Beautiful Constraint*, de Adam Morgan e Mark Barden (Wiley)
- *Pensar em apostas*, de Annie Duke (Alta Books)
- *Como mensurar qualquer coisa*, de Douglas Hubbard (QualityMark)
- *O coach de um trilhão de dólares*, de Eric Schmidt, Jonathan Rosenberg e Alan Eagle (Planeta Estratégia)
- *Isso é marketing*, de Seth Godin (Alta Books)
- *Storybrand: crie mensagens claras e atraia a atenção dos clientes para sua marca*, de Donald Miller (Alta Books)

- *Storytelling Made Easy*, de Michael Hauge (Indie Books)
- *Torne-se um profissional*, de Steven Pressfield (Cultrix)
- *Muito além da sorte*, de Clayton Christensen, Taddy Hall, Karen Dillon e David Duncan (Bookman)
- *Demand-Side Sales*, de Bob Moesta (Lioncrest)
- *What Customers Want*, de Tony Ulwick (McGraw Hill)
- *When Coffee and Kale Compete*, de Alan Klement (CreateSpace)
- *Atravessando o abismo*, de Geoffrey A. Moore (Harper Business)
- *Negocie como se sua vida dependesse disso*, de Chris Voss (Sextante)
- *Badass: Making Users Awesome*, de Kathy Sierra (O'Reilly)
- *A venda desafiadora*, de Matthew Dixon e Brent Adamson (Portfolio-Penguin)
- *A startup enxuta*, de Eric Ries (Sextante)
- *Do sonho à realização em 4 passos*, de Steve Blank (Alta Books)
- *Business Model Generation*, de Alex Osterwalder e Yves Pigneur (Wiley)

ÍNDICE REMISSIVO

A

Abordagem de construir primeiro
    desvantagens, xxxvii
    exemplo, xvii-xxii
    transição para a abordagem de tração primeiro, xxii

Abordagem de tração primeiro
    ciclos de 90 dias, xlvi, 1
    evitando a armadilha da construção, xxiv, xli
    mudanças de mentalidade, xxiv-xxix
    transição da abordagem de construir primeiro, xxiii, xxx

Abordagem de vendas diretas, 154

Abordagens
    a tração é o objetivo, xxv, 75
    ação certa na hora certa, xxvi, 118
    ame o problema, não sua solução, xxv, 50, 417
    avanços revolucionários requerem resultados inesperados, xxx, 175
    comece com problemas antes de soluções, xxiv

      enfrente as suas suposições mais arriscadas em etapas, xxxiii, 120

      faça muitas pequenas apostas, xxx, 174

      nunca deixe de prestar contas externamente, xxix, 170

      o modelo de negócio é o produto, xxv, 6

      restrições são oportunidades, xxviii, 169

      tome decisões baseadas em evidências, xxx, 174

Abraham, Jay, 227

Adotantes iniciais

      como os clientes iniciais ideais, 14

      direcionando as primeiras versões aos, xxvii

      direcionando-se aos, 17

      fechando vendas com os, 204

      gatilhos de troca e, 59

      identificando os, 283-284

      revisitando os, 213

      webinários para os, 153

Ajuste problema/solução

      alcançando o, 121

      passos para alcançar o, xliii

      primeiro estágio do, 152-155

      primeiro passo em direção ao, xxxv-xlv

      tempo necessário para atingir o, 119

Ajuste produto/mercado (veja também Crescimento)

      alcançando o, 2

      benchmarking e, 81

      como um marco importante, xli-xliii

  dividindo a jornada em vários modelos, 102

  margem de lucro quando atingido, 62

  otimização prematura e, 117

  plano de lançamento "agora-em seguida-depois", 203

  retornos esperados a seguir, 70

  tempo necessário para atingir o, 61, 91

Ajuste solução/cliente, 259

All Marketers Tell Stories (Godin), 145

Analogia do intraempreendedorismo no espaço sideral, 182

Ancoragem de preços, 298, 324

Aprendizagem iterativa, 419

Apresentações de relatórios de progresso, 338

Aquisição, 77-79

Armadilha

  da construção, xxiv, xli

  da racionalização, 187

  da superotimização, 169

  do aumento indefinido do escopo, 272

  indutivista, 193-194

Arte da testagem, 173

Ativação, 77-78

Atravessando o abismo (Moore), 90

Atrito

  do cadastramento, 313

  reduzindo o, 313, 378

Aversão à perda, 307

B

Brainstorming em grupo, 162-163

C

Campanhas de pré-venda, 206, 217
Canais (campo do Quadro Lean), 5, 12, 16, 20, 21
Ciclos de 90 dias
    abordagem orientada por restrições, 168
    cadência de relatórios e cerimônias, 184
    gerenciando o crescimento com, 258
    hábitos para realizar experimentos eficazes, 185-197
    lançamentos de produtos mínimos viáveis, 314
    lançamento do ciclo inicial
        campanha de oferta da máfia, 210-217
        entrevistas versus pesquisas, 217-221
        reuniões de lançamento, 200-203
        reuniões de planejamento, 155-157
        roteiro para o ajuste problema/solução, 152-155
    preparação para o ciclo inicial, 134-139
    prestando contas externamente, xxix, 170
    revisões
        conduzindo a reunião, 250-253
        exemplo, 253-255, 288
        preparação para, 245-250
        propósito das, 243
        reuniões de pré-revisão, 244
    validação de ideias usando os fundamentos dos, 167

Ciclo de clientes satisfeitos
    ajudando os clientes a progredir, 387-389
    aplicando a ciência dos hábitos, 380-383
    aprendendo mais que os concorrentes, 377
    evitando empurrar recursos, 375
    gatilhos nos clientes, 386
    prevenindo trocas, 376
    reduzindo o atrito, 377-379
    reforçando o progresso do cliente, 389-390
    regra 20/80 e, 150, 341-344, 376
    roteiros de progresso do cliente, 383-386
    visão geral, 338-341

Ciclos de crescimento
    alcançando o crescimento sustentável, 399, 410
    da receita, 402-403
    da retenção, 404-405
    de recomendações, 405-406

Ciclos do hábito, 281-283

Ciclos típicos de 90 dias, 130-134

Chamada para ação, 154, 304

Christensen, Clayton, 56

Cinco Ps do produto mínimo viável, 290

Clientes
    atraindo sem produtos, 203
    benefícios para as métricas de agrupar os, 268

  entendendo os

    concentrando-se no contexto mais amplo, 231-235

    concluindo a descoberta de problemas, 268-269

    descobrindo problemas por meio de entrevistas, 229-231

    descobrindo tarefas a serem realizadas adicionais, 269

    executando sprints de descoberta de problemas, 235-239

    revisando sprints de descoberta de problemas, 264-267

    transferência de expertise resultante de, 227

  entregando ofertas irrecusáveis aos

    concluindo a entrega da oferta aos, 314

    entregando ofertas aos, 305-313

    estudo de caso do iPad, 296

    executando sprints de entrega da oferta aos, 297-298

    montando ofertas aos, 301-303

    otimizando ofertas aos, 314-316

    revisando os resultados do sprint de entrega da oferta aos, 317

  entrevista versus pesquisa, 162-168

  produzindo clientes satisfeitos

    ciclo de clientes satisfeitos, 372

    design comportamental, 369- 371

    Reunião de Revisão do Ciclo de 90 Dias, 390

    versus deixar os clientes felizes, 369

Clientes ativos necessários, 89

Cofundadores

  direcionando-se a, 150

  formação de equipes e, 136

papel nos ciclos de 90 dias, 134, 245

pitch para, 105

recrutando, 115, 262

selecionando, xxvii

Cohen, Jason, 30

Comentários e perguntas, xv

Compras emocionais, 310

Comunicação de ideias (veja Pitches do modelo de negócio)

Conceitos de alto nível, 19

Concierge MVP, 272-275, 289

Condicionamento clássico, 380

Construir-Demonstrar-Vender, xxxvii, xliii, 202

Construir-Demonstrar-Vender (roteiro), xxxvii, xliii, 202, 204

Construir-Medir-Aprender (ciclo), xli

Contexto mais amplo

definindo o escopo do, 235

encontrando o, 234

usando entrevistas de descoberta de problemas, 232

viabilidade e restrições de viabilidade, 236

Crescimento (veja também Foguetes de crescimento)

jornada do problema/solução ao ajuste produto/mercado, 351

lançando produtos mínimos viáveis

automatizando a fábrica de clientes, 358

combatendo as distrações, 359

estendendo os painéis de métricas da fábrica de clientes, 361

exemplo de, 362

　　　　　itens para se focar, 353
　　　　　lançamentos em lote, 366
　　　　　manutenção da fábrica de clientes, 357
　　　　　preparando-se para lançar, 353
　　passos para alcançar o, xliii
　　produzindo clientes satisfeitos
　　　　　ciclo de clientes satisfeitos, 372-390
　　　　　design comportamental, 369-371, 383
　　　　　reunião de revisão do ciclo de 90 dias, 390
　　　　　versus deixando os clientes felizes, 369
　　selecionando metas de, 85
Critérios mínimos de sucesso, 84-88
Curva J, 76
Curvas de adoção do cliente, 2

D

Decisões baseadas em evidências, xxx, 174

Demonstrações, 205

Desafios de startups/produtos (veja também Empreendedores/empreendedorismo)

　　abordagem de construir primeiro e, xxii
　　abordagem de tração primeiro, xxii-xxiv
　　abordagem sistemática aos, xlv
　　alcançando o ajuste produto/mercado, xli-xliii
　　garantindo o sucesso, xxix-xxxi
　　produtos mínimos viáveis, xxxv-xxxix
　　razões do fracasso, 416
　　taxas de fracasso, 415

Desejabilidade
    abordando em sprints de design da solução, 213
    na Trindade da Inovação, 47
    pitch de 10 slides, 151
    submetendo as ideias a testes de estresse
        construindo produtos melhores, 50-51
        Dom do Inovador, 53-68
        Viés do Inovador, 52

Design
    como o primeiro passo, xlix
    comportamental, 369-371
    comunicando ideias
        benefícios de bons pitches, 141
        diferentes visões de mundo de ideias de, 145-151
        discursos de elevador, 143-145
        exemplo de, 253-255, 288
        fazendo o pitch do modelo de negócio, 150
        pitch de 10 slides, 151-154
    desconstruindo ideias no Quadro Lean
        diagrama, 10
        equilibrando riscos, 3
        esboçando o Quadro Lean inicial, 10-33
        refinando os Quadros Lean, 34
    roteiro do design do modelo de negócio, 7
    testando a desejabilidade das ideias
        concentrando-se nos desejos do cliente final, 66

        construindo produtos melhores, 49-51

        Dom do Inovador, 53-66

        Viés do Inovador, 52

    testando a praticabilidade das ideias

        formulando planos de lançamento "agora-em seguida-depois", 117, 137

        mapeando rampas de tração, 112-116

        Produto Mínimo Viável do Mágico de Oz, 129

        roteiros de tração versus roteiros de produto, 111

    testando a viabilidade das ideias

        estimativas de Fermi versus projeções financeiras, 73-80

        exemplo, 253-255, 288

        fazendo estimativas de Fermi, 105

        testando ideias usando estimativas de Fermi, 80-105

Designers, 136

Diagramas de jornada do cliente, 42

Discursos de elevador, 144-145, 335

Dividir para conquistar (abordagem), xxviii, 155, 168

Dom do Inovador

    aplicado a produtos, 56

    conceito de, 53-56

    definindo preços justos com o, 100

    exemplo de, 63-65

    para testar a desejabilidade, 66

Duhigg, Charles, 380

E

Empreendedores/empreendedorismo (veja também Desafios de startups/produtos)

    abordagem sistemática para o, xlv

    abordagens diferentes para o, xxx

    articulando chamadas para ação, 304

    buscando gatilhos de troca, 54

    evitando a otimização prematura, 117-118

    expondo a concorrência, 298

    ferramentas para o sucesso do, xli

    principais conclusões sobre a abordagem Enxuta, 305-310

    renascimento global, xxiii

    separando as boas das más ideias, 3

    Viés do Inovador, 52

Empurrando recursos, 375

Entrevistas

    para descobrir problemas, 376

    sprint de descoberta de problemas

        amostra de timeline, 231

        capturando insights, 237-239

        metarroteiro, 249

        orientações para, 229-231

    versus pesquisas, 217-221

Equipes

    abrindo mão de rótulos departamentais, 178

    assegurando diversas habilidades e visões de mundo, 177

    coaches para, 183

    começando com equipes mínimas viáveis, 178

    montando a equipe certa, 177

    prestação de contas em, 181

Errata, xv

Escala, 92

Escalada da montanha, problema da, 34

Especialização, 162

Estimativas de Fermi

    executando, 137

    exemplo, 138-140

    testando ideias com, 122-137

    versus projeções financeiras, 55-60

Estratégia

    de entrega contínua, 360

    de preeminência, 227

Estrutura

    de Custos (campo do Quadro Lean), 20

    de história em três atos, 304

    de preços

        definindo preços aproximados, 89

        definindo preços justos, 276

        elaborando histórias de precificação, 315

        estrutura de custos, 23

        evitando preços abaixo do ideal, 100

        importância de definir, 21

        perguntando ao cliente, 315

Estudo do Milk-shake, 56

Experimentos

    avaliativos, 176

    ciclo de vida dos, 170

    de descoberta, 176

    de tração, 176

    generativos, 176

    otimização dos, 92

    papel em sprints e campanhas, 174, 184

    papel na tomada de decisão, xxix, 171

    sete hábitos para experimentos eficazes, 185-197

    tipos de, 176

    validando foguetes de crescimento, 399

"Explorar Leads-Demonstrar-Fechar" (abordagem), 206

F

Fase

    de modelagem (ciclo de 90 dias), 171

    de testes (ciclo de 90 dias), 175

Feedback

    ciclo de crescimento de recomendações e, 95

    ciclos mais curtos de, 171

    de amigos e parentes, 178

    de clientes com acesso antecipado, 266

    de conselheiros, 149

    disponibilizando canais de, 389

em pitches, 106

  entrevistando clientes para obter, 225

  evitando a armadilha da construção, xxiv, xxli

  incorporando e testando, 311

  modelos para, xliv

  para determinar o ajuste produto/mercado, 91

  regra 20/80 e, 341

Fluxos de Receita (campo do Quadro Lean), 16, 20

Fogg, B. J., 381

Foguetes de crescimento (veja também Crescimento)

  encontrando canais escaláveis, 395

  encontrando foguetes de crescimento primários, 407

  exemplo de, 394-398

  Modelo de Crescimento do Foguete, 398-399

  múltiplos, 406

  otimizando os, 409

  tipos de ciclos de crescimento, 402

  validando os, 409

"Fracassar rápido" (mantra), 417

G

Gatilhos de troca, 60, 68, 129, 285, 306

Godin, Seth, 145

Goldratt, Eliyahu, 168

Grupos controle, 196

H

Hackers, 136

HiPPO (opinião da pessoa mais bem paga), 163

I

Inovação (veja também Modelo de Inovação Contínua)
    alcançando a, em condições de incerteza, xlviii
    causando uma troca da maneira antiga à nova maneira, 373
    definição de, 276
    novas regras que regem a, xxxiii
    praticando a inovação contínua, xxxii
    resolvendo velhos problemas com a, 54

Investidores
    critérios mínimos de sucesso e, 81
    expectativas dos, xxi
    perspectiva dos, 54
    planilhas de projeções financeiras, 55
    rejeição pelos, xxii
    valores dos, xxiv, xxxiv
    visão de mundo dos, 108

J

Janz, Christoph, 97

Jornada do Herói, arco narrativo da, 301

K

Kahneman, Daniel, 307

Klement, Alan, 57

L

Labirinto de Ideias, xlix

Lançamentos

    de marketing, 354

    de produtos visionários, 2

Lead qualificado

    de marketing, 94

    de vendas, 94

LEANSTACK

    criador do, xlvii

    período de teste da LEANSTACK Academy, 196

Lei de Metcalfe, 178

LTV (veja Valor do tempo de vida do cliente)

M

Maldição da especialização, 162

Manifesto do BOOTSTART, 413-420

McClure, Dave, 80

Mehta, Manish, 182

Meio-termo, encontrando o, 34-35

Mercado total endereçável, 14

Meta, A (Goldratt), 168

Metas de rendimento
    definindo as, 238
    revisando as, 72-78
    testando a viabilidade das, 65-72

Métricas
    de resultados versus de produção, 27
    definindo, 238
    estendendo os painéis de métricas da fábrica de clientes, 362-365
    exemplos de, 28
    identificando as métricas-chave, 29
    indicador antecedente versus indicador de seguimento, 27, 28
    métricas de SaaS, 28
    selecionando as, 27

Métricas-chave (campo do Quadro Lean), 29

"Métricas do pirata" (modelo), 175, 176, 192, 399

Micro-hábitos (Fogg), 382

Modelagem
    abordagens fundamentais, xxxiii
    benefícios da, xxix

Modelar-Priorizar-Testar (ciclo), xxix

Modelo Comportamental de Fogg, 382

Modelo da fábrica de clientes
    automatização do, 358
    características de um bom, 194
    estendendo o painel de métricas do, 362-365
    manutenção durante o lançamento do produto mínimo viável, 357

        visão geral do, 77-80

        métricas semanais, 327

Modelo de Crescimento do Foguete, 398-399

Modelo de Forças do Cliente, 59, 262, 264, 304, 343

Modelo de Inovação Contínua

        abordagens fundamentais, xxxi

        alcançando o ajuste problema/solução, 131

        desenvolvimento do, xv

        envolvendo os stakeholders, 141

        modelo da fábrica de clientes, 77-80, 127, 194

        modelo do Quadro Lean, 5

        papel dos ciclos de 90 dias no, 134, 245

        primeiro passo do, 109

        Produto Mínimo Viável do Mágico de Oz, 132

        Segmentos de Clientes (campo do Quadro Lean), 16

Modelo de "métricas do pirata", 175, 176, 192, 399

Modelos de negócio

        abordagem sistemática para, xlv

        como produtos, 7

        design de, xxix, 7

        diretos, 36

        de plataforma de e-commerce, 40

        estratégias de validação, xxix

        ferramentas para criar, xl

        multilaterais, 36

Modelo de pitch da história do cliente, 300, 304-316

Moesta, Bob, 56
Momento da troca, 374
Moore, Geoffrey, 90
MQL (veja Lead qualificado de marketing), 94
MVPs (veja Produtos mínimos viáveis), 289

N

Negocie como se sua vida dependesse disso (Voss), 265

O

Objetivos e resultados-chave, 170
Ofertas (veja também Ofertas da máfia)
    componentes das, 152
    montagem e testes, 153
Ofertas da Máfia
    campanhas de Oferta da Máfia, 215-217
    entregando aos clientes
        concluindo a entrega da oferta, 241
        entregando ofertas, 233-237
        estudo de caso do iPad, 296-299
        executando sprints de entrega da oferta, 299
        montando ofertas, 301-304
        otimizando ofertas, 325-327
        revisando os resultados do sprint de entrega da oferta, 328
    papel na oferta de produtos melhores, 206
Ofertas da página de destino, 205

Otimização prematura, 117, 118, 124, 128, 353, 360

OKRs (veja Objetivos e resultados-chave), 170

Osterwalder, Alex, 6

P

Painéis para a empresa toda, 362

Pavlov, Ivan, 380

Pensamento sistêmico, 156

Perfil do cliente ideal, 14

Perguntas e comentários, xv

Pesquisas/levantamentos, 162-168

Pioneiros, xxxvii

Pitch de 10 slides, 151-154

Pitches do modelo de negócio (veja também Ofertas da Máfia)

    pitch de 10 slides, 151-154

    reconhecendo os concorrentes, 231

    benefícios de bons, 105

    fazendo, 150

    diferentes visões de mundo para ideias, 145-149

    discursos de elevador, 145

    exemplo de, 253-255, 288

    apresentações de relatórios de progresso, 248-250

Pitching Hacks (Venture Hacks), 19

Planos de lançamento "agora-em seguida-depois", 116-119

Planos de negócios

    abordagem de construir primeiro e, xxii

    desvantagens dos planos tradicionais, 4

Plataformas de crowdfunding, 206

Poder do Hábito, O (Duhigg), 380

Potencial de lucro futuro máximo, 81

Praticabilidade

    abordando a, em sprints de design da solução, 276-287

    na Trindade da Inovação, 47

    pitch de 10 slides, 152

    submetendo as ideias a testes de estresse de

        formulando planos de lançamento "agora-em seguida-depois", 116-119

        mapeando rampas de tração, 112-115

        Produto Mínimo Viável do Mágico de Oz, 129-137

        roteiros de tração versus roteiros de produto, 112

Prazos fixos, 195

Precificação baseada em custos, 100

Priorização

    abordagens fundamentais, xxix, xxxii

    fase de (ciclo de 90 dias), 168

    processo de, xxxiii

Problema do martelo, 69

Problemas (campo do Quadro Lean), 12, 16, 20

Processo de convergência-divergência, 163

Processo de planejamento de negócios em cascata, 74

Produtos mínimos viáveis

    ajuste problema/solução e, xxxv-xxxix

    arte dos, 201

benefícios dos, xxxiii-xxxv

cinco Ps do produto mínimo viável, 290

Concierge MVP, 272-275, 289

definição, xxvi

desvantagens de omitir os, xxxi

lançando/lançamento dos

    automatizando a fábrica de clientes, 358

    combatendo as distrações, 359

    em lote, 366

    estendendo os painéis de métricas da fábrica de clientes, 361

    exemplo de, 362

    itens para se focar, 353

    manutenção da fábrica de clientes, 357

    papel no crescimento, xliii

    preparando-se para, 353

    tarefas necessárias para, 278

não tradicional, 289

Produto Mínimo Viável do Mágico de Oz, 290

Produto Mínimo Viável do Pé na Porta, 290

Projeções financeiras, 74

Propostas únicas de valor, 12, 16, 17

Q

Quadro de Forças do Cliente

    descobrindo histórias de jornada do cliente, 257

    descobrindo problemas por meio do, 277

    determinando os próximos melhores adotantes, 257

    identificando áreas de dificuldade, 237

    preenchendo o, 259-262

Quadro do Modelo de Negócio, 5

Quadro (Mais) Lean (variante), 40

Quadro Lean

    aplicado ao processo de ajuste problema/solução, xxxvii

    como uma alternativa aos planos de negócios, 6

    criador do, xlvii

    desconstruindo ideias para equilibrar os riscos, 46

        diagrama, 7

        esboçando o Quadro Lean inicial, 10-26

        refinando Quadros Lean, 27

    download do modelo de, 46

    pitch aos clientes usando o, 144

    pitch aos investidores usando o, 145

    quando não usar, 53

    revisão e atualização do, 246

R

Receita, 77, 290

Receita recorrente, 84

Receita recorrente anual, 83

Receita recorrente mensal, 27

Recomendações/indicações, 77, 80

Regra 80/20, 150, 341, 376, 419

Repetibilidade, 358, 364

Resposta condicionada automática, 380

Resultados

    declarando antecipadamente, 187

    declarando individualmente, 188

    enfatizando a estimativa sobre a precisão, 189

    medindo ações, não palavras, 192

    tornando falsificáveis, 192

Retenção, 77, 374

Reunião de Lançamento do Ciclo de 90 dias, 172, 184, 200-203

Reunião de Planejamento do Ciclo de 90 dias, 172, 184, 207-211

Reunião de Planejamento do Sprint, 184

Reunião de Revisão do Ciclo de 90 Dias, 185, 331, 334

Reunião de Revisão do Sprint, 185

Reunião Diária Rápida, 184

Ries, Eric, 402

Riscos

    priorizando os, 117, 133

    visualizando os, 46

Roger, Everett, 89

Roteiro de tração

    formulando planos de lançamento "agora-em seguida-depois", 116-119

    mapeando rampas de tração, 112-115

    Produto Mínimo Viável do Mágico de Oz, 129-137

    revendo e atualizando, 247

    versus roteiros de produto, 112

Roteiros de produto, 108, 111

Roteiros de progresso do cliente, 383-386

S

Segmentos de Clientes (campo do Quadro Lean), 5, 12-13, 38, 40, 50

Sete hábitos para realizar experimentos altamente eficazes, 185

Sierra, Kathy, 234

Solução (campo do Quadro Lean), 5, 12, 16

Soluções

    contratar versus comprar, 45

    familiares versus novas, 46

    gerando um conjunto diversificado de possibilidades, 122

    testando potenciais, 124

Spiek, Chris, 57

Sprints de descoberta de problemas

    concentrando-se no contexto mais amplo, 172-176

    concluindo os, 268-269

    correr

        capturando insights, 254-258

        conduzindo entrevistas, 245-253

        encontrando clientes potenciais, 239

        exemplo, 242

        sprints de correspondência ampla versus restrita, 238

        visão geral do processo, 237

    descobrindo problemas em entrevistas, 232

    revisando os resultados dos, 328-329

Sprints de design da solução
    arte do produto mínimo viável, 276
    cinco Ps do produto mínimo viável, 290-293
    Concierge MVP, 272-275, 289
    correr
        abordando a desejabilidade, 276-281
        abordando a praticabilidade, 287-290
        abordando a viabilidade, 282-287
        encontrando o equilíbrio certo, 276
    diagrama, 272
Sprints de montagem e entrega da oferta
    analisando os resultados dos, 3
    componentes dos, 279
    concluindo os, 314
    diagrama dos, 296
    executando sprints de entrega da oferta, 278-298
SQL (veja Lead qualificado de vendas)
Startup Enxuta, A (Ries), 186
Suposição falsificável, 193

T

TAM (veja Mercado total endereçável)
Tarefas a serem realizadas, teoria das, 56-60
Taxa de abandono, 92
Taxa mínima de aquisição de clientes
    cálculo da, 93

    definição de, 91

    exemplo de, 93

Tempo como um recurso valioso, 72

Teoria da difusão das inovações, 89, 113

Teoria das Restrições, 157, 168

Teste rápido do modelo de negócio, xxix, 74

Testes (veja também Experimentos)

    abordagens fundamentais, xxxi

    benefícios, xxviii

    de fumaça, 205

    testes A/B, 165

Tração

    chamando a atenção dos investidores com a, 145

    definição de, 77

    demonstrando a, xxiv, xxxiv

    desvantagens de não ter, xxxiv

Traynor, Des, 57

Trindade da Inovação, 47

Tversky, Amos, 307

U

Ulwick, Tony, 57

V

Validação (veja também Ciclos de 90 dias; sprints de design da solução)

    concentrando-se no elo mais fraco, 156, 161

entendendo os clientes

　　　　　concentrando-se no contexto mais amplo, 231-235

　　　　　concluindo a descoberta de problemas, 268-269

　　　　　descobrindo problemas por meio de entrevistas, 229-231

　　　　　descobrindo tarefas a serem realizadas adicionais, 269

　　　　　executando sprints de descoberta de problemas, 235-239

　　　　　revisando sprints de descoberta de problemas, 264-267

　　　　　transferência de expertise resultante de, 227

　　　entregando ofertas irrecusáveis aos clientes

　　　　　concluindo a entrega da oferta aos, 314

　　　　　entregando ofertas aos, 305-313

　　　　　estudo de caso do iPad, 296

　　　　　executando sprints de entrega da oferta, 297-298

　　　　　montando ofertas, 301-303

　　　　　otimizando ofertas, 314-316

　　　　　revisando os resultados do sprint de entrega da oferta, 317

　　estratégias de, xxv, xxviii

　　importância da, xlii

　　testando possíveis soluções, 124

Valor do tempo de vida do cliente, 27

Valor monetizável, 77

Vantagem Injusta (campo do Quadro Lean), 30-32

Velocidade de implementação, 370

"Vendedores" (hustlers), xxviii

Versões beta, xxxiv

Viés de confirmação, 192, 246, 257

Viés de recência, 257

Viés do Inovador, 52
    definição de, xxxviii
    dificultando a autoconsciência, 220
    evitando o, 353
    maldição da especialização e, 162
    nos clientes, 378
    papel no fracasso do produto, 416
    representado no Quadro Lean, 52

Violações da expectativa, 60

Visões de mundo
    definição de, 145
    do cliente, 147
    do conselheiro, 149
    do investidor, 146
    garantindo a diversidade nas equipes, 178

Voss, Chris, 265

W

Webinars, 206

Esta obra foi composta em Baskerville MT Std
e impressa em offset sobre
papel couché fosco 150 g/m²
em janeiro de 2024.